美國隊長

近代最佳三壘手之一，大衛·萊特的生涯回憶錄

The Captain: A Memoir

本書獻給所有支持我的大都會球迷
讓一名來自維吉尼亞的二十一歲小子，走進你們的生活
在愛與支持的澆灌下
讓他成為紐約的一份子

目錄 CONTENTS

Introduction 前言

我當時差點就要吐了。

那時我三十五歲，在球場上見過不少大風大浪。身為大聯盟首輪新秀，我曾打進世界大賽、七度入選全明星賽，還兩度被國家隊徵召，身披「美國隊」球衣參加世界棒球經典賽。我曾為從小熱愛的球隊數以千次地揮出球棒，並在壓力陡增的九局下半對決有史以來最偉大的終結者。然而如今，身穿隊服的我從沒這麼激動過，因為我深知這是我最後一次穿上大都會隊球衣。

七年前，我在三壘的一記飛身觸殺導致背部骨折，隨後健康持續惡化，終結了我的棒球生涯。二〇一五年，我被診斷出「脊椎狹窄」，一種脊椎退化性狹窄的疾病。那年夏天，我一天兩次接受單調至極的物理治療，試圖讓身體找回原本的狀態。治療起效了，至少暫時發揮了作用。那年秋天，我帶領大都會首次打進世界大賽，甚至在第三戰擊出致勝兩分打。然而傷病從未遠離，次年我接受頸部手術，接著是肩膀、背部出了問題。二〇一八年底，連我也不得不承認，我已無法按照自己的意願回去比賽了。大都會隊和我討論的最終結果是：我將出戰季末最後兩場比賽，從此光榮退役。

正因如此，如今我正彎腰蹲在紐約花旗球場的預備區，試圖為二十八個月以來的首打席好好暖身。我還記得大聯盟首秀和世界大賽的緊張情緒，在這期間也曾有幾十次冷汗直流的經驗。但我從沒像現在這樣如此不舒服，連起身走向本壘板都備感艱辛。全場座無虛席的觀眾高呼我的名字，我的腳卻有點不聽使喚。我剛做了幾下擊球練習，前一棒凱文．普拉維奇（Kevin Plawecki）就遭到接殺出局[1]。第四局結束，留下我在預備區乾瞪眼。回到板凳席後我力圖振作，開始冥想。

從小，棒球就是我的一切。我爸以前會在後院教我打棒球，他用混凝土、PVC塑膠管和一些橡膠打造自製球座，並在兩棵樹間掛上漁網，好讓我把球打進去。長大後，我去看了位於維吉尼亞老家海濱的小聯盟比賽，也在電視上見證這些球員進軍大聯盟。我當初多希望自己也能是其中一員，如今的我得償所願，在我從小唯一支持的大聯盟球隊麾下效力。

1 此處為繁體中文版補充，是萊特沒在當局接續上場的原因。

我的生涯在外人眼中看似順遂，實則不然。儘管我總是盡力做對每件事，但最能概括我棒球生涯的並非一帆風順，而是不讓痛苦定義自己，勤奮、堅持不懈的價值觀，以及活出不留遺憾的人生。

隨著時光飛逝，我的身體逐漸衰弱，我的人生也不再由我做主。但在我棒球生涯尾聲，我仍保有一點主控權。那晚比賽來到五局下半，我扛起球棒走回球場，這次我的心更加堅定，沒被滿場觀眾擾亂心神。我在預備區左右揮動球棒，接著蹲下巡視場上——這座球場見證了我棒球生涯最輝煌的時刻，也乘載著最刻骨銘心的失敗經歷。

接著我站起身，朝本壘板方向大步走去。

THE PUDGY KID AT SHORTSTOP

第一章　胖小子游擊手

直到今天，我爸都搞不懂他那天到底在想什麼。我出生後不久，隨著新生兒到來的喜悅、疲憊和感動褪去，我爸——朗恩（Rhon Wright）逮到機會從醫院偷溜出來幾個小時。他本打算開車回家休息，最後不知怎麼卻駛進當地百貨公司的停車場。那時離聖誕節還有幾天，按他說的，大多數貨架都還是空著。但那可是我爸，他在貨架間翻找了許久，最後找到了一個塑料手套、一根兒童尺寸的路易斯威爾球棒，和一顆廉價棒球。

朗恩．萊特這人天生不適合當運動員，以他的身形來說打籃球太矮，踢足球又不夠高大。但他會打棒球，而且熱愛這項運動，而現在他打算讓兒子也感受到這份熱愛。

接下來幾週，我祖母做了一塊釘有釘子的木板，擺放我的球棒、手套和棒球。從我出生那天起，這套棒球組就一直掛在我臥室牆上，直到我長大到能帶出門玩，這是最棒的禮物。我一開始連球棒都舉不起來，但我仍會和我爸、祖父三人在後院練習，從不覺得疲倦。等到我年長一點，我爸教我在水下練習揮棒，因為他曾讀到葛瑞格．傑弗瑞斯（Gregg Jefferies）[1]就是這樣訓練的。後來我發現，威浮球用的球棒打起來好像更順手，我也經常背對著祖父的水池，用這款球棒嘗試揮擊祖父丟給我的球，一打就好幾小時。

要說我天生熱愛棒球，可能還有點輕描淡寫，打從我會走路開始，家庭裡的一切事物就離不開棒球。

我對棒球著迷的程度，已經到了某天我媽伊麗莎（Elisa）瞧見一支少棒隊在比賽時，她馬上停下車走到球場，詢問我要滿幾歲才能報名，結果發現我還差一歲。等到隔年春天，我已經套上綠跑少棒聯盟（Green Run Little League）[2]的球衣，準備開始我的棒球首秀了。我當時還拿著我爸離開醫院那天買的木質球棒，當他發現同齡孩子都已經在用鋁製球棒時，一度對我很過意不去。

1 葛瑞格．傑弗瑞斯（Gregg Jefferies）大聯盟內野、外野手，一九八七至一九九一年間效力於紐約大都會隊。

2 綠跑少棒聯盟（Green Run Little League）建立於一九七五年，位於維吉尼亞海灘，現改名為安公主少棒聯盟（Princess Anne Little League）。

我們短時間內就適應了少棒隊的一切。很快地，週六就成了每週最棒的一天，因為我起床後就能整天泡在球場。我會在販賣部解決一天三餐、看別人比賽或自己下場打，享受球場上的每分每秒。每過三年，我的其中一位弟弟就會加入我的行列，最後史蒂芬（Stephen）、馬修（Matthew）和丹尼爾（Daniel）三人都到齊了。我們都愛打棒球，且樂此不疲。

回首當時，最讓我驚訝的是，我的父母在幫助我們實現棒球夢上，犧牲了好多好多。

我爸出生於維吉尼亞州漢普頓錨地（Hampton Roads），以前那裡常被叫作「潮水區」（Tidewater）。漢普頓錨地的範圍包含此區第一大城諾福克（Norfolk）、我童年居住的維吉尼亞海灘（Virginia Beach）、青少年時期遷居過去的乞沙比克（Chesapeake）及其他區域。我爸是在當地的直排輪溜冰場遇見我媽的，他想方設法說服她和另外兩個友人來一場四人約會，最後成功讓兩人的約會持續下去。朗恩和伊麗莎成為一對高校情人，一九七八年，伊麗莎十九歲、朗恩還十八歲時，兩人結婚了。

那時，我媽在一間海軍用品店工作，我爸則跟著他叔叔，替一家汽車代理商推銷肌肉車賺外快，當時這款車流行的不得了。短短幾年間，他們的工作互換了，我媽開始替汽車代理商記帳打雜；我爸則擔任海軍用品店的保全，攆走順手牽羊的小偷。因為這次契機，朗恩開始對執法工作感興趣，等他年滿二十一歲、符合入校資格後，就向諾福克、維吉尼亞海灘兩地的警校遞交申請。諾福克是更為都市化、犯罪率也更高的城市，所以當地警校早一步聯繫我爸，就這樣開啟了他的警界生涯。

直到我長大懂事後，我才真正意識到我爸工作的危險性。小時候切換電視頻道時，我會收看《條子》（Cops）[3]這類真人實境秀，看警察如何破門而入、逮捕壞人，但我和弟弟卻總認為這種事不會發生在我爸身上。全家人一起聚餐時，我爸從不提他的工作，儘管不是刻意為之，我的爸媽閉口不談工作上的事情。對朗恩來說，畢竟工作也不總是這麼危險。對我和弟弟而言，這就只是他的工作而已。當時最令我們興奮的，就是在老爸開著沒有標誌的警車載我們到城裡兜風時，讓他打開嗡嗡響的警笛。有時，我們會穿上警察在慶祝任務成功後會穿上的網版印刷T恤，即便我們壓根不曉得這件衣服代表的涵義。

直到我長大成人，才在當地健身房從他的幾名搭檔中得知真相。

3 《條子》（Cops）是一部美國巡警跟拍實境影集，首播於一九八九年，迄今已開播超過三十季。

「你爸是個狠角色，」其中一人告訴我。

「你說他？」我難以置信。

我沒聽錯。我以前總想像我爸是那種在當地轄區翹著腳、手拿甜甜圈，在書桌後處理公文的小職員。但當他的朋友開始講述我爸巡邏時的事蹟時，不僅讓我瞠目結舌，也讓我發現原來老爸一直扮演著《條子》裡破門逮捕壞人的角色。朗恩一開始擔任轄區巡警，他會身穿制服、駕駛警車在城裡巡邏。最終他進到了警犬小組，同時也是諾福克警局轄下的反恐特警隊。如果情況需要動用先進武器和戰術專長，他們就會打給我爸支援。

一九八〇年代，朗恩一路晉升，他雖然卸下了警察制服，卻沒有脫離危險。朗恩開始替警局的掃黃、緝毒部門臥底，最後他接管了整個小組，負責所有涉及線人、搜索令和毒販的武裝任務。在一次逮捕任務中，一名逃跑的毒犯在城裡公園朝他遠遠開了一槍；還有一次，我爸和搭檔合力將一名揮刀男子壓制在地。我爸一路以來也吃了不少苦，一直要到生涯後段，等他一躍當上諾福克警察局長助理時，才做起手拿甜甜圈、處理公文的官僚事務。我也是到那時候，才真正弄清楚我爸早期的工作性質。

我爸極為認真對待工作，他在同行中也是佼佼者。如同多數人對警察父親的期待，我爸也將工作態度灌輸到家庭中。我的幾個弟弟總愛自嘲，說我們是住在整個維吉尼亞最嚴格的家庭，我身為長子，最能感同身受。我們會被教導要對遇到的大人說「是的，先生」、「不是，先生」，或是握手時要看著對方的眼睛。我們家嚴格執行宵禁，懲罰也不是鬧著玩的，像是我爸媽就經常威脅不讓我們碰棒球。在那個年紀，我還真想不到比這更可怕的命運。

我媽後來卸下汽車代理商的工作，改在學校擔任老師助理和保安人員，整天和小孩打交道。我媽的脾氣比我爸好得多，所以我們經常找她求情，希望處罰別那麼重。至於我爸，我們知道什麼事都瞞不過他，因為再小的謊他都能察覺到。我爸這人嚴謹守時，如果他要我十點前回家，而我十點零四分時才溜上樓，他會一句話也不說；但到了隔天早上，他會來質問我昨晚幾點回家。

「十點整，」我回答。

「你確定？」我爸質問。

「對呀，」

「你確定？」他會再問一次。

一陣靜默後，「沒有，其實是十點零四分。」

在他的追問下，我只能招認。

十點零四分就是不準時，這就是我爸的規矩。他會對功課之類的事直截了當地提問，看著我們想破頭找答案。如果我在課堂中拿了B，我爸鐵定會問「你還能做得更好嗎？」我沒辦法拒絕，因為我心知我還能做得更好。這個教訓一直都在，在我的腦海裡徘徊不去。我爸意在督促我們發揮自身潛能，確保我們不留遺憾，希望我們能盡可能發揮自身所長。如果沒有他當初的身教，我現在或許達不到如此的成就。

身為少棒隊其中一位教練，我爸對我的要求比隊上其他人嚴格得多。我當時自認能擔任游擊手，因為所有最棒的棒球員都是游擊手，但我爸卻叫我去守外野，要我靠自身努力爭取內野手的位置。我當時很沮喪，但我爸就是這樣的人，他要我凡事靠自己爭取，而我也做到了——在少棒全明星賽中擊出的兩支全壘打，是我作為年輕棒球員的成名之作。比賽期間我不僅打線發揮得當，還穿著時髦的球衣，那是我年少時期最美好的時光。

現在回想起來，父親灌輸給我的自律對我的成長至關重要。即使朗恩把我放到內野，我的表現也不像個天生的運動員。我小時候其實有點胖，這讓我早年在開始接觸美式足球和棒球時，學到不少教訓。當時球隊是根據體重而非年齡來分組，所以如果我想跟同齡的孩子同隊，就得學著減重。

有年秋天，當我的體重已經開始拉警報，不得不準備上升一個量級時，我爸以此為契機，教我了解我的身體，以及想成為菁英運動員必須做的事。那年夏天，他已成為反恐特警隊的一員，需要隨時保持良好體態。朗恩每天都去慢跑，除了值勤中的運動不算，他堅持每天跑上五英里（約八公里）。雖然我爸不會逼我一起跑，但他總會苦口婆心地勸誘我。在慢跑過程中，我難免會掉隊，這時我爸會大聲打著響指鼓勵我跟上。這奏效了，慢跑幫助我減重並認識我的身體，雖然過程談不上享受。我還記得有時放學回家，五點前就趕快洗好澡，心裡盤算著這樣就不用被拖去跑步了。

某些週末，我們會參加慈善五公里、十公里馬拉松，儘管這也不是我最想度過週六的方式，但我能感受自己身體的轉變。我在美式足球賽中增重了，這為我往後大聯盟生涯的身材維持打下基礎。休賽季時，我也開始熱愛跑步，有時還會拉著幾個弟弟，去維吉尼亞海灘一座名叫崔西摩爾山（Mount Trashmore）[4]的舊垃圾掩埋場。我們會衝刺上山，接著慢跑過山頂，做幾下伏地挺身後跑下山。我自認不適合當美式足球員，倒不是我的體重或精力沒達標，純粹是我討厭被人擒抱而已。我能

4 崔西摩爾山（Mount Trashmore），位於維吉尼亞海灘，現改造為崔西摩爾山公園。

說什麼呢？我就怕痛啊！雖然我體重很重，但我跑得快，運動能力也強。在一場少棒賽中，對面教練走來向我們當時的教練艾倫・厄比（Allan Erbe）找碴：「真希望我們揮出去的球都能飛去你那胖小子游擊手的方向。」

「他們最好就這麼幹，」厄比回嗆道。

回顧那些年，我很清楚自己很幸運，但在那時，我並沒有意識到父母灌輸給我們兄弟的紀律有多重要。直到成家立業後，我才完全理解父母背後的苦心。年輕時，我爸的嚴厲作風常常激怒我，我很可能摔了好幾次門，或在背地裡咒罵他，甚至數不清有多少次為了小事被重罰而大發雷霆。現在回想起來，我明白這些紀律幫助我做出重大抉擇，如果當初父母不是這樣教育我，我或許沒辦法做出正確的選擇。如果少了父母在我童年時的身教言教，我不認為自己還能有今日的成就。

即便如此，我也曾闖過幾次禍。初中時期，我的外祖父母身體逐漸抱恙，於是我們家和外祖父母決定賣掉各自的房子，再一起搬到乞沙比克的新家。在外祖父母賣房的過程中，我們幾個兄弟去拜訪他們，順便在車道上打了幾場籃球。當時，我弟馬修把球丟得老高，我知道我能把球搧掉，雖然他小我六歲，但我當時好勝心正蠢蠢欲動。結果我一揮手，球直接砸向車庫一扇窗戶，玻璃碎了一地。想當然爾，我爸媽對此肯定笑不出來。

我熬過了那時的懲罰，但在高中時期，我又遇到了一點小麻煩。高一那時，我的幾個死黨在食堂打鬧，一直朝我丟些食物殘渣。我當時很累、心情低落，但這些傢伙就是不懂得停手。

這邊我想先聲明兩項重點：第一，我當時情緒不穩；第二，我是棒球員，臂力超群。事情就這樣發生了，我當時起身，手裡抓著三明治，大手一揮砸向其中一個朋友。

這主意糟糕透頂，結果我被迫離開教室，接受個別指導。身為警察的兒子，我這輩子從沒被學校處分過，當時我嚇壞了。我平生做過最害怕的一件事，莫過於回家親口告訴我爸我在學校闖禍。這種時候，我爸越是不說話，事情就越糟。如果我爸對著我大吼大叫，我受的處罰就還過得去；一旦他面色鐵青、不發一語，你就知道麻煩大了。不用說，食物大戰的懲罰相當痛苦，我身為闖禍者也罪有應得。在我爸的地雷名單中，在學校闖禍可以排上前幾名，如果你想要惹惱朗恩．萊特，這方法保證你萬無一失。

我爸身為諾福克警察的身分，不只代表我們家教養嚴格，自然也帶來一項好處。我說的好處當然不是讓他偶爾開開警笛這種小事，而是我們更切身關心、跟棒球有關的福利。直到今天，我爸媽家中還放著一張他擔任便衣刑警時，在一次臥底任務中和同事合影的相片。相片中間是我爸，身穿著大都會隊夾克。

這絕非偶然，許多當地人都是大都會隊球迷。因為在一九六九至二〇〇六年間，諾福克潮汐隊（Norfolk Tides），舊稱為潮水區潮汐隊（Tidewater Tides），曾是大都會隊的3A球隊，我的童年恰好就在這段期間度過。為保證球場安全，潮汐隊當時雇用幾位諾福克警察，供他們閒暇時賺點外快。我爸每次總會撞見幾位同事，他們要不是偷塞給我一顆界外球，不然就是帶我們到球場認識球員。只要潮汐隊參加社區活動，我爸總會想方設法讓萊特家男孩摻上一腳。在球場上，他會叫我們趴在欄杆上，嘗試吸引球員注意。

老實說，潮汐隊的吉祥物「離岸流」（Rip Tide）[5]可能都比當時幫我簽名的球員還紅，但這不重要。在那個年紀，最激勵人心的事莫過於拍了某名球員的照片後，過幾週在電視上看到他和大都會隊一同在謝伊球場（Shea Stadium）[6]亮相，這種感覺很不真實。對小時候的我來說，那些球員就像英雄一樣。

想像一下，目睹那個時代最優秀的棒球員在進軍大聯盟前，曾在諾福克短暫停留，將帶給我多少童年回憶——諸如炙手可熱的明日之星雷．歐多尼茲（Rey Ordóñez）[7]，守備位置跟我一樣是游擊手；外野手艾歷克斯．奧喬亞（Alex

Ochoa）[8]和傑伊・培頓（Jay Payton）[9]，後者是喬治亞理工學院（Georgia Tech）明星球員，同時也是我的母校；聯盟強打陶德・杭德利（Todd Hundley）[10]、巴奇・赫斯基（Butch Huskey）[11]和傑羅米・柏尼茲（Jeromy Burnitz）[12]；曾被譽為大都會「K世代」（Generation K）的三名投手新秀傑森・伊斯林豪森（Jason

---

5 「離岸流」（Rip Tide，暫譯）為諾福克潮汐隊吉祥物，有著藍色身體和黃色眼睛。其英文也是離岸流（rip current）的別稱。

6 謝伊球場（Shea Stadium），為紐約大都會隊一九六四至二〇〇八年的主球場，二〇〇九年隨著球隊遷入新的花旗球場（Citi Field），謝伊球場從此走入歷史。現已變成花旗球場的停車場。

7 雷・歐多尼茲（Rey Ordóñez），美國職棒大聯盟游擊手，一九九三至二〇〇二年效力於紐約大都會隊。

8 艾歷克斯・奧喬亞（Alex Ochoa），美國職棒大聯盟外野手，一九九五至一九九七年曾短暫待過紐約大都會隊。

9 傑伊・培頓（Jay Payton），一九九八至二〇〇二年效力於紐約大都會隊。

10 德・杭德利（Todd Hundley），美國職棒大聯盟捕手，兩度入選明星賽，一九九〇至一九九八年效力於紐約大都會隊。

11 巴奇・赫斯基（Butch Huskey），美國職棒大聯盟外野手，一九九三年、一九九五至一九九八年均效力於紐約大都會隊。

12 傑羅米・柏尼茲（Jeromy Burnitz），美國職棒大聯盟右外野手，一九九三至一九九四年、二〇〇二至二〇〇三年均效力於紐約大都會隊。

Isringhausen）[13]、比爾．帕西佛（Bill Pulsipher）[14]及保羅．威爾森（Paul Wilson）[15]，諸如此類。就連大名鼎鼎的德懷特．古登（Dwight Gooden）[16]也曾在復健賽期間在諾福克打球一年。春訓結束後，有時大都會隊會在返回大蘋果[17]的途中落腳諾福克，這時我們就能目睹像蓋瑞．卡特（Gary Carter）[18]、達瑞爾．史卓貝瑞（Darryl Strawberry）[19]這樣的超級球星。我崇拜的英雄，全都在我的家鄉。

我當時作夢也想不到，自己有朝一日會為潮汐隊打球，要過了不知多少年，經歷過整個少棒生涯、維吉尼亞韋斯利安大學（Virginia Wesleyan University）和老道明大學（Old Dominion University）的訓練營，以及跨越維吉尼亞州境內外的大小比賽，我才明白自己有機會為老家球隊效力。每年夏天，棒球訓練營就像我們家的托兒所，四兄弟在早上就會坐上有三排坐椅的福特遠征（多年來我媽靠著這台車跑了三十多萬英里），由我媽載我們到一個或數個訓練營報到，等到下午再來接我們。我身為老大，總是坐在副駕駛座，回到家後我們會接著打籃球、乒乓球，或玩任天堂六四遊戲機等等。只要我們兄弟能玩在一起、彼此競爭，其他的都無所謂。

我最早參加的其中一個棒球訓練營，是社區附近的綠薔薇基督教學院（Greenbrier Christian Academy），學院當時由當地棒球傳奇、人稱「唐尼」的馬文・湯森（Marvin "Towny" Townsen）[20]管理。湯森出生於費城，一九七四至一九七五年兩個賽季，曾擔任溫斯頓塞勒姆紅襪隊（Winston-Salem Red Sox）內野手，在A級卡羅萊納聯盟中展露頭角。兩年後，湯森轉為擔任維吉尼亞韋斯利安大學球

13 傑森・伊斯林豪森（Jason Isringhausen），美國職棒大聯盟投手，紅雀隊隊史救援王，一九九二至一九九九年效力於紐約大都會隊。

14 比爾・帕西佛（Bill Pulsipher），美國職棒大聯盟投手，一九九二至一九九八年效力於紐約大都會隊，二〇〇六至二〇〇七年曾為中職統一獅效力，帶領球隊拿下十七連勝。

15 保羅・威爾森（Paul Wilson），美國職棒大聯盟投手，一九九六年短暫效力於紐約大都會隊。

16 德懷特・古登（Dwight Gooden），美國職棒大聯盟投手，綽號「K博士」，四度入選明星賽、一九八四年新人王、一九八五年投手三冠王並拿下賽揚獎。手握三枚世界大賽冠軍戒，一九八四至一九九四年效力於紐約大都會隊，也是一九八六年紐約大都會隊冠軍成員之一。

17 紐約大都會隊的主場有大蘋果裝飾，因此成為球隊別稱。

18 蓋瑞・卡特（Gary Carter），美國職棒大聯盟名人堂捕手，綽號「小子」，入選過十一次明星賽、拿下三座金手套獎及五座銀棒獎。

19 達瑞爾・史卓貝瑞（Darryl Strawberry），美國職棒大聯盟右外野手，綽號「草莓先生」，一九八〇年選秀狀元，入選八次明星賽、一九八三年新人王、得過四屆世界大賽冠軍，一九八三至一九九〇年效力於紐約大都會隊。

20 馬文・湯森（Marvin "Towny" Townsen），綽號「唐尼」，維吉尼亞漢普頓錨地的傳奇教頭，一生致力於培育當地新秀，二〇〇七年因癌症逝世。

隊教練，開啟他的執教生涯。維吉尼亞韋斯利安大學球隊屬於第三級別，至今已經培育出六位大聯盟新秀，湯森在該校執教的三個賽季，就拿過兩次年度最佳教練頭銜。往後十年間，湯森離開球壇攻讀碩士學位、開設私人企業，最後回到諾福克的母校泰勒湖高中（Lake Taylor High）重新執教。在湯森接手前，該校在過去三年僅贏下三場比賽，湯森上任後，直接讓該校球隊從萬年爛隊晉升為賽季常勝軍。在泰勒湖高中，湯森曾培養出未來大聯盟球員B・J・厄普頓（B. J. Upton）[21]、四個賽季達成一百一十二勝十九敗，並率領球隊拿下美國私立高中棒球冠軍。

湯森也參加男子棒球聯賽，為名叫「爆破者」（Blasters）的球隊打球，這項經歷啟發了他，後來創立業餘運動聯盟（Amateur Athletic Union, AAU）[22]。湯森擁有運動員的資質，即使快到四十歲仍能催出八十英里的速球，他也是我們當時認識的人當中，唯一打過小聯盟的人，這大概是世界上最酷的事情了。在我們眼中，「唐尼」湯森在當地可是享譽盛名。

等到我可以上場的年紀時，湯森的名號在潮水區棒球界已經無人不知，無人不曉。他和前大聯盟投手蓋瑞・拉維爾（Gary Lavelle）[23]是好友，兩人曾合辦棒球夏令營，湯森也在一座叫「大滿貫」（Grand Slam）的擊球籠教學。湯森還保留著我上第一堂課的影片，錄下一個六七歲的胖小子練習揮桿的畫面。影片中，在我的大力揮擊下，球座每次都不支倒地，至於球大概十次裡面才打中一次。但這不重要，每次揮桿後，我會搖搖擺擺地跑去撿球，再揮桿一次，球座通常飛得比球還遠。

湯森是那種熱愛競爭、嗓音宏亮、開朗外向的類型，擁有優秀教練該有的資質，且他的棒球思維領先時代。湯森的訓練方式和我的小聯盟教練相仿，他會將巨大的塑膠彈力球灌滿水，要我們抱著到處跑，像在抱健身球一樣。湯森還會藉棒球教我們人生大道理，這正合我爸的意。「唐尼」湯森這人很聰明、能言善道，還有點瘋狂，不過是好的那種。某一週，他要我們背誦厄內斯特・賽爾（Ernest Thayer）膾炙人口的詩《凱西出擊》（Casey at the Bat）[24]。每天，湯森都會帶給我們新事物，我們會坐在草地上，聽他講瑣事、詩歌和其他稀奇古怪的軼事。湯森的執教方式相當偏門，但我喜歡，我愛極了他的上課模式。

21 B・J・厄普頓（B. J. Upton），美國職棒大聯盟外野手，曾效力於坦帕灣魔鬼魚隊。
22 業餘運動聯盟（Amateur Athletic Union, AAU），由馬文・湯森創立於一八八八年，致力於發展、推廣運動項目。
23 蓋瑞・拉維爾（Gary Lavelle），美國職棒大聯盟投手，入選過兩次明星賽。
24 厄內斯特・賽爾（Ernest Thayer），美國作家、詩人，一八八八年發表的《凱西出擊》（Casey at the Bat）是公認的棒球傑作。繁體中文版由鹿橋文化出版。

最重要的是，湯森有種不可思議的能力，能讓球員重拾自信。他很照顧我們，尤其是那些家境較差的球員，他也經常設家宴款待我們、辦各種活動。湯森的學生都很樂意為他赴湯蹈火，而他則以時間與關愛回報他們。他老婆曾自嘲，如果她希望湯森能多花點時間在家，就會拿棒球手套的保養油當香水擦。

湯森總能讓事情變得有趣起來。他曾用聚丙烯塑膠板和園藝水管打造一座臨時滑道，供球員練習滑壘。我們也會互相丟水球，來維持接球手感，但湯森最為人津津樂道的，是另一項必備訓練教材，而且保證任何一家雜貨店都買得到。湯森年輕時的訓練方式，是拿掃帚揮擊他爸彈向他的瓶蓋。當上教練後，湯森提升了訓練難度，他會拔下咖啡罐和酷鞭牌（Cool Whip）奶油的蓋子彈給我們，像在球場進行拋打練習那樣。這成為球員間的遊戲，看誰能連續命中最多發，比賽結束後，湯森總會為冠軍準備口香糖之類的小獎品。湯森通常前五或六個蓋子會彈向正中間，接著他會開始加入各種花式旋轉增加難度。對我們這些參加過他夏令營的家庭而言，只要家長提供廚房櫥櫃裡固定數量的蓋子給湯森，就能享有報名折扣。這些蓋子彌足珍貴，因為你可以在任何地方拿來練習——球場、打擊場，甚至是在自家練習都行。有次在下雨的比賽週末，我們在空蕩蕩的飯店會議廳裡玩起擊蓋子遊戲，好訓練打擊手感。如果你能擊中從各種荒唐方向飛來的蓋子，就有辦法擊中任何東西。

後來，湯森和當地一間塑膠公司合作，開發出他獨有的蓋子——更有彈性，經得起球棒揮擊，重到不會被風吹走，輕到不會回彈砸中投手的頭。我當時人在大聯盟，還特地錄了支影片幫他的產品打廣告。我那時邊在空中接住蓋子邊說：「我會大加宣傳的，只有百分百信賴的產品。」這句廣告詞證明了我多喜歡拿這些蓋子練習，以及湯森對我的生涯影響有多深遠。擊蓋子遊戲相當有競爭性，在我打業餘棒球的階段相當受用，但沒有人能丟得像湯森一樣充滿技巧，他總能讓蓋子旋轉、下沉和急墜，來模擬曲球或變化球的軌跡。

我當時誤會了好一段時間，以為所有年輕打者都是靠揮擊酷鞭牌奶油的蓋子來練習的，直到我成為職業球員，才發現不是那麼回事。我剛到小聯盟時，身上帶了一大堆練習用蓋子去報到，結果沒人知道這是什麼，也沒人知道我帶來幹嘛。

也就是在那時起，我才完全意識到，老家能有像湯森這樣的棒球大師是多麼幸運的事。湯森不只執教技巧一流，他還兼具宏大抱負、長遠眼光。有天訓練營結束後，我正準備和祖父回家，湯森叫住了我們祖孫倆，說在我們走回車上前想耽誤我們一點時間。

「唐尼」湯森接下來的話，改變了一位九歲小孩的人生。他當時說他想召集當地最優秀的少棒隊員，組成兩組全明星隊伍——潮水紅隊和潮水白隊，到維吉尼亞州首府里契蒙（Richmond）郊外，約兩小時車程的瓦里納（Varina）參加棒球賽。儘管我比其他多數孩子還小，湯森仍希望我能加入其中一支隊伍，我父母也答應了。在第一次參賽時，我就擊出了全壘打，雖然後來比賽輸了，但我們都迷上這場比賽。

潮水紅隊、潮水白隊後來組成名為「維吉尼亞爆破者」（Virginia Blasters）的業餘運動聯盟隊伍，成為該地前所未見的人才聚集地。此外，湯森也一手培養另一支球隊「鑽探工」（Drillers），直至今日都還相當活躍。在短短八年間，新生的潮水區業餘運動聯盟底下，就培養出了五名首輪新秀和六名大聯盟先發級別球員。從二〇〇七至二〇一五年，我們這六位大聯盟球員都在比賽中表現活躍。

這六位成員除了我，還有中內野手厄普頓，他是二〇〇二年選秀榜眼——贏過同期的札克・葛蘭基（Zack Greinke）[25]、普林斯・費爾德（Prince Fielder）[26]、喬伊・沃托（Joey Votto）[27]和柯蒂斯・葛蘭德森（Curtis Granderson）[28]。厄普頓雖從未入選過明星賽，但他也在大聯盟打滾了十二年，其中四個賽季還達成二十轟。我們還在爆破者隊時，厄普頓還很年輕，擔任板凳代打的時間居多。他弟賈斯汀（Justin）[29]打擊能力優異，在大聯盟的表現勝過哥哥，不僅是二〇〇五年選秀狀元，也入選過四次明星賽。

下一位是萊恩・齊默曼（Ryan Zimmerman）[30]，二〇〇五年選秀第四順位，為華盛頓國民隊效力了十多年。齊默曼整個生涯從未轉隊，這點和我一樣。他年輕時待在鑽探工隊，儘管我們當時不怎麼來往，我們相似的家庭背景、國聯東區的競爭關係，卻使我們倆成為彼此一生的對手和好友。

接著是重炮手馬克・雷諾茲（Mark Reynolds）[31]，二〇〇四年選秀第十六順

25 札克・葛蘭基（Zack Greinke），美國職棒大聯盟投手，綽號「Z魔神」，六度入選明星賽，二〇〇九年獲美聯賽揚獎。本書繁體中文版出版時為自由球員。

26 普林斯・費爾德（Prince Fielder），美國職棒大聯盟內野手，綽號「小王子」，六度入選明星賽，拿過三座銀棒獎。

27 喬伊・沃托（Joey Votto），美國職棒大聯盟一壘手，六度入選明星賽，曾獲選國聯最有價值的球員。

28 柯蒂斯・葛蘭德森（Curtis Granderson），美國職棒大聯盟外野手，二〇一四至二〇一七年曾效力於紐約大都會隊，曾三度入選明星賽。

29 賈斯汀・厄普頓（Justin Upton），美國職棒大聯盟外野手，二〇〇五年選秀狀元，為當時最年輕大聯盟選手。

30 萊恩・齊默曼（Ryan Zimmerman），美國職棒大聯盟內野手，綽號「國民先生」，入選過兩次明星賽。

31 馬克・雷諾茲（Mark Reynolds），美國職棒大聯盟內野手，大聯盟生涯達到二百九十八轟。

位，比我小一歲，在大聯盟生涯累計近三百轟。雷諾茲年輕時曾替爆破者隊和鑽探工隊出賽過。

最後是我們都崇拜的麥克・卡戴爾（Michael Cuddyer）[32]，雖然他因為年紀太大無緣參加業餘運動聯盟球隊，卡戴爾仍是我們這一代球員中，最早參與湯森訓練營、各項比賽的其中一位大聯盟前輩。

爆破者隊成形後，我持續和高年級的孩子打球一段時間，表現雖平穩，但並不突出。這樣的情況並不理想，因此不到一年湯森就來和我爸商量，認為和同齡孩子同隊對我的成長更有幫助。我爸告訴我這消息時，我並不特別在意，這想法很合理。只要能夠離成為卡戴爾那樣的球員更進一步，我一定全力以赴。

不過，降級意味著我將面對陌生的教練和新隊友，我不確定該對新環境抱持什麼期待。

32 麥克・卡戴爾（Michael Cuddyer），美國職棒大聯盟外野手，二〇一三年榮登國聯打擊王、獲得大聯盟銀棒獎，二〇一七年入選明尼蘇達雙城隊名人堂，二〇二三年擔任U-18世界盃棒球賽美國隊總教練。

第二章　潮水區男孩們

TIDEWATER BOYS

在厄比的執教下，我們這幫十一歲孩子接受了相當於哈佛等級的棒球教育。

要我形容教練厄比的話，我會說他是孩子們眼中的棒球天才。在那個年紀，我們最不想做的就是練習防守、基本功，而這恰恰是厄比最優先思考的課題。待在爆破者隊最初的那幾年，我們在沙地上訓練，場上遍布石頭，草長到小腿這麼高。厄比用木板代替手套，好訓練我們的接球手感，除非你動作很小心，不然拿木板根本接不到球。於是，我們不停地接球、失敗、再接球，直至每個人都練得爐火純青。

厄比和湯森一樣，曾是維吉尼亞州的傑出業餘棒球員，之後成為當地半職業巡迴賽的主力球員。一九七六年，他隨美國老鷹隊（American Eagles）至南非、羅德西亞比賽。厄比從未停止打球，一九九〇年，厄比加入湯森初創的當地男子棒球聯隊爆破者隊，擔綱先發一壘手。厄比當時有個和我同齡的兒子，所以湯森創建業餘運動聯盟球隊時，問厄比願不願意執教年輕版的聯盟球隊，包括他兒子在內，厄比當然感興趣。因此，當湯森和我爸打算讓我降級和同齡孩子打球，而我加入了那支球隊，認識了教練厄比。

厄比教會我們短打戰術、牽制戰術、一三跑壘戰術[1]，這些戰術多數孩子最快也要到高中才會教到。幾年後，我成為職業球員，有些新隊友甚至沒學過短打防守，早在我還待在爆破者隊時，就跑了七、八次短打防守了。我們當時的戰術系統擁有全維吉尼亞州最複雜的暗號，需要球員仔細觀察和計算，但因為我們跑了太多次，完全不會漏看隊友的暗號。現今巡迴賽中，雖然打擊、投球技巧相當重要，但厄比在這方面下的功夫不深。對我們而言，防守基本功和心理素質才是最重要的。

訓練結束後，我們會頂著炎炎夏日擠在厄比身邊。他向我們展示九張印在紙上的棒球卡片，空白處有他寫滿意見評論的手寫筆記。如果外野手偷懶、只用單手接球，厄比會找出一張外野手雙手接球的卡片；如果打者沒法保持正確打擊姿勢，厄比會印一張正確姿勢的圖片——以大寫潦草字體寫著「頭朝下／眼睛看球」的傑．布納（Jay Buhner）[2]卡片，或是寫有「前腳打直／打擊三千次」的羅賓．楊

1　譯註：網路上找到最接近的戰術是「跑者在從一壘出發時，透過教練的動作接收停在二壘或往三壘跑的指令」。參考：https://www.theoleballgame.com/baserunning-first-to-third.html#google_vignette

2　傑．布納（Jay Buhner），美國職棒大聯盟外野手，曾效力於紐約洋基隊、西雅圖水手隊。

特（Robin Yount）[3]卡片。厄比就是這麼瘋狂的人，他可以清楚記得幾十年前的棒球賽事，卻不記得自己把車鑰匙放在哪。有而且不只一次，他不得不和兒子開著手電筒在棒球場找鑰匙。

場上練習結束後，等著我們的還有各種筆試。厄比會測試我們所學，諸如在某些情況下防守者應丟向哪一壘，或是在三壘有人、少於兩人出局時有哪些取分方式。他還教我如何抓到領先跑者的小辮子：假裝要傳向一壘，誘使領先跑者離二、三壘過遠，從而牽制成功。厄比常常安排我們一天訓練兩次，訓練間的空檔我們會閉上眼睛坐著，模擬球場情境，這種心理訓練幫助我們比賽判讀。厄比有心理學背景，他是維吉尼亞聯邦大學（Virginia Commonwealth University）復健諮商碩士。現在回想起來，我發現憑藉厄比所掌握的棒球知識，他本能執教更高階的棒球比賽，但他很樂意指導我們這群孩子，我們也很高興能上他的課。

厄比唯一不讓我們做的是打擊練習，因為他覺得我們都會自己練。他當然沒說錯，我們在閒暇時就打了很多球。

厄比和我爸一樣，為我灌輸了球隊紀律。簽下為爆破者打球的合約，代表我們承諾遵守合約規定，學期成績平均也要保持在二點五以上。每個賽季結束後，厄比會對我們球場內外的表現打分數，包括打擊力、防守、可塑性等等，把他的評語分享給我們父母。厄比是這方面的老手，他曾擔任芝加哥小熊隊球探的線人，發掘那些球探會優先招募的球員。我們身邊的一切都是如此專業。

厄比對裝備的要求很嚴格，甚至曾要求我們每場比賽前都要把鞋子擦亮，但考慮到這項差事大多落在家長頭上，後來只能作罷。我在爆破者隊曾當了一陣子捕手，當時聯賽有規定，由於捕手需在換局時穿戴好裝備，他們可以隨時找代跑上場、無需受罰。我對這項福利一點興趣也沒有，我可能那時還有點胖，但我對我的跑壘速度有信心。所以，某天當我剛上壘，厄比就打算找代跑換我下去時，我氣壞了。我在盛怒下把頭盔扔在地上，當下就明白自己的行為相當不可取。

「你打算自己告訴你爸，」厄比冷冷地問，「還是要我來？」

我當時嚇呆了，因為我清楚這是朗恩和厄比耳提面命的事情。我可以在場上連續二十次揮棒落空遭三振，這個問題不大；如果我揮棒二十次僅遭到一次三振，下場時卻板起臉孔，那就等著挨罵。態度是影響個人的關鍵，這是我在職涯和人生中一直銘記在心的教訓。

3 羅賓・楊特（Robin Yount），美國職棒大聯盟游擊手、外野手，效力於密爾瓦基釀酒人二十年，生涯入選三次明星賽、贏過兩屆美聯最有價值球員，一九九九年入選名人堂。

即使是天賦滿滿的明星賽，也跟青少年棒球一樣，六月份賽季結束，明年春天開季。休賽季期間，爆破者隊改變了我的生活方式。那段時期，旅行聯賽和完全比賽（Perfect Game）[4]這類錦標賽還沒流行起來，全國業餘棒球也還未推動發展，連秋季聯賽都還沒舉辦過。所以在高中以前，少棒就是我們的全部，爆破者和業餘運動聯盟的出現，更掀起了新一波棒球潮，讓我們整年都有機會打球。我們在教練厄比、兩名助理教練榮恩．史密斯（Ron Smith）和羅伯．迪瑪拉（Rob DeMara）的指導下，征戰維吉尼亞州及全國各地的比賽，這是相當難忘的經驗。當時同隊的孩子們中，有幾位後來成了我一生的摯友。

爆破者隊也讓我認清自己和同齡孩子間的差距。當我們開始在維吉尼亞州、美國中西部巡迴比賽，與全國最優秀的球員同場較勁，我發現自己總是場上表現最好的前幾名球員。儘管我從沒確認過，甚至常常懷疑自己的實力，但我逐漸摸清自己和佛羅里達州、德州和加州這些球員間的實力差距，當中的許多孩子後來都成了選秀熱門。每參加一次比賽，我的信心就增長幾分，我的身材變得更加結實瘦削，擺脫了童年的嬰兒肥。我開始摸清自己在棒球界身處的階級位置。

體型大的一項優點，在於我能揮動更重的球棒，有時甚至能嘗試木製球棒，儘管正式比賽派不上用場。教練們覺得木製球棒能改善我的揮棒品質，還真的說對了，我變得能更輕易將球轟到球場對面。再大的球棒對我來說都一樣順手，差不多在我們十二歲時，我的好友麥特．史密斯（Matt Smith）生日那天收到全新金屬球棒，長三十一英吋、重二十二盎司，對那個年紀的孩子來說算是經典款。你可以想見史密斯看到我的生日禮物時有多瞠目結舌——一支伊斯頓碳芯球棒，長三十三英吋、重二十八盎司。我當時到處向人炫耀，把這支球棒當作我一直缺少的祕密武器一樣，自認以後會拿著這支球棒幹一番大事業。

我秀給史密斯看的時候，他說：「老兄，你鐵定揮不動這支球棒。」

「我揮得動，」我篤定地告訴他。

我確實可以，我對新球棒的拿手程度，已經到了足以引起場上爭議的地步。我們當時到北卡羅萊納州洛磯山，參加業餘運動聯盟錦標賽。由於當地少棒聯盟的規定，我們的對手習慣揮瘦桶型球棒，所以當我扛著碳芯球棒走向本壘板時，對面教練的抱怨聲量之大，讓裁判不得不叫我換成更細的球棒。結果下一次出場，我就靠著細球棒轟出紅不讓。我當時還不清楚目送全壘打出牆、甩棒慢跑這種吊兒啷噹的

4 完全比賽（Perfect Game），為全球最大的棒球星探企業，會舉辦完全比賽全美測試會（Perfect Game All-American）發掘球壇新秀。

行徑，但我當時的舉動肯定夠囂張，那發全壘打讓我感覺飄飄然。

史密斯和我同一天加入爆破者隊，主要擔任二壘手，因為當時厄普頓還太年輕，沒辦法專職守二壘。厄普頓後來跟我一樣，也降級到同齡孩子的球隊打球。很快地，我和史密斯就成了死黨。某個聖誕節，我收到可供放在車庫練習的擊球裝置，內附的球網能接住擊出的球。我們那晚打到凌晨一點才罷休，不久後，他也收到一樣的禮物。這再次印證厄比的話，我們根本不需要在球隊訓練期間做打擊訓練，我們空閒時間就練很多球了。

我們不只練很多球，還贏了很多球。爆破者隊曾五度闖入全國業餘運動聯盟錦標賽，當時球隊沒辦法靠付費參加，唯一能報名的方式就是拿下州級錦標賽，才能和全國各地的頂尖隊伍一較高下。在位於明尼蘇達的全國錦標賽中，我們和名為「加州流浪者隊」（California Bums）的球隊交手，他們隊上當時有幾名未來的大聯盟球員。舉例來說，安迪．希克（Andy Sisco）[5]後來替堪薩斯皇家隊、芝加哥白襪隊效力三個球季，而他那場登板先發，而且投得特別賣力。但我們在第九局奮起直追，最終靠我的致勝安打氣走流浪者隊。

那時候，光是看到我的名字登上當地報紙，就是件了不得的事，但隨著我的棒球技巧提升，我的眼光也放得更遠。多虧了湯森、厄比等教練，大幅提升當地青少年棒球水準，促使我們不斷進步。攤在地圖上看，潮水區只能算小地方，比不上加州、佛州和德州這類棒球城市，我甚至還沒算上日本、波多黎各和多明尼加共和國等棒球大國。與此相比，我們某種程度算得上幸運，能在維吉尼亞州的一小片土地上聚集如此多人才，但這一切的條件，仍得有完美的教練團才能達成。

我待在爆破者隊的最後那段時日，已經有球探來打聽消息。當然部分原因出自於厄比的大力推薦，他身為球探線人的身份，讓他能和棒球界高層牽上線。我在球探前亮相的第一場比賽，是在維吉尼亞州馬納薩斯（Manassas）的麋路小屋（Moose Lodge）球場。

麋路小屋球場的外野形狀很奇特，中外野既大且長，右外野也大得離譜。那天我利用了球場地形這點，一連敲出六支三壘安打。你沒聽錯，就是六支！比賽末段，我擊出一支更偏向二壘安打的飛球，即便我們已經勝券在握，厄比卻一反常態，揮手要我跑過二壘，打算讓我湊出第七支三壘安打，儘管機率渺茫。就在我繞過二壘時，負責轉傳的球員已經接到球，直接將離三壘還三十英呎遠的我送下場。

5 安迪．希克（Andy Sisco），美國職棒大聯盟投手，二〇一五至二〇一六年曾先後效力於中華職棒義大犀牛、兄弟象。

這要是在大聯盟，對方看到我在垃圾時間還硬要多跑一壘，早就跑來找碴了。但那天我們就只是笑開懷，尤其是厄比，他的球探朋友當天就寫了份關於我的報告。

我依舊熱愛棒球，且從未停止練習過，但隨著業餘運動聯盟高中棒球賽、各大測試會，以及球探和大學教練蜂擁而至，我開始有點吃不消了。我高二的某個週末，爆破者隊要參加俄亥厄州舉辦的業餘運動聯盟少年奧林匹克（Junior Olympics）；同一時間，北卡羅萊納州威明頓（Wilmington）將舉辦東岸職業測試會（East Coast Professional Showcase）[6]，這對想投入選秀的球員算是件大事。我當時不假思索就選了後者，對我來說，我能參與測試會都是托厄比和他助手的福，因此我有責任參加。但就在我把決定告訴厄比時，他們卻持不同意見，勸我放棄測試會，這可真把我搞迷糊了。最後我妥協，前半個週末先是待在俄亥厄州比賽，之後再乘車趕往測試會現場。

那場業餘運動聯盟錦標賽，創造了我業餘生涯少數最難忘的時刻。比賽期間，我擊出中右外野方向的全壘打，球飛得老遠，最終撞上了樹枝。就在我上壘時，樹枝也應聲落地，隊友表示這根本和《天生好手》（The Natural）[7]中，主角全壘打擊中球場照明燈的經典畫面如出一轍。

下半個週末，我在北卡羅萊納州的測試會也表現出色。這次測試會由芝加哥小熊隊球探比利·史沃普（Billy Swoope）籌辦，匯集了不少棒球人才，包括跟我同隊的未來大聯盟球員羅科·波德利（Rocco Baldelli）[8]、布蘭登·蓋爾（Brandon Guyer）[9]。我的好表現抓住了在場球探的目光，突然間，我開始被各隊列入觀察名單。回首過往，我理解到當初我的父母、祖父母花了多大的金錢和心血，才幫我爭取到參加測試會的門票。而教練湯森和厄比，又耗費了大把時光指導我們這群孩子。我會永遠感激我擁有的一切。

隨著秋季到來，我和齊默曼、雷諾茲、厄普頓和他弟同隊四處參賽。我們會搭車到當地大學比賽，有時甚至住在校園，提前體驗大學生活。這經歷照亮了我們前方的道路：成為職業球員是夢想，上大學則是現實。在那時，我打球主要是為了拿大學獎學金，而非提高選秀會名次。

6 東岸職業測試會（East Coast Professional Showcase）創辦於一九九五年，目的是評估並教育具有棒球天份的孩子，為希望進入美國職棒的年輕球員提供競爭管道。

7 《天生好手》（The Natural），一九八四年由巴瑞·李文森（Barry Levinson）翻拍的棒球經典電影，主角由勞勃·瑞福（Robert Redford）飾演。

8 羅科·波德利（Rocco Baldelli），美國職棒大聯盟外野手，現為明尼蘇達雙城隊總教練。

9 布蘭登·蓋爾（Brandon Guyer），美國職棒大聯盟外野手。

因為我的成長軌跡和厄普頓、齊默曼、雷諾茲這三人很接近，大家常誤以為我們少棒生涯就在同個球隊打球。但事實是，那年秋天是我們第一次、也是唯一一次同隊。我們四人都是游擊手，所以每場比賽我們的守備位置都會輪換。有時候我守三壘、厄普頓當游擊手，齊默曼守二壘；有時我當游擊手，齊默曼或雷諾茲守三壘。

無論這條棒球生涯的道路將引領我向何方，我都走在正確的道路上，參加的測試會也越來越多。讓我真正打響名號的是叫做「區碼」（Area Code）[10]的測試會，這場賽事集結了國內最頂尖的業餘球員。高三那年，爸媽幫我買了飛往洛杉磯的單人機票，這是我人生第一次單獨旅行的經驗，那時我超挫的。空運流程相當驚險，我中途轉了機，飛抵洛杉磯國際機場後，還得搭接駁車到長灘的比賽場地。

問題來了，我找不到接駁車。我那時沒手機，只能拎著棒球袋和個人行李，跑去打公共電話找我爸求救。我那時快崩潰了，因為我壓跟不曉得該怎麼乘車，抵達一小時車程外的拉昆塔酒店（La Quinta）。最後，我注意到另一名背著棒球袋的小孩和他家人，於是我鼓起勇氣上前詢問：「你們知道怎麼走嗎？」

他爸媽直接把我載到球場，剛好趕上在比賽前領取裝備。因為我最後一個到，只能撿大家挑剩的衣服穿，上場的時候只能穿著一件緊得不行的長褲。但這不影響我的表現，我在首兩個打席就分別擊出全壘打和二壘安打，心底很清楚在場的球探都看在眼裡。

10　「區碼」（Area Code，暫譯）比賽，美國主要業餘球員測試會，匯聚了國內兩百多名最頂尖的業餘球員，各大學球隊、聯盟球探都會參加。

第三章 「大人事務」

“ADULT STUFF”

接下來這一年，我成為希科里高中（Hickory High School）校史首位入選棒球校隊的高一新生。儘管這所高中一九九六年才創校，讓這項成就顯得沒那麼亮眼，但我依然為此感到驕傲。

因為和教練史提夫・蓋卓（Steve Gedro）關係不錯，所以我在當地棒球營打球，國三時我還替大學校隊打球，和一位高二的游擊手分攤上場時間。這次經歷教會我如何保持競爭力、不將任何事視為理所當然。後來，我在高一那年拿到全區年度隊伍的榮譽時，我暗自立下目標，要在來季入選年度第一隊。我堅持比別人練習得更久、更努力，了解到棒球能替我爭取到大學獎學金後，這更堅定了我的決心。我必須竭盡所能，不能搞砸眼前的大好機會。

我的努力獲得意料之外的回報。我國三時，希科里高中還沒有自己的球場，只能和我們的勁敵大橋高中（Great Bridge High School）共用一個訓練場地。大橋高中的當家球星就是卡戴爾，他那時高四[1]，是選秀狀元的熱門人選。卡戴爾的球隊總是比我們還早開練，於是就出現這種滑稽畫面：我們在場上做伸展操的時候，必須時不時閃避對面打擊訓練飛來的球。我從小就聽過卡戴爾，甚至因為他和湯森的交情，而有過幾面之緣。但實際看他打球，對我這樣的國三生來說仍然很震撼，我們都很清楚卡戴爾實力出眾，未來前途無可限量。

同年，我們家從維吉尼亞海灘搬到乞沙比克。因為新學校的課表不同，校方制定了計畫，把我送到大橋高中上數學和西班牙文，這樣我就不用重修舊學校的課程。所以在一九九七年，當明尼蘇達雙城隊在選秀第八順位挑中卡戴爾時，我人就在現場。有人透過擴音器宣布這件大新聞時，全校的師生都停下手邊動作、開始歡呼吶喊，這是我青少年時期最印象深刻的其中一幅情景。

就算我之前仍心存疑慮，也都在那個時刻消除殆盡，我打定主意要成為下一個卡戴爾。他是完美的榜樣，我當時捫心自問：既然來自乞沙比克的小伙子能辦得到，憑什麼我不行？我清楚前方的道路相當艱辛，但這沒有阻撓我的決心。

所以我加倍投入練習。高中時，我和好友一起到當初湯森教課的「大滿貫」擊

1 美國高中為四年制。

球籠打發時間。我和負責人達成協議，每天花幾小時為他們銷售代幣、清理球籠的球，換取免費打球的福利。

最後，「大滿貫」的老闆直接給了我一把鑰匙。於是我和朋友會在五點左右起床，走進擊球籠，放點音樂，在上學前好好練習一番，多少次對我們來說都不嫌多。我爸媽常教導我勤勞的人會有好報，當時我雖不敢保證能打進大聯盟，但不夠認真絕不會成為我失敗的藉口。當我的努力獲得回報，我會投注雙倍、甚至三倍的努力進去。高二那年，我以 0.471 打擊率創下希科里高中校史紀錄；高三時，我達成連續二十一場比賽敲安，打擊率來到 0.474；高四時一舉突破過往紀錄，打擊率升至 0.544。

我升上高三以後，已經有球探和大學教練會來看我比賽了。對我來說，希科里高中的每場賽事都像世界大賽一樣，我可以為了下午五點的比賽，早上六點就開始做伸展操，我對這種作息習以為常。我也開始幻想能參與更高層級的比賽，當我從學校後方走到球場，第一次目睹大學教練、球探一字排開迎接時，無疑是我人生中最激動人心的時刻。

為這些拜訪做準備，成了我的第二項課題。有數十所大學寄來調查問卷，從喬治亞理工學院、北卡羅萊納州立大學（North Carolina），到我根本沒興趣的三級學校。不過，我爸媽要我填寫每份問卷，把每間學校都當作第一順位對待。問卷通常需要列出我的身高體重，我爸每次都會要我用捲尺、磅秤重新量，確保紀錄的數字更精確，即便我一週前才量過。等我長到能與大學教練依法交談的年紀，我們家買了第二台答錄機，只要兩台答錄機錄滿，我爸媽就會要我回覆每則訊息。

我爸媽從未想過要讓我投入選秀，在我和他們心中，接受大學教育一直是頭等大事。我個人非常享受篩選學校的過程，除了希科里的賽事外，我平日最大的樂趣就是跑去查看信箱，看又有哪些大學寄信給我。我會攤開這些信，看看哪些信是量身定做，哪些只是在空格填上我名字的制式信件。每天，我都會收到全國各地學校源源不絕的信件，這時我和我爸會拿著他買的大學推薦書，一一比對這些學校的學術和棒球排名。

我們建了份電子表格，列出我心目中排名前二十的大學，上面註明了每所學校的先發游擊手和三壘手的名字、年紀和實力。我想上場打球的決心毫無疑問，甚至寧可去次級的學校打先發，也不希望在頂尖棒球學校坐冷板凳。因此，每週收到來信後，我和我爸會把學校加到表格、重新排序。有時我會抱怨排名都沒變，我爸則不以為然。我們每週都會花時間在這份表格上。

當時的高中球員，只被允許正式參訪五間大學，所以我選擇了佛羅里達州立大學（Florida State）、杜克大學（Duke）、北卡羅萊納州立大學、奧本大學（Auburn）和喬治亞理工學院。我喜歡佛羅里達州立大學，因為卡戴爾投入選秀前曾在那裡讀過。但拜訪過喬治亞理工學院的亞特蘭大主校區後，我對這間大學一見鍾情，甚至為此取消後面的參訪行程。我很確定喬治亞理工學院就是我的理想學校，也很確定比起職業比賽，我更想就讀喬治亞理工學院。我爸媽還為我買了代表學校的黃夾克（Yellow Jacket）床單和淋浴架。

我永遠忘不了自己簽下入學意向書的那一天，希科里高中特地辦了簽署會，現場有蛋糕和披薩，有點像學校當初慶祝卡戴爾成為大聯盟新秀的情景。我被允許翹掉最後一堂課，邀請親朋好友來學校，我當時戴著喬治亞理工學院帽、套上我唯一一件西裝，手拿著筆在意向書上簽名，並擺出各種姿勢拍照。我爸媽買了黑黃相間的氣球和超大布條，我感覺自己彷彿就像個大人物。

儘管如此，成為職業球員的念頭仍舊在我腦海揮之不去。我爸買了本美國棒球年鑑，供我們比對我在希科里高中高四那年，來看我比賽的球探名字。其中有大都會隊球探總監蓋瑞．拉羅克（Gary LaRocque）[2]、小熊隊總經理吉姆．亨德利（Jim Hendry）[3]和其他人物。當這些球隊代表出現在場邊，你會希望對上他們的視線，清楚說出「拉羅克先生」、「亨德利先生」，讓他們知道你值得信賴。拉羅克這類球隊高層來看我比賽，可是件了不得的大事——球探總監和高管只有在地區球探、跨地區球探監督認定該球員有明星潛力時，才會親自出馬。也就是說，拉羅克會在這裡，就代表我是大都會隊的合法選秀對象。

我還記得拉羅克首次造訪希科里高中的場景，我約在下午一點走出校門，和其中一位隊友預先做打擊練習，我們到時他人已經在看台上了。我和隊友兩人都背著一袋球，我們按慣例餵球給對方練習打擊——依序擊向對面外野、中外野，最後則嘗試全力揮擊。打完後，我們走到柵欄另一頭回收剛剛打的球，回到球場後，我特意跑去感謝拉羅克前來觀看。

我當時不曉得，但這些簡單的禮貌舉動驚艷拉羅克的程度，絲毫不亞於我在場上的表現。我當時不清楚自己的選秀排名，早在二〇〇一年，撥號連線還是主流的年代，根本找不到棒球美國（Baseball America）、美國職棒大聯盟官網（MLB.com）等權威網站定期發佈的線上模擬選秀。我只能從《棒球美國》的印刷雜誌獲

2 蓋瑞．拉羅克（Gary LaRocque），曾擔任紐約大都會隊球探總監、總經理助理，二〇〇一年簽下萊特。

3 吉姆．亨德利（Jim Hendry），美國職棒大聯盟教練及主管，二〇〇二至二〇一一年擔任芝加哥小熊隊總經理。

取消息，但不同雜誌間的排名落差卻極大，我當時的選秀落點在首輪至第五輪之間。有一次，還有個測試會的球探打來，問我介不介意接受第十輪的簽約價碼。我當時心想：「老天，看來我沒機會進軍大聯盟了。待在聯盟內也賺不了多少，倒不如去念大學。」

但其他經歷卻大大改變了我的想法。蘭迪・密里根（Randy Milligan）[4]一直是我從小到大支持的一位潮汐隊球員，當他以大都會隊地區球探的名義造訪我家時，我無法壓抑自己的興奮之情。他的綽號是「駝鹿」，我們小時候每次看他打球，都會大喊：「駝——鹿！」而我從小喊到大的偶像，有天竟出現在家門口、手拿選秀前調查問卷，想確認我的天賦和個人素質適不適合大都會隊，你可以想像我當時有多麼激動。

隨著選秀日將近，我和爸媽、顧問商議後，決定將選秀第三輪設為停損點。屆時如果先有球隊選上我，我就投入大聯盟懷抱；如果我掉到第三輪以外，就去讀喬治亞理工學院。

我起碼還曉得有哪些球隊是我的潛在下家，領跑的有大都會隊和小熊隊，雖然我不確定他們有多想簽下我。結果揭曉，小熊隊很想得到我，但他們先用榜眼籤選中了未來的全明星投手馬克・普萊爾（Mark Prior）[5]，一直要到第二輪才能搶人。大都會隊則在首輪第十八順位挑中聖母大學的右投手亞倫・海爾曼（Aaron Heilman）[6]。不過，由於科羅拉多洛磯隊以八年一億六千一百萬美元[7]的破紀錄合約挖走麥克・漢普頓（Mike Hampton）[8]，大都會隊得到了一張首輪選秀籤作為補償。

選秀當日下午，我剛好有場解剖生理學考試，所以漏聽了選秀大會前二十順位的報導。考試一結束，我就飛奔回家連線上網，那時沒有影片和選秀分析，只有每次選秀公布的模糊錄音。我進家門時，家人都沒衝上來報喜，所以當下我就曉得自己還沒入選。

---

4 蘭迪・密里根（Randy Milligan），美國職棒大聯盟一壘手，一九八七年效力於紐約大都會隊。

5 馬克・普萊爾（Mark Prior），美國職棒大聯盟投手，二〇〇二至二〇〇六年效力於芝加哥小熊隊，二〇〇三年入選過明星賽。

6 亞倫・海爾曼（Aaron Heilman），美國職棒大聯盟投手，二〇〇三至二〇〇八年效力於紐約大都會隊。

7 譯按：應為誤植，實際為八年一億兩千一百萬美元。

8 麥克・漢普頓（Mike Hampton），美國職棒大聯盟投手，二〇〇〇年效力於紐約大都會隊，二〇〇一至二〇〇二年轉戰科羅拉多洛磯隊。

我到家沒多久，就收聽到首輪補償選秀的順位報導[9]。大都會隊的補償選秀順位是第八，相當於首輪第三十八順位，所以我知道自己還有一絲機會被選中。我聽到洛杉磯天使隊挑中前途大好的優質捕手傑夫·馬瑟斯（Jeff Mathis）[10]，西雅圖水手隊則選中了麥可·賈西亞帕拉（Michael Garciaparra）[11]，他的哥哥是當時在波士頓紅襪隊的諾馬（Nomar）。連線訊號時斷時續，但我們仍大致搞懂了狀況。最終，輪到大都會隊的首輪第三十八順位，我聽到播報員唸出我的選秀編號，宣布「維吉尼亞州希科里高中，大衛·艾倫·萊特」。我媽先是喜極而泣，然後開心地在廚房手舞足蹈，這份喜悅也感染了我。我爸給了我大大的擁抱，全家人都開心瘋了，這是相當神奇的時刻。

從那時刻起，我就知道自己會簽下合約、進軍大聯盟。大都會隊早在我設下的第三輪停損點選下我，即便我一直期待能就讀喬治亞理工學院，但我也無法拒絕首輪選秀的合約價碼。選秀結束後沒多久，拉羅克邀請我去看潮汐隊比賽，向我展示小聯盟的生活模式。當時潮汐隊總教練約翰·吉本斯（John Gibbons）[12]半開玩笑地告訴我，如果我想跟他簽約，可以給我一套制服。沒騙你，我當時很動心。

我巴不得合約談判儘早結束，我聘請一家名叫「王牌」（ACES）的棒球經紀公司，因為我的其中一位偶像史考特・羅倫（Scott Rolen）[13]也是他們的老主顧。我開始和我的新經紀人基斯・米勒（Keith Miller）越走越近，他同時也是「駝鹿」密里根的好友。基斯一直要我穩住陣腳，但過去幾週像數個月一樣漫長。我給經紀公司設了談判期限，讓他們盡可能談妥最好的價碼，我告訴基斯，屆時無論他們給我什麼合約我都簽。儘管基斯認為拖延談判能幫我爭取更多，但我對他的成果很滿意。大都會隊將付給我九十六萬美元，並保證如果我退役後兩年內想就讀大學，球隊將負擔全額費用，無論我十九歲或三十九歲都一樣。我爸相當看重這一點。

在我看來，我絕不會拒絕這麼大筆錢。我們家是不折不扣的中產家庭，如果有人出約一百萬美元讓你打棒球，照做就對了。

9 美國職棒選秀中，球隊獲得該輪選秀籤補償後，可於該輪至下一輪之間使用該選秀籤。

10 傑夫・馬瑟斯（Jeff Mathis），美國職棒大聯盟捕手，二〇〇五至二〇一一年效力於洛杉磯天使隊，二〇一八年獲防守聖經獎。

11 麥可・賈西亞帕拉（Michael Garciaparra），美國職棒大聯盟二壘手，諾馬・賈西亞帕拉的弟弟。

12 約翰・吉本斯（John Gibbons），美國職棒大聯盟捕手、教練，一九九八至二〇〇一年擔任諾福克潮汐隊總教練。

13 史考特・羅倫（Scott Rolen），美國職棒大聯盟三壘手，七度入選明星賽、拿下八座金手套獎，二〇二三年入選棒球名人堂。

我爸過去替我的人生做出眾多決定，但這次他退居幕後，要米勒來和我談。他把這稱作「大人事務」。

朗恩告訴我：「你現在還是個孩子，一旦選秀會入選後，你將發現自己多快成長為一位大人。」

THE GRIND

第四章　磨練之路

十六歲那年，維吉尼亞州政府給我第一張臨時駕照，我當時駕駛的是一九八五年份的雪佛蘭S10，一台又大又笨重的手排貨卡。但等我升上高三時，這台龐然大物的昔日風光已經不在。我錄取喬治亞理工學院後，在我媽生日當天，我們拜訪當地福特汽車經銷商，在那裡警察親屬享有購車優惠。我最終挑中一台二〇〇〇年份、嶄新的藍色福特F-150。沒過多久，我就開著新車橫越整個維吉尼亞州。

我的目的地是田納西州的金斯波特（Kingsport），那裡是我職業生涯的起點。

那時候還沒有位智（Waze）或谷歌地圖，連一般人貼在擋風玻璃的GPS裝置都還不存在。在我出發前，我爸帶我去美國汽車協會（AAA）安裝旅行計劃工具（Triptik），相當於把好幾張道路地圖濃縮在一起。我開到第一張地圖的末尾，就換到下一張繼續開，就這樣從乞沙比克一路開到金斯波特。整趟路上，我都在思考往後我肩負的責任。在新住處，老媽再也不會幫我洗衣服，冰箱再也沒有冷凍三明治，一切都得靠我自己。當我開著那輛藍色福特貨卡離家時，一切都真實了起來——歡迎來到大人世界，往後將毫無依靠。

我的住處雖然沒有冷凍三明治，但起碼儲藏室有麥片，冰箱也有牛奶。大都會隊安排我和一名隊友住進寄宿家庭，由一對老夫婦佩姬和吉姆接待我們，他們會從我的工資抽一小部分作為食宿費用。我在其中無疑感受到一股文化衝擊，當時我的好友都考上大學、搬進新生宿舍，和即將成為死黨的新室友喝啤酒開趴。我和他們的情況有天壤之別，佩姬和吉姆都是超級老菸槍，房子整天都瀰漫著煙味，需要花上好些時間適應。我也是第一次嘗試獨立生活，如今我正和陌生夫婦同居在一座小鎮、開啟我的棒球職業生涯，祈禱自己能出人頭地。佩姬和吉姆人很好，不僅展開雙臂歡迎我們，整個小聯盟期間也持續與我們保持聯繫。

長久以來，金斯波特都是大都會隊高中新秀的落腳處，我也不例外。我抵達當地後，球隊讓我休息幾天，替我安排了一些時間進行打擊、棒球訓練來熟悉場地，天知道我有多感激這段適應期。我在球場的第一天，球隊暖身表定在下午四點，我三點五十分到球場，心想應該沒問題，卻被隊上老鳥罵到臭頭。我那時完全不知道要提早集合，在大人的陌生世界裡，十八歲的我還有很多事情要學會，包括職業棒球文化和球隊規矩都是。

但我很快就抓到訣竅，因為金斯波特大都會隊很快就成了我的生活重心。每次完賽後回家，我都感到興奮異常，為能在小聯盟打球而激動不已。我經常在深夜打開信箱，查看業餘運動聯盟教練厄比、助理教練史密斯的來信，或好友發來的祝福，詢問我小聯盟生活過得怎樣等等。我總是回覆他們一切都很好，多數時候也確實如此，尤其是當我那晚擊出幾支安打的時候——快別提了。我的腎上腺素一路飆升，直到凌晨一兩點才沉沉睡去。我會躺在床上到十一、十二點，起床吃點麥片，然後直奔球場。我的生活二十四小時都離不開棒球，這正是我夢寐以求的事。

然而，要在阿帕拉契聯盟（Appalachian League）[1]那些潮濕多雨的夏日揮灑汗水，並不是每個人都撐得下去。有時候，我們在老舊球場練習完沒辦法洗熱水澡；有時候，我們的巴士拋錨了；有時候，我們搭車橫越田納西或維吉尼亞州，途中數小時完全沒有空調。這些過程並不光彩，和大聯盟生活簡直是天壤之別。在早期的小聯盟，我猜有很多教練或機構會用這種方式剔除抗壓力不夠的球員，有人光是洗冷水澡、坐上一小時的巴士就受不了了。如果你不喜歡打棒球、對比賽興致缺缺，那在小聯盟低級別聯賽的日子將會很悲慘。

不僅如此，球員有時經濟上也會陷入拮据，而我身為手握九十六萬美元獎金的首輪新秀，也常為此感到愧疚。我的對策，就是把這筆獎金寄給理財規劃師，由他妥善保管。時至今日，我從未動用這筆錢，而是靠著小聯盟每月八百美元的工資，加上祖父母在我出生時給我的儲蓄債券度日。有時我會替棒球卡公司托普斯（Topps）簽名賺點外快，但多數時候，我的生活方式和小聯盟隊友沒兩樣。當然，因為我名下有筆近百萬美元的儲備金，自然也更看得開，所以我時不時會請隊友吃頓晚飯，提供他們經濟援助。隔年，我的隊友小麥特．加蘭特（Matt Galante Jr.）[2]打趣地立了規定：選秀順位最高的負責請客。我可能有點好人做過頭了，但我一直對那些沒有經濟擔保、仍在小聯盟承受磨練的人深感共鳴。

身為首輪新秀，我無時無刻不備感尷尬。來到金斯波特後，似乎所有人的目光都集中在我身上，感覺大都會隊用首輪籤選下我，我就非得拿出超級球星的氣勢不可。起先，我會鞭策自己在每個打席擊出全壘打，每次防守都奮力達成。很快地，我就認知到這在職業賽場根本做不到，如今我面對的投手和高中不同，沒辦法場場繳出六成打擊率水準。我過去一直習慣做小池塘裡的大魚，如今我卻被各式各樣的

1 阿帕拉契聯盟（Appalachian League），隸屬於美國職棒大聯盟，專門招收具有潛力的大一、大二生進行棒球訓練。

2 小麥特．加蘭特二世（Matt Galante Jr.），美國小聯盟球員，萊特小聯盟時期的好友。

大魚圍繞。學會面對失敗很重要，學會承擔責任則尤其重要。如今只將棒球視作愛好，將令我停滯不前，因為棒球如今已成了我的職業，我的生計。

那年夏天，獨自生活的我大可找點樂子放鬆，但我從沒這麼想過。我本可整夜喝得爛醉、開趴開到凌晨，但從未實踐。由於我父親是警察、母親在學校工作，他們嚴格的教養方式大大影響了我。比起惹上麻煩，我更怕告訴我爸自己闖了禍。爸媽的教誨，加上我對進入大聯盟的強烈渴望，幫助我遠離對我職業生涯有害的事物。

多年以來，我目睹那些天賦相當、甚至比我傑出的球員，由於沉迷享樂而遭到淘汰。某些人很難抗拒這樣的誘惑，但這些思維與我的世界觀相去甚遠。我在小聯盟和金斯波特奮鬥的生活，只能用無趣來形容——起床、早早進場練球、很晚回家、睡覺，週而復始。

但我甘之如飴。

即便是頭一個賽季，我從沒被職業棒球的例行訓練及磨練壓垮，也從未害怕過失敗或力不從心。身為阿帕拉契聯盟最年輕的其中一名球員，我待在金斯波特的那年夏天，創下平均三成打擊率、四支全壘打、九盜壘，整體攻擊指數達到 0.85。這是一個開始，即便我不確定自己能否晉升大聯盟，但我知道自己在正確的道路上。

我花了整整三季才升上A級，這對十八歲就開始職業生涯的高中球員而言，算是起碼達標。次年夏天，我在南卡羅萊納州哥倫比亞的首都轟炸機隊（Capital City Bombers）打了整個賽季。我很享受那段時光，因為我們的總教練是東尼．蒂耶利納（Tony Tijerina）[3]，他不僅出身自大都會農場系統，還在九年前為轟炸機隊效力。我到哥倫比亞時，蒂耶利納才三十二歲，但他骨子裡卻是個老派的人，相當替球員著想。那年春天的一場比賽，我起先轟出一發全壘打，卻在下個打席遭投手砸中頭部，但我方投手不打算還擊。比賽結束後，蒂耶利納讓我們坐在外野草坪，斥責我們怎麼不還以顏色。為此，他還花了不少時間數落我們，可見他有多在乎每個球員。

可能因為我有著首輪新秀的身份，或純粹對我有好感，蒂耶利納那個賽季對我視如己出。別忘了，我當時才十九歲，還只能修理高中級別的投手，他們不外乎變化球很糟，或是球根本飛不過本壘板。但職業賽事就大大不同了，在我前方的是曲球、滑球等經典球路。為了幫助我克服，蒂耶利納幾乎每次主場比賽都提前到場，朝我扔出一顆顆變化球，一投就是上百顆。練習時球場裡就只有我們兩人，在夏季

3　東尼．蒂耶利納（Tony Tijerina），美國小聯盟球員，退休擔任大都會小聯盟教練。

燠熱的天氣揮灑汗水。蒂耶利納在我身上投注大量時間，甚至遠超他應盡的義務。

雖然我的球技不斷進化，但我仍嚮往著大聯盟，隨著我承受更多球技磨練，我也越來越想家。對我而言，從高中進入職業比賽最大的轉變，就是離鄉背井。雖然父母常來探望我，但他們在老家都有工作，沒法說來就來。而且，他們也怕影響我的練習時間，擔心我會犧牲自己的時間陪伴他們。我爸是歷史迷，我在哥倫比亞首都球場打球那一年，他很喜歡順道去參觀些古戰場。我們會去其中一座戰場消磨時光，但他又會擔心，怕走了整個上午會害我晚上比賽精神不佳。基於這些原因，我想爸媽有留意不要太常探望我。

我的幾個弟弟都還在就學，根本撥不出時間來找我。從小到大，我們一起經歷每件事，他們不僅是我弟弟，更是最親密的死黨。沒有他們的陪伴，我發現我的思鄉病比想像中還嚴重。

即便升上佛羅里達州立聯盟（Florida State League）[4]，也解決不了我的思鄉病。儘管該聯盟仍屬1A級別，卻已明顯優於首都轟炸機隊隸屬的南大西洋聯盟（South Atlantic League）[5]，更不用說是阿帕拉契聯盟了。這是我離家最遠的一站，這裡的生活簡單來說，就是一場苦戰。投手投出的變化球很少失靈，賽況不僅比其他A級聯賽還激烈，夏日氣溫也常常高過華氏九十度，悶熱難耐。在佛羅里達州立聯盟，遇雨停賽是家常便飯，導致很多時候要連賽兩場，天氣打亂了所有行程。在佛州聖露西港（Port St. Lucie），也沒有太多好餐廳可供選擇，要等到十年後，此地才真正走向繁榮熱絡。

對不那麼熱衷棒球的人來說，佛羅里達州立聯盟的日常會讓你身心俱疲。我後來和老隊友加蘭特和喬．希帕斯（Joe Hietpas）[6]搬到一塊，我們三人不知去了多少次澳美客牛排館和友好餐廳（Friendly's）。友好餐廳有一種甜點叫「炫風」，是一款塞滿花生夾餡餅乾、花生醬汁的霜淇淋。我在小聯盟時期或許不酗酒、開趴，但這不代表我不會放縱自己，「炫風」就是我戒不掉的癮。比完賽後，我們三人會嗑掉一份「炫風」，再開車回到ＰＧＡ村附近的公寓睡覺、盥洗，週而復始。

多了兩個室友，讓我的小聯盟生活溫馨許多，加蘭特很愛搞笑，希帕斯為人則比較正經。那年夏天某個禮拜，我在維吉尼亞州爆破者隊的老戰友馬歇爾．格雷夫斯（Marshall Graves）揪了一群好友來聖露西港找我，順道和希帕斯聊了起

4 佛羅里達州立聯盟（Florida State League），美國職棒小聯盟附屬聯盟，以往級別為高階１Ａ。

5 南大西洋聯盟（South Atlantic League），美國職棒小聯盟附屬聯盟，以往級別為１Ａ。

6 喬．希帕斯（Joe Hietpas），美國職棒大聯盟捕手，二〇〇四年效力於紐約大都會隊，萊特小聯盟時期的好友。

來。希帕斯是第十六順位新秀，他往後的大聯盟生涯和「月光」葛拉漢（Moonlight Graham）[7]頗相似，職業生涯僅在一場大聯盟比賽亮相，且從未獲得一個打席。希帕斯見識廣、磨練多，在棒球領域有不少智慧。

他當時問格雷夫斯：「你知道你朋友萊特很有明星潛力嗎？」

「當然，我們老早就知道這小子很強了。」

「不只如此，」希帕斯說：「他還很特別。他在棒球界將名留青史，他的存在對紐約大都會隊將意義非凡。」

這句話多少有點恭維，但當時我自認還配不上這句讚美。我當時的表現相當掙扎，無法適應從低級別小聯盟到佛羅里達州立聯盟的訓練強度。我指的掙扎並非打擊力不夠、應付不了變化球這類具體的事，就只是沒法好好上場打擊，就這樣。我的狀況已經惡化到，某天晚上加蘭特、希帕斯找上我，要我在廚房餐桌前把事情說開，並想盡辦法讓我重回正軌。那一刻，我正經歷職業生涯中最嚴重的困境。

幸運的是，我遇到了一些貴人指點迷津。夏季過半的某天，大都會隊小聯盟球場總監蓋伊．康提（Guy Conti）[8]把我叫去開會，擁有長年棒球經驗的他審視我的場上數據，問我打主客場的感受如何。

我回答他：「我都很適應，沒什麼差別。」

康提接著列出我的主客場數據：我在客場平均有四成的打擊率，主場卻降至僅兩成。他告訴我問題可能出在哪，每次主場比賽，離正式比賽都還沒開始，我和加蘭特會按慣例下午一點抵達球場，比其他人早兩小時練習揮棒，等隊友到齊、做完伸展後我又投入練習。相較之下，客場比賽的例行公事，就是搭巴士到佛州的維羅海灘（Vero Beach）、墨爾本或任何出賽場地，進行常規打擊訓練，過程相對簡單。儘管我提早練習的初衷是對的，但康提認為這對我弊大於利，所以他禁止我在主場做過多的打擊訓練。

我頭一次接觸到這樣的思維模式。在我人生中，我一直以為多練揮棒、多花時間待在擊球籠絕對是好事。從小，我爸就教導我認真工作的重要性，不是基於炫耀或虛榮心，也不是基於被注視和關注的渴望，純粹是我當時被灌輸「越努力成功機率越高」的思維模式。有一次，我爸帶著小時候的我到老道明大學，購票聆聽舊金山巨人隊退役球星威爾・克拉克（Will Clark）[9]的演講。當時克拉克提到他每天按

---

7 「月光」葛拉漢（Moonlight Graham），美國職棒大聯盟右外野手，僅僅在大聯盟出賽過一場。

8 蓋伊・康提（Guy Conti），美國職棒捕手、教練，曾任紐約大都會隊牛棚教練、小聯盟球場總監。

慣例練習揮棒一百次，台下的我則聽得津津有味。

我那時心想：好啊，那我就每天練習一百五十次。

每到夏天，當我的好友在海灘度過午後時光，我總會下意識地去做棒球相關的練習，任何練習都算數。我的腦子裡有股病態的執著：所有人都出門閒晃、無所事事的當下，就給我超越他們的機會。每年感恩節、聖誕節，我總會加緊練習，心裡清楚我是唯一這麼做的球員，我把假日期間當作是拉開我和同儕差距的機會。在我心中，每次揮棒都代表進步，我沒法決定天賦高低，卻能決定自己努力和付出多少。即便最終無法到達職棒水準，我仍希望說服自己，已經盡一切努力打進大聯盟。我的主場例行訓練，就是其中一環。

但我有時確實做得太過頭，這可能和不安全感有關，身為首輪補選上的新秀，我剛到金斯波特就被放大檢視。我超想和早來幾年的隊友打成一片，也很討厭別人把我當成十八歲金童，總是開著藍寶堅尼、擺出高高在上的態度，什麼成就都還沒有就自詡是大聯盟明星。我希望盡可能用最藍領的方式打球，雖然所有努力都有所回報，但我還無法從中找到快樂。在金斯波特的最後一場球賽，儘管對上的是聯盟爐主，我們卻以一分劣勢落後。我當時也不敢相信，為了贏得隊友的尊敬，我在跑壘時撞倒對面捕手，不小心踩斷了他的腿。我當時是那麼努力想一直打球，我是那麼努力想贏。

我後來漸漸明白，認真訓練固然重要，但適度訓練也同樣重要。當你僅僅是盲目地做更多揮棒訓練，卻沒弄懂練習的真諦，這麼做根本於事無補。多年後，我有幸在明星賽向棒球史上最偉大的其中一名打擊手——名人堂球星東尼．葛溫（Tony Gwynn）[10]請益。他告訴我他的其中一項經典建言：當他陷入低潮時，不會做過多的打擊訓練，因為他不想在狀態不佳的時候練習。與之相反，葛溫總在狀態好的時候加緊訓練，保持正向的肌肉記憶。我當時雖不曉得這個教訓，但康提清楚得很，那年夏天我在聖露西訓練過頭了，對身體造成負擔。

在康提的建議下，我不再堅持提早練習，最終在聖露西主場繳出 0.27 打擊率、0.828 整體攻擊指數的成績。考慮到我季初淒慘的打擊表現，這已經算是小小的奇蹟了。我們最終贏下佛羅里達州立聯盟冠軍，我在季後賽表現亮眼，深受康提的讚賞。我在其中一場季後賽中，和守備方的夾殺苦戰許久，終於等到隊友打線重

9 威爾．克拉克（Will Clark），美國職棒大聯盟一壘手，曾六度入選明星賽，一九八九年奪得國聯冠軍賽最有價值球員頭銜。

10 東尼．葛溫（Tony Gwynn），美國職棒大聯盟外野手，綽號「教士先生」，生涯皆效力於聖地牙哥教士隊，二〇〇七年入選名人堂。

新點燃。成功克服那年夏天的低潮，對我的棒球路至關重要。

我特別喜愛這年夏天還有別的原因，首先是肯．奧柏克菲爾（Ken Oberkfell）[11]，二〇〇三年聖露西大都會隊的總教練。奧柏克菲爾曾是內野手，主守三壘，替大聯盟效力了十六個賽季，還隨聖路易紅雀隊拿到一次世界大賽冠軍。其次，還有我們的打擊教練「老霍」霍華德．強森（Howard Johnson）[12]，也是我的其中一個偶像。一九八〇年代我剛開始關注大都會隊時，老霍就是球隊靈魂人物。在替大都會隊效力的九個賽季中，他分別於一九八九、一九九一年入選明星賽，累積三個賽季進入30-30俱樂部，代表該季最少拿到三十轟三十盜。

老霍還在一九八六年，隨紐約大都會隊取得世界大賽冠軍，職業生涯共兩次贏下世界大賽。我提過他是球隊靈魂人物，對吧？

初見面時我被嚇到了，我發現老霍真的沒有辦不到的事。我到聖露西港後，加入一群在這待滿一年的球員中，我看到每個人都跟老霍有說有笑。我心想，我也好想跟他打成一片，誰來告訴我怎麼做？

我和老霍的情誼是隨時間養成的，他和奧柏克菲爾（我們叫他「奧比」）都曉得如何調節氣氛，因為佛羅里達州立聯盟的磨練很容易使人崩潰。他們身上透露著偉大的氣質，總會以親暱的方式互開玩笑，對隊員如此，對我也是如此。舉例來說，因雨停賽時，他們會帶球員到球場玩起滑水道，儘管這在小聯盟很常見，但對我們球員來說很管用。

我們都曉得自己身負重任，而小聯盟生活很折磨人，但老霍和奧比幫助我們樂在其中。負責聖露西港設施運作的保羅．塔格利（Paul Taglieri）[13]、崔爾．范艾倫（Traer Van Allen）[14]也是幕後功臣。思鄉和徬徨的心情漸漸褪去，我開始意識到自己離大聯盟、離首次套上大都會隊球衣更近了，也離人生中最重要的目標更近了。

那年九月，大都會隊派我參加亞利桑納秋季聯盟（Arizona Fall League），這是每年聯盟最佳新秀都會參加的測試會。我收到參加邀請時，心情只能用澎湃來形容，原因有三。首先，該聯盟當時只邀請2A級別球員，而我剛打完A級聯賽，年紀剛滿二十。其次，我和在小聯盟升級路上的隊友擁有緊密連結，成員包括賈

11 肯．奧柏克菲爾（Ken Oberkfell），美國職棒大聯盟三壘手、教練，在一九八二年贏得世界大賽冠軍。

12 霍華德．強森（Howard Johnson），綽號「老霍」（Hojo），美國職棒大聯盟三壘手，入選兩次全明星，入選紐約大都會隊名人堂。

13 保羅．塔格利（Paul Taglieri），聖露西大都會隊的設施執行長。

14 崔爾．范艾倫（Traer Van Allen），聖露西大都會隊的總經理。

斯丁・胡伯（Justin Huber）[15]、D・J・麥塔斯（D. J. Mattox）[16]和麥特・彼得森（Matt Peterson）[17]，他們幾人也獲邀參加。最後，亞利桑納秋季聯盟來頭不小，光是我隊內就有高達二十一名未來大聯盟球員，像是亞德里安・岡薩雷茲（Adrián González）[18]、麥克・雅各（Mike Jacobs）[19]和瑞奇・威克斯（Rickie Weeks）[20]等人。我們都收到刻有自己名字的大聯盟風格球棒，且被允許穿上代表各自球隊的大聯盟球衣。這是自選秀日以來，我頭一次套上大都會雪白的球衣，這是件大事。而在這樣全國性的舞台上，我仍維持0.341打擊率時，這更是不得了的事。

無論是過去還是現在，亞利桑那秋季聯盟都是一展打擊長才的好去處。

15 賈斯丁・胡伯（Justin Huber），美國職棒大聯盟一壘手，曾在世界棒球經典賽代表澳洲隊出賽。

16 D・J・麥塔斯（D. J. Mattox），美國小聯盟球員。

17 麥特・彼得森（Matt Peterson），美國小聯盟球員。

18 亞德里安・岡薩雷茲（Adrián González），美國職棒大聯盟一壘手，二〇〇〇年選秀狀元，曾三度代表墨西哥參加世界棒球經典賽。

19 麥克・雅各（Mike Jacobs），美國職棒大聯盟一壘手，生涯效力過五支球隊。

20 瑞奇・威克斯（Rickie Weeks），美國職棒大聯盟二壘手，二〇一一年入選明星賽，入選密爾瓦基釀酒人隊名人堂。

第五章　再度返家

GOING HOME AGAIN

二十一歲時，我搬回老家和爸媽住。

前情提要一下，有鑒於我二〇〇三下半年的傑出表現，下個賽季我晉升到大都會位於賓漢頓（Binhamton）的2A球隊。在那裡，要面對的問題和在聖露西截然不同。有別於佛州的潮濕炎熱，紐約州北部很冷，有時還會下雪。既然不能玩滑水道，我們改將壞掉的棒球碎片塞進板凳席的小型取暖器，用噴霧將木頭握把處漆上顏色，正好拿來當火炬，這樣做很好玩。

賓漢頓的訓練最棒之處，我想還是奧比和老霍的陪伴吧！隨著他們在小聯盟資歷提升，大都會隊也將他們轉調到賓漢頓。在他們的執教下，一切都迎刃而解，我在賓漢頓的六十場比賽，平均繳出0.363打擊率、1.086整體攻擊指數。不久後，我又準備好下一次晉升了。

但問題是，我應該升到哪個級別的賽事。組織管理層有人主張，3A級別的諾福克潮汐隊可能對我毫無助益，因為那裡有群進不了大聯盟、心有不甘的老將。奧比和老霍也抱持同樣想法，他們建議我在賓漢頓待久一點，然後直接跳級到大聯盟。但他們持開放態度，讓我決定怎麼做最好，坦白說，兩種選擇都很誘人。一方面，我有自信能連跳兩級進入大聯盟；另一方面，諾福克代表我的老家，錯過替老家打球的機會似乎有點說不過去。

最終，大都會隊總管吉姆．杜奎特（Jim Duquette）[1]和奧比、老霍、諾福克潮汐隊總管約翰．史騰（John Stearns）[2]等人開了視訊會議，決定將我送往諾福克的3A球隊。

繞了一圈回到老家諾福克，感覺就像被徵召進大聯盟，感覺像回到了家。有多少夜晚，我和家人來看潮汐隊打球，爭著要球員的簽名和合照，如今我的角色對調了。這段經歷，某種程度上也在為我進入大聯盟做好準備，我必須學會應對各種瑣事：數十次索票要求、好幾十場媒體採訪，以及無數朋友的賽後邀約。我的心思被各種事物拉扯，但我只想專注在棒球上，而不是做當地名人，所以我最終決定搬回

1　吉姆．杜奎特（Jim Duquette），大都會隊管理高層，二〇〇三至二〇〇四年擔任大都會隊總管。
2　約翰．史騰（John Stearns），美國職棒大聯盟捕手、教練，一九七五至一九八四年效力於紐約大都會隊，二〇〇三至二〇〇四年曾擔任諾福克潮汐隊總管。

家住。

我又像以前一樣，和弟弟爭搶餅乾罐的最後一片餅乾，爭辯誰跑得最快、投擲最有力，或是誰最會玩瑪利歐賽車。我又重回家人的懷抱。

現在算起來，雖然我待在諾福克不滿一個月，這段經歷卻對我的大聯盟生涯帶來莫大幫助。在這段短暫期間，我證明了自己能夠在各種要求、出席場合、時間安排，以及害我無法好好打球的瑣事之間取得平衡。我不但沒有沉溺其中，在過去三十一場比賽，我每晚都在親友面前出賽，依然維持住 0.298 打擊率、八轟的帳面數據。

如果當時沒收到球場贈票，我可能就要動用我的選秀獎金了。每晚，我被索要了二、三十張贈票，我也盡責地在賽後為所有球迷簽名，直到簽完為止，這通常得花上四十五分到一小時。我記得小時候在看台上，自己有多希望球員能關注我，而現在輪到我來回報了。每當我在報紙上讀到潮汐隊多賣了多少票，就覺得自己有責任對每個前來支持我的人道謝，簽名是我最起碼能做的事。

抵達諾福克的第一天，方圓幾英里的各家媒體似乎都想採訪我，導致我球隊暖身遲到，而為此受了些非議。隊上老將一刻也沒放過我，諷刺我在鎮上是多麼出名。如同我在諾福克的其他經歷，這類採訪稍稍預示了我往後加盟大都會隊、投入全國最大的媒體市場時，會是什麼情況。但我不把這當作負擔，而是從中學會區分輕重，學會每天抽空應對球迷和媒體。當命運給了我在大蘋果接受日常訓練、採訪的機會時，我已經準備好了。

我這是在騙誰？如果說我內心沒有一絲疑慮，那肯定是在說謊。表面上，我對自己相當有自信，尤其是任何牽扯到棒球的事情。但就我記憶所及，我內心一直有聲音提出質疑，認為自己能力不足。我從未把自己當作真正的明星來看待。

還在少棒隊的時期，我知道自己在鎮上表現優秀，卻不曉得自己還能不能更上層樓。加入爆破者隊後，我成為該區傑出青年，但和德州、加州相比可能差得遠，更不用說日本或多明尼加共和國了。選秀會當天，我根本不知道自己會不會入選；在第三十八順位被選中時，我也抱持著僥倖心理，認為大都會球探只是剛好挑對日子來看球。我在新秀賽季表現穩定，但這畢竟只是第一個賽季。來到A級和2A級別聯盟，即使我仍能維持好身手，但腦內的聲音總會說：是啊，但你面對的不是大聯盟級別的投打對決。即使升上3A級別球隊，我仍在想：我很成功，但3A級別的選手各個都很出色。

我的內心一直試圖說服自己不夠格，導致心態有點扭曲，比起享受成功，我更常害怕失敗；比起在表現好時給自己鼓勵，我更常在表現失常時過度苛責自己。以心理健康的角度而言，這或許不是最佳的應對方式，卻成為促使我進步的其中一項動力。

這並不是我內心的自我猜疑而已。小聯盟的情況早已今非昔比，那時沒有社群媒體，也沒辦法用谷歌搜尋，查找球探詳細報告和排名，更何況我也不是那種不容錯過的潛力球星。在某場諾福克比賽，我媽和我的兒時玩伴格雷夫斯聊起天，向他透露她對我這種消極思維有多擔心。有鑒於我從未停止懷疑過自己的能力，一切似乎並未好轉。我當然知道自己在成名的路上，但很長一段時間，我總對自己能否適應更高水準的賽事惴惴不安，我需要實際行動來重拾信心。

我的自我質疑也體現在3A球隊守備上，這還得從我擔任三壘手的第一次傳球說起。我過去一直對自己的守備能力頗有信心，但在潮汐隊的初次賽前熱身，發生了我一輩子都忘不掉的烏龍。當時，我接到隊友克雷格．布拉澤爾（Craig Brazell）[3]的滾地球後回傳，球彈了三、四下才落到他手裡。他一臉滑稽，溫和地開玩笑道：

「給我好好丟球呀。」

這種情況通常能歸咎於緊張，但往後卻頻繁發生在我身上。我的失誤越多，我在三壘守備就越發不自在，每個動作都像機械一樣僵硬。一旦我擔心起自己的腿部動作，這想法就像在我腦袋生了根，我會刻意瞄準目標傳球，結果卻都彈了幾下才傳到。情況糟糕的程度，讓大都會緊急派出內野協調員艾德格·艾方索（Edgar Alfonzo）[4]提供協助，他是前大都會隊球員艾德加多（Edgardo Alfonzo）[5]的哥哥。艾方索花了不少時間待在諾福克，久到我都開始內疚了。他幫助我修正一些慣性動作，這樣的修正也延續到我進入大聯盟初期。即使我開始步上軌道，我的身體和心理卻很難適應。我有個難改的壞習慣，會在投球前敲兩下手套裡的球，但艾方索等人希望我改掉。

在這期間，我努力接受教練指點，同時也了解自己必須停止在場上胡思亂想。春訓期間是供你調整投打姿勢，賽季期間則全憑直覺看球、接球和投球。大多時

3 克雷格·布拉澤爾（Craig Brazell），美國職棒大聯盟一壘手，曾於二〇〇四年效力紐約大都會隊。
4 艾德格·艾方索（Edgar Alfonzo），小聯盟球員。
5 艾德加多·艾方索（Edgardo Alfonzo），美國職棒大聯盟內野手、教練，一九九五至二〇〇二年效力於紐約大都會隊，入選紐約大都會名人堂。

候，我越不去想，表現反而越好。

最起碼，我的打擊能力從未受到質疑，我在潮汐隊的表現，足以為我贏得休士頓明星週未來之星賽的出賽機會。

對我來說，如果亞利桑那州秋季聯賽很酷，那未來之星賽絕對更酷。這場賽事同樣匯集了棒球界最頂尖的潛力球星，多數來自2A和3A級別，但這次僅分成兩支、而非六支隊伍，讓該賽事更像是新秀亮相的展示會。在全國電視觀眾面前，ESPN主播介紹了我和維吉尼亞爆破者隊的老隊友厄普頓，他老兄是二〇〇二年的選秀榜眼，自然也拿到了參賽資格。能在這樣的大舞台和厄普頓同台競技，是一次奇妙的經驗。

不過，真正振奮人心的事發生在兩天後。明星週期間，我聽從經紀人建議，如影隨形地跟在球星羅倫的身邊。羅倫當時是聖路易紅雀隊三壘手，不僅拿過年度最佳新秀，還拿下四座金手套獎，是名人堂入選的大熱門。以棒球員而言，羅倫是我最想效法的榜樣，他攻守兼備，不僅守備堅如磐石，打擊率、長打率也相當穩定。賽前，羅倫讓我坐在他的置物櫃前，和我促膝長談約十五、二十分鐘，包括賽前準備、休賽季訓練、擔任大聯盟三壘手等老將經驗，他講得棒極了。談完後，他還送我親筆簽名的紅雀隊球帽（我到現在還留著），並介紹我給其他球員。這是一次無與倫比的經驗，儘管最終多了點遺憾。

羅倫上場打擊練習時，我手拿球帽跟著他，想多要幾個簽名。我最想遇到的球員是德瑞克．基特（Derek Jeter）[6]，他那時也在場上練習。基特的輝煌事蹟我想無須贅述——十四度入選明星賽、五次世界大賽冠軍，三十歲以前就確定入主古柏鎮（Cooperstown）名人堂。我試圖接近基特，想和他握手要簽名，最後關頭卻臨陣退縮了。我就只是站在那裡，欣賞他在球場上的風采，眼裡滿是敬畏。

在休士頓明星賽，我還收到天大的好消息。當時大都會隊總管杜奎特把我的經紀人米勒拉到一邊，告訴他再過幾週、甚至幾天，我就會被徵召進大聯盟。米勒興高采烈地跑來通知我，讓我一時間措手不及，我有預感這個時刻即將到來，如今一切都要成真了。這消息由總管親口證實，因此絕對不會錯，我感到自己的所有努力將開花結果。

6 德瑞克．基特（Derek Jeter），綽號「洋基之子」，一九九五至二〇一四年效力於紐約洋基隊並擔任隊長，二〇二〇年入選名人堂。

那年初夏，我們與德罕公牛（Durham Bulls）打了場比賽，這是件大事，因為我又藉此和厄普頓有所交集。那週鎮上非常繁忙，場外充斥著亢奮的情緒，就連來觀賽的親友也比往常多。其中一場賽事後，我按慣例在簽名區逗留許久，然後洗澡更衣。我本可以在賽後隨時溜出場，但就在我準備離開時，潮汐隊總管史騰把我叫到辦公室談話。這不正常，我試圖在腦中搜尋我是否做錯了什麼。

我擔心極了，結果史騰非但沒責備我，還告訴我一項好消息。那晚在他的辦公室內，我得知自己即將進入大聯盟。

接下來數小時我記憶有點模糊，只記得我收拾好球場物品回家，拿出我唯一的西裝，睡了一兩個小時左右。隔天早上，爸媽載我到機場，我和艾方索約好早上九點搭直昇機直達皇后區，這是我有生以來第二次飛越紐約，上一次還是我飛去簽第一份職棒合約的時候。我看到整座城市映入眼簾，如同我三年前駕車前往金斯波特一樣，我當時心想：「出發吧」。

我知道自己完成了某項偉業，卻也深知這只是開始。如今，我必須再次證明自己，在大聯盟站穩腳跟。當我走進球員休息室，看見裡面滿是長期效力大聯盟的球員、全明星，甚至還有幾位未來名人堂球星時，我過去二十一年辛苦取得的成就，如今看來都不再重要了。

當時大都會隊的先發三壘手是泰．威金頓（Ty Wigginton）[7]，打擊率 0.343，現在卻成了主要交易人選，因為大都會隊認定我才是先發三壘手的長期解答。我被叫上大聯盟的消息傳出後，威金頓要求和杜奎特、總教練阿特．豪爾（Art Howe）[8]開會，討論他的球隊定位。威金頓當然很不爽，這也讓我憂心忡忡，當我坐在直升機上，因睡眠不足而兩眼無神時，腦中閃過無數情景。如果威金頓不跟我說話怎麼辦？如果球員間因為我佔了威金頓的位置，甚至害他被交易走而討厭我怎麼辦？這些陰暗的思想充塞著我的大腦，我被這些想法嚇到了。但當我步入球員休息室時，頭一個和我打招呼的就是威金頓。

他告訴我：「聽著，無論你先前看到、聽到什麼傳聞，這都與你無關。我當然不滿現在的情況，但我對你完全沒這想法，我衷心希望你成功，並會盡我所能地助你一臂之力。」

聽到他這麼說，我總算放下心裡的大石了。接下來幾天，威金頓完全用行動兌

7　泰．威金頓（Ty Wigginton），美國職棒大聯盟內野手，二〇〇二至二〇〇四年效力紐約大都會隊。

8　阿特．豪爾（Art Howe），美國職棒大聯盟內野手、總教練，二〇〇三至二〇〇四年擔任紐約大都會隊總教練，電影《魔球》中的運動家隊總教練即為現實中的豪爾。

現他的承諾。

我把行李放在謝伊球場高架橋對面的假日酒店後，緊接著趕去球場，因為我不曉得該幾點報到。我壓跟不想重蹈在金斯波特的覆轍，更何況我的行程相當緊湊。從我到達謝伊球場的那一刻起，大都會隊的老牌公關經理傑伊·霍維茲（Jay Horwitz）就找上我，喋喋不休地要我會見媒體、叮嚀不少事項。我很難集中精力在一件事，我必須試穿球衣和球鞋，確保穿得合身。我還發狂似地到處尋找裝備經理查理·山謬（Charlie Samuels），因為我忘記帶腕帶了，沒有腕帶就不能好好比賽（別搞錯，我可一點都不迷信）。

在我手忙腳亂的空擋，我發現山謬拿給我的球衣背號是五號，和我在諾福克的背號如出一撤，其實這個背號不是我選的。在大聯盟訓練營那年春天，我穿七十二號球衣；在我從小就加入的爆破者隊，我都穿四號球衣，小聯盟時期我盡可能都選四號。來到賓漢頓、發現不能穿四號後，我又改穿四十四號。

在大都會隊首次亮相時，我就知道自己不會穿四號，因為四號是屬於三壘教練老麥特·加蘭特（Matt Galante Sr.）[9]的背號，他也是我小聯盟隊友小麥特的父親。我不確定自己會穿上幾號球衣，後來我才知道，大都會隊首次讓我穿上五號球衣絕非偶然。山謬是棒球歷史迷，他告訴我他會選五號，是因為有史以來最偉大的三壘手喬治·布瑞特（George Brett）[10]和布魯克斯·羅賓森（Brooks Robinson）[11]都穿五號，這超級酷。幾年後，我在堪薩斯市二〇一二年明星賽遇見布瑞特，他幫我在球衣上簽名，署名「簽自另一個五號」。

二〇〇四年七月二十一日，當我頭一次看到大都會隊五號球衣掛在我的儲物櫃時，心情真的難以言喻。大都會隊肯定看好我的前途，因為他們不常把單位數的背號給球員。

整個下午我都在跑程序，直到比賽開始才稍稍放鬆，消化前二十多小時累積的壓力。我另一部分的內心，也在強壓下心臟亂跳的緊張感，有鑒於我那時防守陷入掙扎，上場守備尤其使我緊繃。第一場大聯盟比賽，我擔任先發三壘手、第七棒打擊，首次站上打擊區前，我特意尋找謝伊球場中右外野方向的大計分板，看著燈光

9 老麥特·加蘭特（Matt Galante Sr.），美國職棒大聯盟教練，二〇〇二至二〇〇四年擔任大都會隊教練團一員。

10 喬治·布瑞特（George Brett），美國職棒大聯盟內野手，為堪薩斯皇家隊效力二十個賽季，十三度入選明星賽，並獲選堪薩斯皇家名人堂。

11 布魯克斯·羅賓森（Brooks Robinson），美國職棒大聯盟三壘手，一九五五至一九七七年效力於巴爾的摩金鶯隊，十八度入選明星賽、兩屆世界大賽冠軍。羅賓森獲選巴爾的摩金鶯隊名人堂，並於一九九九年入選美國職棒大聯盟世紀球隊。

打出我的名字。那一刻有點夢幻不真實，我並不太在意自己四打數無安打的初亮相表現。在首個打席，我擊出的界外球還被蒙特婁博覽會隊（國民隊前身）捕手布萊恩·史奈德（Brian Schneider）[12]漂亮接殺出局。多年後，史奈德成了我的隊上朋友，往後還成為大都會隊教練，這讓我沒法記恨他太久。

雖然我對場上表現很失望，但我撐過去了。這一整天就像做了一場漫長又累人的夢，擔心自己能不能長留大聯盟這種事，還是明天再說吧。

那晚我剛準備離開球場，隊友喬·麥克尤恩（Joe McEwing）[13]找上我，邀我到外頭吃飯。我有點困惑，因為謝伊球場的球員休息室就有很多吃的了。

麥克尤恩說：「那可不行，我們去吃點東西作為慶祝吧。」

他解釋說，這是我在大聯盟初亮相，必須慶祝這一生一次的時刻。儘管我前一晚只睡了兩小時，我仍舊拖著疲憊的身軀跟著麥克尤恩，來到曼哈頓市中心。我們到一家叫「佛利」（Foley's）的棒球酒吧，點了些食物、在餐廳到處晃，還看到數箱堆滿幾十年來棒球球員、教練、裁判和體育記者的簽名球。作為慶祝，麥克尤恩給了我一支雪茄，告訴我好好享受在大聯盟的時光，因為我沒法知道這段旅程會持續多久。

結束後，我回到假日酒店倒在床上，這或許是我這輩子睡得最沉的一夜。

12 布萊恩・史奈德（Brian Schneider），美國職棒大聯盟捕手，二〇〇八至二〇〇九年效力於紐約大都會隊。

13 喬・麥克尤恩（Joe McEwing），美國職棒大聯盟非先發球員，二〇〇〇至二〇〇四年效力於紐約大都會隊。

第六章　人字拖和卡拉OK

OK FLIP-FLOPS AND KARAOKE

登上大聯盟的第一場客場比賽，我身穿牛仔褲、人字拖，出現在蒙特婁的奧林匹克體育館，這身裝扮真是天大的錯誤。

儘管我終於躋身大聯盟，但身為一名球員，我還有好些東西要學——何時抵達球場、如何穿搭、如何待人接物，還有別讓自己難堪。幸運的是，休息室裡經驗豐富的老將能幫我找出答案，方法就是在我每次犯錯時看我笑話。比如，我應該穿著牛仔褲、漂亮襯衫和鞋子往返球隊待的酒店，而不是隨便套雙人字拖。從他們的玩笑中，我切身了解到這一點。

不只我的人字拖海灘裝，大聯盟生活也順道幫我上了一堂時裝課。我二十一歲時，無論是從諾福克飛往紐約的班機上，或是各式婚禮、喪禮和特殊場合，都穿著同一套不合身的西裝。有鑑於此，我的隊友克里夫・佛洛伊德（Cliff Floyd）[1]延續了棒球界幾十年來的老傳統，很快就幫我訂製了件新西裝。作為在大聯盟打滾十多個賽季的外野好手，佛洛伊德三不五時會請裁縫來休息室，當面請他量製西裝及襯衫。這對慣於在商場買成衣的人來說，是相當陌生的作法。儘管佛洛伊德的寬版穿搭和我的風格不搭，但他的衣服質料很好，還不用我自掏腰包，所以我當時沒有說不。

但世界上沒有白吃的午餐，因為我是菜鳥，佛洛伊德要我在客場系列賽最後一場賽事前早點起床、到他房間，把他的路易威登行李箱搬到大廳。這類活我幹得很情願，因為在我努力融入大聯盟時，他和其他隊友的貢獻很大。麥克尤恩幫我買了雙好鞋，取代我幾乎走到哪穿到哪的運動鞋。第三位隊友約翰・法蘭科（John Franco）[2]，則提供我另類的時尚建議。他告訴我，因為我旅行時總需要穿件夾克，所以不用強求夾克顏色要和褲子很搭，只要到時候掛在肩上就好。在大聯盟早期生活中，我汲取了許多這類重要的人生經驗。

我當時心中最渴望的，就是證明我也能和隊友打成一片，他們大可以開我玩

1 克里夫・佛洛伊德（Cliff Floyd），美國職棒大聯盟外野手，二〇〇三至二〇〇六年效力於紐約大都會隊。

2 約翰・法蘭科（John Franco），美國職棒大聯盟投手，分別於一九九〇至二〇〇一年、二〇〇三至二〇〇四年效力於紐約大都會隊，四度入選明星賽，並獲選大都會名人堂。

笑、害我尷尬，我都欣然接受。我彷彿又回到小聯盟，目睹隊上的傑出球員和老霍有說有笑，心中也渴望建立那種連結。因此，無論隊上老將有什麼要求，我都一口答應，有時候這些要求還挺稀奇的。往蒙特婁的第一次客場之旅，幾位年長隊友要我在巴士前排為他們獻唱，舉凡國歌、電影原聲帶歌曲，或他們當天想聽的任何一首歌。儘管他們的要求發自善意，我還是感到略為侷促不安。當時麥克．皮亞薩（Mike Piazza）[3]總是坐第一排，由於他人高馬大，我必須擦過他肩膀走到前排。我一邊唱歌，一邊看著皮亞薩用他的招牌陰沉臉瞪著我，這表情我小時候常在電視上看到。

我可能當時在唱著惠妮．休士頓（Whitney Houston）的歌曲，心裡卻想著：「老天，我正對著皮亞薩本人唱情歌耶。」

儘管這稱不上最舒適的經歷，但能逗樂一幫大聯盟老將的感覺仍然很不賴。在同一趟客場之旅中，幾個老將帶我和另一個菜鳥泰勒．葉慈（Tyler Yates）[4]到當地卡拉ＯＫ。我們被輪流推到舞台上，用《捍衛戰士》（Top Gun）電影裡的調調唱〈你已失去愛的感覺〉（You've Lost That Lovin' Feeling）這首情歌。我當時緊張死了，除了湯姆克魯斯本人，有誰會享受在名人堂球員面前唱歌？當時我還搞不清楚要唱什麼，就被推上卡拉ＯＫ舞台，這比九局站上打擊區的比賽壓力還沉重。那晚我使出渾身解數演唱正義兄弟（Righteous Brothers）的著名歌曲時，我心中的焦慮早已突破天際。不過現在回頭看，我仍覺得自己那天的表現還算及格。

即便弄得一身狼狽，我仍希望成為隊上的一分子。如果這代表要在蒙特婁酒吧唱歌，台下還有一群未來的名人堂球星狂笑不已，那就隨它去吧。

除了唱歌，我們還有其他活動能夠聚在一起。由於我的新秀身份，隊上老將總能找到各種理由推舉我，我自己倒是無所謂。只要這些棒球界名人，別把我看作炙手可熱、需要特殊對待的對象就好。我一心想融入到球隊中，而我的努力最終有了回報，隊友開始邀請我參加晚宴之類的活動。多數時候，我都是這些活動唯一的新秀，這絕大程度要歸功於我的幽默感。

剛進大聯盟時，某天湯姆・葛拉文（Tom Glavine）[5]把我拉到一邊，說他想盡可能協助我，按他的話來說，因為「你步上軌道了」。這是我從老將口中所能得到

---

3 麥克・皮亞薩（Mike Piazza），美國職棒大聯盟捕手，一九九八至二〇〇五年效力於紐約大都會隊，十二次入選明星賽、拿下十次銀棒獎，退休後入選紐約大都會名人堂，也入選大聯盟的名人堂，大都會隊也將他的背號三十一號永久退休。至今仍是大聯盟捕手最多全壘打紀錄保持者。二〇二三年世界棒球經典賽為義大利隊總教練，帶領義大利隊來台灣參加分組預賽。

4 泰勒・葉慈（Tyler Yates），美國職棒大聯盟投手，二〇〇四年效力於紐約大都會隊。

最大的讚美，這表示比起發表高論，我更擅長傾聽；表示我對球員休息室和球賽皆懷抱著敬意；這也表示我了解棒球歷史，並渴望用正確的方式打球。從葛拉文口中聽到「你步上軌道了」這句話，對我意義重大。往後幾年報到的新秀，有不少沒法適應這種凝聚團隊的休息室文化，但對我而言，我很慶幸老將把我視為團隊的一員。

我也分外慎重地回報這些老將的關愛，就像我所說的，當時的我還有很多東西要學。大聯盟的第一個夏天，我瞧見皮亞薩午後獨自一人坐在儲物櫃前，一臉沮喪地盯著地板，他的周圍就像有個力場，沒人膽敢靠近他。但因為我勇氣過人，或者說有點傻氣，我輕鬆地走到他身邊，開始幫他按摩肩膀。

「麥克，還好嗎？老兄？」

沒回應，我按摩的手沒停著。

「麥克，發生什麼事了？」

沒回應。

「麥克，你沒事吧？」

幾分鐘後，我放棄了。我從沒搞懂皮亞薩當天到底怎麼了，我當時就只是個二十一歲的樂天派小子，在皮亞薩想獨處幾分鐘時纏著他不放。現在想想，還好皮亞薩那時沒有朝我臉上來一拳。

值得慶幸的是，在我融入球隊休息室期間，這類讓人崩潰的情況少之又少。我很感激自己是在這個時代被徵召進大聯盟、成為大都會隊球員，倘若我被更年輕的球隊選中，隊上就沒有老將教我待人處事、為我指點迷津。這也許無關乎我在球壇成功與否，卻無疑將影響我對擔任球隊領袖的認知。這些老將對我的成長所做的貢獻，輕鬆或嚴肅的時刻也好，我對這一切只有無盡的感激。

其中，我最大的恩人莫過於麥克尤恩。三十一歲的他擔任球隊非先發球員，儘管不是隊上最高大、最快或最強壯的球員，職業生涯卻相當成功。待在大聯盟的第一年，我在長島市阿瓦隆河景大樓租了間公寓，麥克尤恩也住那裡。那是棟漂亮的新式高樓，俯瞰著龍門廣場州立公園（Gantry Plaza State Park）和東河，午後駕車到謝伊球場僅需二十分鐘車程。每天我都跟著麥克尤恩開車到球場，在筆記本記下方位，以便日後自行往返。

到最後，我們的話題從怎麼在中央公園大道車陣間穿梭，聊到如何在棒球界和生活功成名就。我們常常談到例行訓練，麥克尤恩常常提點我怎麼規劃。我們會聊

5 湯姆．葛拉文（Tom Glavine），美國職棒大聯盟投手，二〇〇三至二〇〇七年效力於紐約大都會隊，十度入選明星賽、獲一九九五年世界大賽冠軍及最有價值球員，並入選亞特蘭大勇士隊名人堂。

到要給休息室服務生多少小費、各球場要上哪找計程車這種小事，也會談到職棒生涯、未來出路這種大事，我自認要學的事物還很多。回想當年，若是沒有麥克尤恩開導我，我的新秀賽季將會無比艱難。

儘管選秀排在二十八順位，麥克尤恩卻在大聯盟奮鬥了九個賽季，他也不意外地成為我的好榜樣。身高五呎十吋（約180公分）的麥克尤恩，遠不及身體天賦頂級的球星，但他每日堅持訓練，因此深受球迷喜愛。除了投手和捕手，麥克尤恩在場上每個位置都能守備。他做任何事都一絲不苟，也把這樣的精神灌輸到我身上，教我制定每日作息、賽前準備，以及如何在長達半年的例行賽中保持熱情。一路走來，麥克尤恩已不僅僅是我的導師，更像是我的大哥。那年夏天，麥克尤恩和他太太就經常邀我到他家，為我下廚吃飯。隔年春天，我幾乎天天都和他們夫婦倆一塊吃飯。

在我大聯盟過渡期遭遇瓶頸之際，麥克尤恩、佛洛伊德和法蘭科向我伸出援手，他們在我職業生涯的關鍵時刻，擔任起重要角色。

如果我想贏得休息室老將的尊重，就要入境隨俗，這對我來說還算簡單。困難的是，你不僅要每天應付世界上最頂尖的投手群，還得在大聯盟打出成績。這讓我夢回二〇〇一年選秀大會時，簽下第一份合約的情景。儘管當時我已達成當上職業球員的目標，但對自己能否站上大聯盟仍憂心忡忡。在克服這些憂慮、披上大聯盟球衣後，我理解到真正的挑戰，是維持住大聯盟身手，哪怕一天、一週、一個月、一年或甚至更久。這份重擔使我猝不及防，我很想慶祝自己登上大聯盟，但與此同時，我也一刻都沒得休息。我明白自己如果沒法將好的表現複製到大聯盟賽場上，就等著被大都會隊送回諾福克打球。

所以我投注時間加緊練習。在大聯盟的第二場比賽，我在博覽會隊投手札克・戴伊（Zach Day）[6]主投期間，擊出左外野方向的二壘安打。我跑向一壘途中，一壘手布萊德・威克森（Brad Wilkerson）[7]假裝伸手接球，試圖騙我三壘手已經接到了球，但我可沒被唬住。我不假思索繞過壘包，衝刺到二壘，感覺人生清單又完成了一項。我還沒喘過氣來，博覽會隊游擊手奧蘭多・卡布雷拉（Orlando Cabrera）[8]接到回傳的球，把球丟給我們的三壘教練老麥特・加蘭特。幾年前，我在聖路西港

6 札克・戴伊（Zach Day），美國職棒大聯盟投手，曾效力過蒙特婁博覽會隊及華盛頓國民隊。

7 布萊德・威克森（Brad Wilkerson），美國職棒大聯盟外野手，曾效力過蒙特婁博覽會隊及華盛頓國民隊。博覽會隊為國民隊的前身。

8 奧蘭多・卡布雷拉（Orlando Cabrera），美國職棒大聯盟游擊手，一九九七至二〇〇四年效力於蒙特婁博覽會隊。

打球時，就認識加蘭特父子倆，他們有時會帶我去邁阿密看大聯盟賽事。現在由老麥特．加蘭特替我保管這顆球，這感覺相當神奇。時至今日，這顆球仍在我家中享有一席之地。

在大聯盟的任何初體驗都很有紀念意義，包括我的第一支全壘打，還是發生在我穿著人字拖、現身在奧林匹克體育館幾小時後，這樣想來這穿搭好像也不差。但最開始，這種時刻並不多見，我的前六場比賽打擊率只有0.167。當時，這段低迷時期或許才維持一週，對我來說卻像拖了很久一樣。

在此期間，總教練豪爾讓我缺陣對陣蒙特婁的比賽，避免我被對手教訓。我當時很挫折，即使豪爾只是想幫我擺脫打擊低潮，這實際上卻像極了處罰。比賽那晚，荷西．雷耶斯（José Reyes）[9]意外受了點傷退場，由我替補上場。我在第二個打席敲出一壘安打得分，那一瞬間，我的低潮期就結束了。從那天起直到賽季結束，我一共出賽六十三場，打擊率維持在0.305、敲出十三轟。

在大聯盟生涯前幾週，豪爾通常把我排在第六、七棒，到了賽季末，我的棒次改為第三棒，這絕非偶然。賽季末某天，豪爾把我拉到一邊，告訴我他不希望我只是球隊的中堅份子，還想讓我成為球隊領袖。如同上一次，這類簡短談心的時刻對我來說意義重大，即使是我往後的職棒生涯，這句話也始終縈繞在我耳畔。在一個滿是全明星、未來名人堂和高尚品格球員的休息室裡，豪爾要我一個二十一歲的孩子擔任球隊領袖。

9　荷西・雷耶斯（José Reyes），美國職棒大聯盟游擊手，四度入選明星賽。

第七章　更高、更快、更壯

BIGGER, FASTER, STRONGER

第一個賽季結束後，我多少已經認可自己是大聯盟球員了，相信我，這是非常難忘的體驗。然而，我的焦慮症又犯了。即便我的打擊表現與日俱進，我告訴自己，任何新秀半年內都有辦法做到，然後加入二年級撞牆期的行列。為了重拾自信，我必須維持住至少一整季的好表現。

我的隊友、導師和知己麥克尤恩，建議我休賽季休養一段時間，年底假期那段時間再重新開始訓練。但我跟我爸認為，這樣相當於無所事事好一段時間，我一回到維吉尼亞老家和爸媽住，這種養生計畫就宣告泡湯。休賽季剛開始，某天早上，朗恩問我今天要做什麼。

「沒計畫。」

「你不打算打球，會做別的事？」

我爸帶著質問的語氣講出這句話。那天稍晚，我就回到打擊場重拾訓練了。

我爸向我解釋，棒球是我的職業，我對待棒球的態度不應和警察、律師和醫生有所區別。朗恩在分局打完卡後，總會在工作崗位待上八、九個小時，他認為我也該效法他，每天抽出好些時間進行例行訓練。他的話很有道理，如果我想受益於紐約職棒球員所帶來的經濟利益和名聲，就有責任為自己和球迷投入訓練、維持好表現。坦白說，我對大聯盟的歸屬感仍不夠穩定，努力訓練起碼能讓我安心一些。

為了幫助我訓練，我聘請綽號「派尼」的訓練師羅伯·雷耶斯（Robert “Piney” Reyes）。他早年在維吉尼亞當地造船廠擔任木工和主管，也在名為「新動力」（New Fitness）的健身房兼差，這是間兩層樓、毫無裝飾的小健身房。兼差期間，派尼遇見了對健身一竅不通的卡戴爾，卡戴爾問他如何維持體態，兩人就這樣搭上線了。派尼後來成了卡戴爾的個人訓練師，雖然對棒球領域接觸不深，但他埋頭苦讀，拿到了相關訓練證照。同一時間，我和卡戴爾也越走越近，主因是我們都會在家鄉過冬。基於對他的尊敬，我想參考他的休賽季例行訓練，沒多久派尼也成了我的訓練師。

我做的都是老派的力量訓練，但派尼加了點新意，他參考美式足球和足球的訓練方法，應用到棒球員的訓練中。像我這種習慣晚睡的人，派尼也是稱職的鬧鐘，他的其中一項重要工作，就是給出健身房報到的時間，幫助我維持例行訓練。即便我不想重訓也必須現身，因為我知道派尼需要我。

不只派尼，卡戴爾也是我的重訓夥伴。我高中時期把他當作偶像崇拜，但因為我們差了四個年級，我從沒在比賽中和他碰頭過，私下也不熟識。但在我登上大聯盟後，一切都改觀了。當然，我不認為自己和卡戴爾在同個等級，當我還是個在金斯波特的天真少年，卡戴爾早已躋身大聯盟球員的行列了。我心中多少還是很仰慕他，但休賽季期間和派尼的訓練，讓我們關係越來越好，派尼後來還網羅了厄普頓兄弟、齊默曼和雷諾茲投入重訓。接二連三地，我們這些職棒球員開始湧入這間小健身房，感覺就像是派尼管理的祕密俱樂部一樣。

在這期間，卡戴爾不僅成為我的重訓好夥伴，還成為極為親密的摯友。無論我遭遇的是順境或逆境，卡戴爾都感同身受，因為這段路他也走過。我們的職業道德也很相近，某年冬天，卡戴爾迷上間歇訓練，常常在二十六分鐘內跑完三點五英里。我也想證明自己在最佳狀態，所以我挑戰他進行完整訓練，儘管我是頭一次做，卡戴爾一口答應。我們都是會為了成功燃燒自我的人，這也體現在維吉尼亞健身房中，我們當時有多麼努力地投入到重訓中。

不過，派尼並不是我唯一的個人訓練師。那年冬天，大都會隊在交易市場動作頻頻，先是大刀闊斧地找來三屆賽揚獎得主、紅襪隊傳奇球星佩卓・馬丁尼茲

（Pedro Martínez）[1]；一個月後，又和卡洛斯．貝爾川（Carlos Beltrán）[2]簽下七年一點一九億美元的大約。貝爾川原效力於堪薩斯市皇家隊，一九九九年獲美聯年度最佳新人；二〇〇四年季中被交易後，貝爾川為休士頓太空人隊出賽九十場、繳出二十三轟，成為大聯盟史上在交易截止日前最成功的其中一次補強。同年季後賽，貝爾川出賽十二場、敲出八轟，打擊率高達0.435，幾乎靠一己之力率領太空人隊贏下世界大賽，最終以一勝之差惜敗。

貝爾川簽約後不久，大都會隊就安排他到聖露西港參觀設施，我當時剛好在參與當地的迷你訓練營。這位新成員起初沒認出我，但在我上前自我介紹時，他眼中閃過一絲神采。

他告訴我：「你要來和我一起訓練。」這聽起來不像問句或邀請，更像是要求，那年春天抵達佛州後，我發現他是認真的。每天早上球隊暖身前，貝爾川都會要我到多功能場館一起做打擊練習。我們下午會加練一次，完成球隊整日訓練後，

1 佩卓．馬丁尼茲（Pedro Martínez），美國職棒大聯盟投手，被譽為「神之右手」，二〇〇五至二〇〇八年效力於大都會隊，八次入選明星賽、拿過三次賽揚獎，二〇一五年入選名人堂。

2 卡洛斯．貝爾川（Carlos Beltrán），美國職棒大聯盟外野手，二〇〇五至二〇一一年效力於大都會隊，九次入選明星賽、拿過三次金手套及兩次銀棒獎。

再開車到附近的黃金健身房（Gold's Gym）舉重。我起初完全搞不懂他到場外重訓的理由，球場的健身房設備就很齊全了，我也不想冒犯球隊重訓教練瑞克．史萊特（Rick Slate），他負責幫球員規劃舉重訓練。但貝爾川堅持在場外重訓，所以由我出面替他緩頰，史萊特非但沒生氣，還鼓勵我陪同貝爾川重訓。

往後許多午後時光，我都跟貝爾川和他的個人訓練師待在一起，我們倆會做許多高強度的訓練，把自己搞的汗流浹背。

很快地，我就發覺和貝爾川訓練有多麼與眾不同，過程中充分顯示了他何以能成為十項全能的超級球星。

我過去的場外訓練，基本離不開海灘健身會做的基礎力量訓練，包括臥推、二頭肌彎舉和三頭肌下拉。和貝爾川一起訓練後，我們做的每項訓練都與棒球有關。比如說，我們練習二頭、三頭肌的方式，會反映在場上的打擊動作。訓練期間我們沒有任何鬆懈，在不同組動作間不會有中場休息，在沒完成所有訓練前也絕不會踏出健身房。我們的每一項動作都有明確目的，就連最平常不過的伸展操也一樣。

如同多數二十三歲小伙子，除了場上隨便應付的球隊暖身，我對伸展操這概念相當陌生，但貝爾川很快就打破現狀。我們在訓練前後會進行伸展操，而且伸展過程相當激烈，有幾次當他的訓練師拉我的腳時，我差點以為腳部肌肉要繃斷了。

我從派尼、貝爾川身上的所學，幫助我將訓練提升至更高層次。我不清楚二〇一七年休士頓太空人隊偷暗號醜聞[3]的細節，只知道貝爾川也被牽連，最終丟了大都會隊兵符。但作為大都會隊球員，貝爾川各方面都是職業球星等級，這多少帶給身邊的人不小壓力。作為剛簽下大聯盟史上前幾名大合約的自由球員，貝爾川往後締造了棒球史上最成功的賽季，這從各方面來看都很值得學習。而我有幸能和有史以來最優秀的其中一位棒球員訓練，幫助我在大聯盟的第二個賽季更得心應手。

那年春天，我的置物櫃緊鄰麥克尤恩，讓我們得以延續師徒情誼。整個冬天，我每週跟他講兩三通電話，回到聖露西港後，我就按慣例跑去找他們夫妻倆吃飯。

無論場上或場下，麥克尤恩和我都共享相同的價值觀，也一直是我的良師益友。我們努力自律，試圖展現棒球員最傑出的一面，能在休息室裡交到這種志同道合的朋友，對我幫助很大。我沒有意識到，或至少不願相信的是，二〇〇五年麥克尤恩的處境岌岌可危。去年八月，他先是摔斷腿，缺席了賽季最後六週的賽程。麥

3 偷暗號醜聞，指的是休士頓太空人隊被指控於二〇一七至二〇一八年球季，非法使用攝影設備偷取其他球隊暗號的醜聞，包括貝爾川等數名球員都捲入醜聞風波。

克尤恩當時身上的兩年約即將走完，他在春訓期間回歸後，還和總管歐馬．米納亞（Omar Minaya）[4]有過一次不甚愉快的談話，我那時全然不知情。米納亞告訴麥克尤恩，他可能不在球隊未來的藍圖裡，但管理層會嘗試交易或釋出他，好讓他可以到別隊打球。

以年輕球員來說，我可能太天真了，對棒球商業運作更是一竅不通。我以為跟我處得來的人都不會被送走，球員休息室的好友都會永遠待在一塊。直到某天，我在聖路西港無意間聽到麥克尤恩和記者的談話，他才向我透露大都會隊未來可能不需要他了。

「大都會隊不需要你是什麼意思？」我反問他。

我當時相當驚訝，麥克尤恩竟然會擔心他在球隊的地位不保，現在回想起來，我只是在否認現實罷了。麥克尤恩是我好友，但當他遇到麻煩時，我腦中閃過的多數想法都是自私的：誰還會和我住在同一棟公寓？誰還會某週日為我做晚飯？我以後要跟誰一起駕車去球場？沒有麥克尤恩照料，我要怎麼度過整個賽季？

最終在例行賽前，大都會隊釋出麥克尤恩，他當晚就告訴我這則消息，當時其他隊友甚至還不清楚情況。那晚的談話夾雜各種情緒，我隔天強裝鎮定走入休息室，但在看到隔壁麥克尤恩的空置物櫃時，我還是忍不住哭了。我的悲傷已到人盡皆知的地步，就連隊友傑森·菲利普斯（Jason Phillips）[5]也說：「我不擔心麥克尤恩，他很敬業，會找到工作的，我擔心的是大衛·萊特。」

菲利普斯說得沒錯，麥克尤恩後來落腳在堪薩斯市皇家隊。此後他在大聯盟待了兩個賽季，接著在二〇〇八年轉任芝加哥白襪隊制服組，從小聯盟總教練一路升上大聯盟教練，生涯相當順遂。但在當時，我對麥克尤恩的離去相當自責，他過去幫助我這麼多，我本可以做更多去保護他的，我覺得自己讓他失望了。我細數過去有多少次他的表現被我拖累，某次麥克尤恩守二壘、我守三壘時，我搞砸了一次雙殺的機會。如果我當時傳球更準一點，或許麥克尤恩能接得更好，進而在管理層面前留下好印象，就不會被球隊放走了。

如今麥克尤恩的指導與陪伴告終，而我則將面對來自現實的檢驗。

在麥克尤恩離隊那天，球員排成一列和他握手道別，我從未忘記那幕情景，因為不是每位球員都有此待遇。我只能希望在我離隊那天，我為球隊的付出相比起麥

4 歐馬·米納亞（Omar Minaya），美國職棒大聯盟管理層，二〇〇四至二〇一〇年擔任紐約大都會隊總管。

5 傑森·菲利普斯（Jason Phillips），美國職棒大聯盟捕手，二〇〇一至二〇〇四年效力於紐約大都會隊。

克尤恩，能贏得哪怕一部分的尊敬。

隔年是我進入大聯盟的第一個完整賽季，一切都進展得很快，多少幫助我淡忘掉麥克尤恩的離去。我在球場的表現極佳，越來越適應大聯盟的強度。新的總教練威利・藍道夫（Willie Randolph）[6]和豪爾的作風不同，不會在季末就把我拉上第三棒，而是把我排在五、六或甚至第七棒，那一整年賽事多是如此。在我逐漸適應大聯盟的節奏前，藍道夫想減輕我的壓力，我自然無法反駁，畢竟排在我前面的是雷耶斯、貝爾川和皮亞薩這類球星。但我的帳面同樣不差，二〇〇五年夏天，儘管我的棒次靠後，仍在一百六十場比賽中繳出 0.306 打擊率、二十七轟、十七盜的數據。隨著賽季進行，我在大聯盟的歸屬感又出現些微動搖。

同樣值得一提的是，我在業餘、小聯盟生涯就不斷精進的守備表現，開始有所改善。儘管還要再過兩年，我在三壘的守備數據才有顯著提升，我在該年兩場比賽的守備表現卻令人眼睛為之一亮。

第一場比賽可以算是我的生涯亮點。從小時候起，我就想爬到球場牆上接球，即便進入大聯盟後，我偶爾也會在打擊訓練時嘗試接殺全壘打。我很喜歡《大聯盟2：決戰大反攻》（Major League II）裡，球員田中（Isuro Tanaka）攀上左外野圍欄，在維持平衡的情況下接殺全壘打，將電影裡的印地安人隊送進季後賽。我太常幻想這種情境，期待哪天自己也能接殺全壘打。

儘管三壘手通常得不到這種機會，但飛到界外區的球倒是值得一試，我也渴望接殺成功。二〇〇五年季初與洋基隊的賽事中，傑森．吉昂比（Jason Giambi）[7]把球敲至三壘邊線外，但我當時在牆壁前停步，沒有接殺到那一球。

我暗忖，下次再出現這種情況，我就毫不猶豫地去接。

我沒有等太久，六月十八日在西雅圖，我迎來第二次接殺機會，當時由馬丁尼茲擔綱大都會先發投手。水手隊的拉爾．伊巴尼茲（Raul Ibañez）[8]擊出一發界外飛球，球一飛起來，我就明白這是我飛身撲向看台的契機。我看準距離，發現球正好落在牆邊，於是我把手套深得夠高，好擋住一群伸手接球的球迷。這個距離非常

6 威利．藍道夫（Willie Randolph），美國職棒大聯盟二壘手、總教練，球員時期六度入選明星賽、拿過六次世界大賽冠軍。

7 傑森．吉昂比（Jason Giambi），美國職棒大聯盟一壘手，五度入選明星賽、二〇〇〇年獲選為美聯最有價值球員。

8 拉爾．伊巴尼茲（Raul Ibañez），美國職棒大聯盟外野手，二〇〇四至二〇〇八年效力於西雅圖水手隊。

適合我跳起接球，當球落入手套時，我一瞬間嚐到勝利的喜悅，直到我因重力摔向人群放飲料的小型牆架。現實把我逮個正著，我當時摔的鼻青臉腫，腿也暫時瘸了。儘管我從未因此缺席，我的腳卻腫了好幾個月才消，即便是今日，回想起那時受的傷仍讓我直打哆嗦。

那場比賽後，大家勸我在防守時收斂一點，否則遲早會進傷兵名單。我當時固執得很，發誓不管球落在哪都要追上去，這就是我的態度，別人怎麼說都無所謂。我那時還年輕、身強體壯，體內的基因告訴我不要逃避挑戰，我的處事態度就是如此：先做了再來考慮後果。

西雅圖的接殺首秀兩個月後，我又在聖地牙哥完成一記接殺，大家常把這兩場比賽混為一談，對我來說卻大大不同。本季季初，大都會隊韓國投手具臺晟[9]剛從名人堂投手蘭迪・強森（Randy Johnson）[10]手中敲出生涯第一支安打，因而登上頭條。聖地牙哥那場比賽，具臺晟向教士隊布萊恩・賈爾斯（Brian Giles）[11]投出一記滑球，球棒在賈爾斯強力一擊下應聲折斷，球飛到我上方。我當時的守備位置趨前，所以不得不別過頭、背著本壘衝刺，試圖在短短幾秒內跑出最遠的距離。等我回過頭時，才發現球落在我右肩，而非左肩，如果我仍試圖用戴手套的左手接球，就會接殺失敗。

我心想，我要豁出去了。我徹底放棄用手套接球，改用右手徒手接殺。我一頭栽到左外野內側草地前，球正好落入我的手掌心，我隊友愛死這球了。佛洛伊德從守備位置小跑過來，拍了拍我、跟我擊掌，雷耶斯拿走球後還不忘打趣地拍了我的頭，我不禁咧嘴笑了起來。不過暗地裡，我其實感到有點羞恥，我不希望大家以為我在炫耀守備能力，我當下只是單純覺得徒手才能完成接殺。

我經常擔心自己的行為可能造成的影響，從小父母和教練就教導我要尊重比賽，這代表我不該羞辱球場上的對手、裁判或任何人，也代表簡單的接球動作更勝於花拳繡腿。季初在亞特蘭大比賽，我和裁判傑夫．尼爾森（Jeff Nelson）大吵一架。尼爾森當時判定我滑壘超出壘線，改判為雙殺，這次判決讓我們連失兩分，最終吞下戰敗。進入大聯盟以來，我頭一次失去理智，對他大聲怒罵，逼得尼爾森把

9 具臺晟，韓國籍棒球投手，曾效力於韓國、日本及美國職棒等聯盟，二〇〇五年效力於紐約大都會隊。

10 蘭迪．強森（Randy Johnson），綽號「巨怪」，美國職棒大聯盟投手，十度入選明星賽、拿下五屆賽揚獎，二〇一五年入選棒球名人堂。

11 布萊恩．賈爾斯（Brian Giles），美國職棒大聯盟外野手，入選過兩次明星賽，二〇〇三至二〇〇九年效力於聖地牙哥教士隊。

我驅逐出場。隔天，我去找他道歉，倒不是為了判決本身，因為我自認沒有失誤，而是為我的表達方式向他致歉。我不希望羞辱尼爾森，也不希望把自己對比賽的看法套在別人身上。這個教訓我很久以前就學到了，當時我在爆破者隊怒摔頭盔時，厄比就問我是要自己告訴我爸，還是他來說。有時，場上的氣氛會讓我忘記這類教訓，我從不希望造成別人的不快，尤其是在眾目睽睽之下。

現在回顧聖地牙哥的那記接殺，或許我顧慮太多了，這一球的發揮完全出於本能。我想起我有收藏前大都會隊外野手凱文．米契爾（Kevin Mitchell）[12]的棒球卡，他曾接殺過一記深遠的高飛球，而且是靠徒手接殺！我自認棒球天賦沒這麼傑出，我弟弟賽後傳給我的語音也透露這項事實。

「好在你沒用手套接球，否則肯定會漏接。」其中一個弟弟在語音中告訴我。

一路走來，有不少人教導我在競爭和尊重間劃清界線，總教練藍道夫是其中一位，他的老派風格和我想成為的球員類型不謀而合。我們共事初期的某晚比賽，我奮力滑向二壘，破壞對手的雙殺機會。然後我扶起中外野手，問他是否無恙，接著小跑回板凳席。我一鑽進休息區，就看到藍道夫在等我。

「你幹嘛不親他一下？」藍道夫說。

我一臉滑稽，他在說啥？

「你幹嘛不親他一下？」他重複道。

藍道夫告訴我，我能用正確的方式打球，不必和對手太友好，「用你的方式去打球，然後別道歉。」

藍道夫曉得跨越那條界線有多難，尤其是現在的自由球員時代，我們多數朋友和前隊友都散布在聯盟各隊中。藍道夫要我向對手報以高度尊重，同時不能喪失場上的殺手本色。他清楚一旦隊友看到我這樣做，就會群起效法，這點隨著我在休息室的影響擴大而越發重要。

隨著二〇〇五年賽季進行，我和藍道夫也越發親近，這是他首次執掌兵符，並將他的冠軍經驗帶到紐約法拉盛（Flushing）。我作為大聯盟新人，照理說不管球隊聘用誰，我都該興奮才對，但出於幾點原因，我對藍道夫的到來倍感驚喜。首先，藍道夫是飽受歷練的賽場贏家，擔任大聯盟球員的十八年間，藍道夫在紐約洋基隊效力了十三季，一九八六至一九八八年間擔任隊長，引退後擔任洋基教練長達

12　凱文．米契爾（Kevin Mitchell），美國職棒大聯盟外野手，入選兩次明星賽，一九八九年拿下國聯最有價值球員。

十一年。待在洋基隊期間，他一共贏得六座世界大賽冠軍，分別在球員時期贏得兩座、教練時期四座。

和大都會隊簽下三年合約時，藍道夫剛年屆五十，是相對年輕的總教練。我當時二十二歲，未來六年都在母隊掌握中，這給了我大好機會，因為我希望和未來的總教練建立起長久情誼。藍道夫肯定也有同感，他從上任第一天就對我倍加關照，在我還專注在眼前事物時，他已經考慮到我的職業生涯。儘管我還年輕，藍道夫希望將我培育為其中一位球隊領袖。他經常把我叫去辦公室聊天，客場比賽期間，我們有時會從球場一道走回下榻的飯店。

受限於經驗，身邊又有一票年長球員，我還不太適應擔任休息室領袖的角色。但我明白以身作則、走上職業正道的價值，所以我不斷請教藍道夫，詢問基特和其他老將如何管理球隊。藍道夫在洋基隊執教時，正值基特逐漸躋身為棒球界最傑出球員、最有影響力領袖的時期。在這之前，藍道夫還和唐・馬丁利（Don Mattingly）[13]並肩作戰多年，馬丁利後來當上洋基隊長、大聯盟總教練。有鑒於藍道夫和這類偉大球員共事的經歷，我對他分享的事物很感興趣，而他也不吝給予指導。

在一次深夜散步中，我和藍道夫經歷了人生中最觸動人心的時刻。得益於我們在休賽季的補強，大都會隊這季進步迅速，從去年只拿到七十一勝的球隊，到二〇〇五年九月成為季後賽的有力競爭者。但在九月初，我們遭遇六連敗，退出了外卡爭奪戰，在和聖路易紅雀隊的四場系列賽中，我們吞下三場連敗。跟藍道夫從布希體育館走回飯店途中，他攬著我的肩，要我好好記住當下的感受。

藍道夫常提及他一九七六年的經歷，當時他二十二歲，洋基隊在世界大賽慘遭辛辛那提紅人隊橫掃，讓他們「丟盡了顏面」。隔年，他以那次慘敗為動力，更加努力表現，最終贏得世界大賽冠軍戒。他也常談起一九九五年的執教經歷，當時洋基隊在美聯分區系列賽第五戰輸給水手隊，丟掉了十一局還保持的領先優勢。藍道夫看著基特和荷黑．波沙達（Jorge Posada）[14]待在板凳席觀看水手隊慶祝，並將這一幕烙印在腦海裡。如同藍道夫二十年前的經歷，這群洋基球員將失敗當做養料，從接下來的十月起，在未來五年奪得四屆世界大賽冠軍。

在聖路易那晚回飯店的路上，藍道夫說現在的大都會隊也做得到。我們都曉得

13 唐．馬丁利（Don Mattingly），美國職棒大聯盟一壘手、總教練，入選六次明星賽、一九八五年獲選美聯最有價值球員，曾擔任洛杉磯道奇隊、邁阿密馬林魚隊總教練。

14 荷黑．波沙達（Jorge Posada），美國職棒大聯盟捕手，入選五次明星賽、拿過四屆世界大賽冠軍，以及五座銀棒獎。

勝利近在咫尺，藍道夫希望我做好贏球的準備。

他也提到失敗，即使輸得灰頭土臉，我們也能從輸球中受益。他要我記住輸球有多難受，因為這會讓勝利的果實更加甜美。

FAME
第八章　成名

二〇〇六年五月十九日，我爸媽專程從維吉尼亞州搭機，來看大都會隊在謝伊球場對陣洋基隊。儘管地鐵大戰[1]時至今日仍很有賣點，但在當時卻相當新潮，是球迷可以爭相炫耀的。再加上大都會隊開季氣勢如虹，比賽當週不僅蔚為話題，皇后區的氣氛也相當熱烈。

上個休賽季，總管米納亞在球員市場積極攬人，陸續簽下明星賽常客卡洛斯・戴加多（Carlos Delgado）[2]、保羅・羅杜卡（Paul Lo Duca）[3]和比利・華格納（Billy Wagner）[4]，填補大都會一壘手、捕手和終結者空缺。這些球員再加上我、雷耶斯、貝爾川等人，輪值深度已相當完整。每到賽季初，球員們通常會四下打量休息室，思考該怎麼做才能進季後賽。那年春天，我清楚記得自己看著每個置物櫃上的名牌，想著：「這是全明星、這也是全明星，這是名人堂球星。」

我們這季將勢如破竹，這是毫無疑問的事。

接著，我們必須證明球隊的實力。週五晚間的地鐵大戰，為我們提供了絕佳的舞台。

由於航班延誤，我爸媽直到後面幾局才找到位置坐下，那時比分僵持在六比六。來到第九局，洋基守護神馬里安諾·李維拉（Mariano Rivera）[5]在兩出局、二壘有人時，故意保送戴加多上壘，和我進行投打對決。我第七局才剛遭到三振，對上一次打席還記憶猶新。

在我眼前的，就是史上第一位全票通過的名人堂球星李維拉，他當時生涯剛過半，就躋身棒球史上最偉大的終結者之列。我則在大聯盟打滾不到兩年，小時候還

1 指主場都在紐約的球隊之間的對戰場次，現在泛指紐約大都會隊對決紐約洋基隊。

2 卡洛斯·戴加多（Carlos Delgado），美國職棒大聯盟一壘手，曾入選兩次明星賽、拿下三次銀棒獎。

3 保羅·羅杜卡（Paul Lo Duca），美國職棒大聯盟捕手，曾四度入選明星賽。

4 比利·華格納（Billy Wagner），美國職棒大聯盟終結者，七度入選明星賽、入選休士頓太空人隊名人堂。

5 馬里安諾·李維拉（Mariano Rivera），美國職棒大聯盟終結者，十三度入選明星賽、贏得五次世界大賽冠軍，為大聯盟史上最多救援成功的球員，二〇一九年以史上第一次全票通過入選名人堂。二〇二三年於世界棒球經典賽分組預賽（巴拿馬對中華隊）來台灣進行開球。

收集過李維拉的棒球卡，我心中有點卻步。但同時我也將這視作機會，擊敗李維拉就意味著，我戰勝了史上最優秀的終結者。如果還是在地鐵大戰中達成，就更有意義了。在看台上五萬六千名觀眾鼓譟下，我盡可能鼓足更多的自信登上打擊區。

李維拉或許難以擊敗，但他仍是凡人，證據就是他在球數一好一壞時，朝好球帶正中間擲出一記切球。他投出球後，我立即出棒，用我最優異的一擊回應李維拉的招牌球路。

球飛到界外，李維拉雖預判失誤，但我沒把握住這次機會。

我告訴自己「你還有機會」，試圖保持樂觀，儘管我並沒有打心底相信這句話。期望李維拉在一個打席內失誤兩次有點不切實際，他已經失誤一次了，但我沒讓他付出代價，他不可能再露出破綻了。

事實證明我猜錯了，但並非全錯。李維拉的下一記切球相當高明，從好球帶下方飛過去。但球從他手中飛出時，我看得很清楚，大棒一揮擊中這一球。我抬起頭，注意到中外野手強尼・戴蒙（Johnny Damon）[6]太過趨前防守。這一球很有力道，我有機會打得很遠，要不是戴蒙秀了一手守備美技，不然就是我擊出的球飛過他身後，完成再見全壘打。

那幾秒鐘彷彿凍結了，我對著飛出的球大喊，在本壘和一壘間上竄下跳，期望球就這樣飛過戴蒙頭頂。我死死盯著球，直到看見球在警戒區上彈起，從中外野圍欄回彈形成安打。

人群爆出喝采聲，我心頭湧現無比激動的情緒，現場喧嘩聲此起彼落。我看見左方的羅杜卡跑回致勝分，邊跑邊高舉雙手慶祝，其餘隊友則跑出板凳席迎接我。謝伊球場播放起〈紐約律動〉（New York Groove）主題曲，外野圍欄迸射出勝利煙火。在大都會球員的喧鬧聲中，我的頭盔遺失在內野草地某處，當時的我止不住嘴上的笑意，笑得跟傻瓜一樣。

尤其是在人群大肆慶祝的時刻，我尚未意識到自己達成了什麼創舉。我成為史上第十三位用再見全壘打擊垮李維拉的球員，這是很罕見的事。包括例行賽和季後賽，李維拉生涯出賽一千兩百一十一場，僅二十四場被敲出再見全壘打，救援成功率高達百分之九十八。他身上散發著戰無不勝的光環，但不知為何，那晚我擊敗了他。這場勝利對提升我的信心不容低估，從各方面來說，我覺得自己達到生涯巔峰。

以球隊而言，在地鐵大戰這偌大的舞台贏球，搭配上球迷高漲的情緒，感覺真

6 強尼．戴蒙（Johnny Damon），美國職棒大聯盟外野手。

的是棒透了。儘管在季後賽卡位戰中，地鐵大戰的重要性可能比不上國聯東區對手，但看著謝伊球場滿場球迷的歡呼喝采，你完全不會意識到這點。這是大都會隊球迷專屬的權利，在這裡，你能盡情炫耀地鐵大戰的種種事蹟。我盡可能沉浸在當下，從各個角度看，屬於大都會隊的時代感覺要到來了。

二〇〇六年給我的印象是，一切似乎都水到渠成。結束首個完整賽季後，冬季數個月我都在維吉尼亞洲和派尼重訓，春季轉往佛州和貝爾川一起訓練。到了開賽日，我感覺自己比以往更強壯、更自信，這不僅影響我與李維拉的投打對決，也影響我整季的表現。那年四月，我敲出五轟、六盜壘，大都會隊搖身一變成為國聯東區戰績龍頭。來到五月，我繳出 0.336 打擊率，球隊則在分區建立起領先優勢，當月焦點則是我在地鐵大戰中敲出再見全壘打。六月底，我們已經取得全聯盟最佳戰績，隨著明星賽投票如火如荼展開，我在該月再敲出十轟，成功擠進匹茲堡明星賽的國聯球員名單。

當大聯盟揭曉投票結果時，我首度入選明星賽的消息並不讓人意外。我沒想到的是，聯盟竟然還打給我的經紀人米勒，邀請我參加明星週的全壘打大賽。米勒激動地告訴我這則好消息，當他聽到我說不想參加時，似乎有點洩氣。

我對參賽這件事焦慮不已，因為我從來就不是全壘打高手。我承認比賽期間會擊出不少好球，但總體來說，我在打擊訓練的表現和普通人沒兩樣。我不是那種能夠揮出特大號全壘打、讓旁觀者目瞪口呆的聯盟巨砲，而只是每天打擊練習時敲出普通的全壘打，這就是我的極限。一想到要在全國舞台上當眾出醜，就令我直冒冷汗，要不是米勒態度堅決，我很可能就拒絕他了。

他跟我說：「你必須答應，不然你一定會後悔的。」

我當然不這麼想，但米勒很會說服人。他總把我的利益放在第一，而且老實說，這的確是千載難逢的機會。反正，現實能有多糟呢？

考慮到這一切，我勉強同意參加。全壘打大賽當天，大聯盟在ＰＮＣ球場召集參賽者開會、宣達比賽規則，這對增進我的信心一點幫助也沒有。我環顧四周，看到的是米格爾・卡布雷拉（Miguel Cabrera）[7]、大衛・歐提茲（David Ortiz）[8]和

7 米格爾・卡布雷拉（Miguel Cabrera），美國職棒大聯盟一壘手，入選十二次明星賽、獲得兩屆美聯最有價值球員。

8 大衛・歐提茲（David Ortiz），美國職棒大聯盟指定打擊、一壘手，入選十次明星賽、拿下七次銀棒獎，獲得三屆世界大賽冠軍，二〇二二年入選名人堂。

萊恩・哈沃德（Ryan Howard）[9]，不是超級球星就是在世傳奇，我滿腦子都在想「我為什麼在這裡？這沒道理呀」。會議也請到二〇〇四年全壘打大賽亞軍蘭斯・柏克曼（Lance Berkman）[10]現身說法，他告訴參賽者慢慢來，不要害怕揮棒。我感覺他這話似乎是在對我說，就好像他和其他參賽者都知道我不屬於這個圈子。

我的隊友佛洛伊德、麥克・卡麥隆（Mike Cameron）[11]知道我緊張得要命，但他們不肯放過我，一直慫恿我至少擊出一支全壘打，才不會丟了面子。他們還叫其他隊友在我身上押注，把大小分設定在三支和兩支全壘打。就連厄普頓也從維吉尼亞州傳簡訊給我：「別讓家鄉丟臉。」這還真的有可能發生。

不同於多數參賽者，我幾乎沒有事先練習過，僅每天下午進行半輪打擊訓練。這些努力非但成效不彰，反而徒增我的不安，當我抵達匹茲堡時，我內心的壓力值已經快破表了。

就在全壘打大賽前，每位參賽者都能進行最後一輪打擊訓練，目的是幫助我們適應ＰＮＣ球場環境，這對我卻起到了反效果。練習中途，工作人員將擊球籠移走，好讓我們感受當晚球場的情境。但我太習慣在擊球籠裡面練習了，移走後反而頓失安全感。隨著攝影師蜂擁而至，我試圖忽略自己根本不該待在那裡的事實，現場就只有我、投手，和四萬名在我想象中最親密的好友。

最起碼，我身邊還有個熟面孔。那屆明星賽共有六名大都會球員入選，先發捕手羅杜卡也是其中一位，我請他擔任我的投手。事實證明，我選羅杜卡是正確的，理由有二：首先，羅杜卡人很和善，知道如何在充滿壓力的環境中逗樂我；其次，他的球速相當慢，能完美配合我的揮棒速度。我在比賽中第二次揮棒，就敲出了一支四百一十九英尺的全壘打，球最終落在左側第二層看台。

我告訴自己，我能心滿意足地回家了。

我是認真的，敲出首支全壘打讓我完全冷靜下來，幫助我屏蔽掉嘈雜人群和球場播報員的廣播解說。我的打擊漸入佳境，儘管我仍不指望能贏，或甚至晉級太遠。我沒辦法像兩年後的喬許．漢米爾頓（Josh Hamilton）[12]那樣，在洋基球場擊

9 萊恩．哈沃德（Ryan Howard），美國職棒大聯盟一壘手，入選三次明星賽，二〇〇六、二〇〇八年贏得大聯盟全壘打王頭銜。

10 蘭斯．柏克曼（Lance Berkman），美國職棒大聯盟外野手、一壘手，入選六四明星賽、休士頓太空人名人堂。

11 麥克．卡麥隆（Mike Cameron），美國職棒大聯盟中外野手，入選二〇〇一年明星賽，二〇〇四至二〇〇五年效力於紐約大都會隊。

12 喬許．漢米爾頓（Josh Hamilton），美國職棒大聯盟外野手，入選五次明星賽，二〇〇八年全壘打大賽，以首輪破紀錄的二十八支全壘打拿下亞軍。

出破紀錄全壘打，或像二〇一九年彼特．阿隆索（Pete Alonso）[13]一樣繳出亮眼表現。我的打擊範圍大多分布在中右外野，代表我擊出的球多半落在看台第三、四排，而非落在上層看台。但隨著手感回穩，我在首輪就繳出十六支全壘打的好表現，包括在十七次打擊內敲出十四轟。

比賽形式很簡單：每位參賽者單輪有十次出局機會，每次揮棒要不是全壘打就是算出局。在這個規則下，擊出十六支全壘打是不小的數字，不只其他人，就連我自己也很訝異。我不僅保住顏面，還在首輪建立起領先優勢，而且首輪成績會計入到次輪，代表我真的有機會晉級決賽。

然而，我在次輪擊出兩支全壘打後，後面連續十次揮棒失敗，這時規則就發揮作用了。多虧我首輪累積夠多優勢，才讓我挺過次輪，不知不覺間，我晉級到決賽。

被淘汰的有卡布雷拉、歐提茲、柏克曼和其他球員，突然之間，場上就只剩我和哈沃德。哈沃德也是首次入選明星賽，他在二〇〇六年上半季就已經擊出二十八轟，整季以五十八轟領先聯盟。繼去年拿下年度最佳新秀後，哈沃德二〇〇六年更入選國聯最有價值球員。哈沃德在身材上高我四吋、比我重五十磅，而且不像我首輪曇花一現的手感，隨著比賽進行，哈沃德表現得越發強勢。當我發現要和哈沃德對決時，第一個反應是要不棄權算了，因為哈沃德不但是全壘打佼佼者，我當時也已經氣力放盡了。這就像校隊替補對上先發一樣，輸球已經毫無懸念。

儘管如此，我的好勝心依舊強烈，和比賽剛開始相比，如今的我更有自信了。某部分的我尋思，既然都走到這一步，沒準我能再扳回一城。

但事與願違，作為決賽第一棒，我只擊出四支全壘打，經過首輪的精彩表現後，我再次跌回谷底。緊接著哈沃德上場，他朝著附近的阿勒格尼河方向，接連敲出五支全壘打，要不是大局已定，他說不定還能敲出更多。隨著群眾紛紛上前簇擁哈沃德，我衝上去向他表示祝賀，在心中，我也默默向自己祝賀。

有鑒於我參賽前曾抱持許多憂慮，自然不可能對全壘打大賽失利而難過。如果當初有人告訴我能贏得全壘打大賽亞軍、僅次於哈沃德，我一定二話不說馬上報名。米勒說得對，我愛死了這次經歷。

經歷過全壘打大賽的壓力後，明星賽顯得輕鬆許多。多了五名大都會隊友在身邊，讓我卸下心防，這在前一晚根本沒辦法辦到。我爸媽和弟弟都有出席明星賽，

13　彼特．阿隆索（Pete Alonso），美國職棒大聯盟一壘手，本書繁體中文版出版時效力於大都會隊。入選三次明星賽，拿下二〇一九、二〇二一年全壘打大賽冠軍。

所以我整個明星週都疲於奔波，也樂在其中。在為家人、經紀人、新聞媒體和全壘打大賽騰出時間後，我已經沒多少時間沉浸在明星週裡了，只有在明星賽當晚，我才能得償所願。回到熟悉的三壘位置，我深吸一口氣放鬆下來。我不敢說自己心無旁騖，畢竟全世界數以百萬的觀眾都在關注我們，但我絕對比自己預期得還輕鬆愜意。

在我第一次上場打擊前，我和美聯三壘手教練吉本斯重聚。當初我被大都會隊挑中，飛去諾福克潮汐隊參觀時，他還是時任總管。那次重聚很有趣，我們聊了一會，我打趣地說希望首球會是好球，因為我打算無論如何都要揮棒。果不其然，底特律老虎隊左投肯尼·羅傑斯（Kenny Rogers）[14]朝好球帶扔出一記變化球，高度剛好夠我擊飛至左外野圍欄。當我跑回本壘時，羅杜卡已經在預備區等著我，臉上掛著大大的笑容。

儘管國聯在第九局輸掉明星賽，但那支全壘打對我意義重大。大都會隊戰績在這季突飛猛進，而這支全壘打更證明了我屬於這個舞台。我進入大聯盟還不到兩年，生涯沒拿過什麼輝煌成就，但在那一刻，和哈沃德、卡布雷拉、亞伯特·普荷斯（Albert Pujols）[15]和羅倫共處一室，不再令我感到格格不入。如同我朝李維拉轟出再見全壘打，這記明星賽陽春砲帶給我自豪和歸屬感。

距離我參加休士頓明星賽才過了兩年，我當時還是個膽怯小子，向羅倫要了簽名後，卻沒膽找基特聊天。突然之間，我成了他們中的一員，不但在先發三壘位置擠下羅倫，每局還會傳球給基特。我敲出首轟後，一回到板凳席，向我祝賀的都是我這一生見過最偉大的球員。我當時心想：「我的老天，我在和普荷斯擊掌，我在和羅倫擊掌，我在和景仰多年的偶像一道慶祝。」

隨著球場上的成功，我也逐漸成名了，尤其是在紐約這座城市裡。二〇〇五年，我將賽季期間的住所從長島市搬到曼哈頓，往後的大聯盟生涯，我每年夏季都在那裡度過。我對新公寓有兩點要求：新住處要在高樓層，還要有超大台電視。我找到的房子位於五十五街的第二和第三大道之間，能夠俯瞰曼哈頓景色，高度也夠我俯視附近建築屋頂，非常完美。我買了台電視和一些家具布置新住處，我在維吉尼亞州的老朋友都愛死這裡了，因為每年冬天我回老家團聚時，這裡就變成他們的臨時住處。

14 肯尼·羅傑斯（Kenny Rogers），四度入選明星賽，入選德州遊騎兵名人堂。

15 亞伯特·普荷斯（Albert Pujols），美國職棒大聯盟一壘手，入選十一次明星賽、拿下兩屆世界大賽冠軍，獲選三屆國聯最有價值球員。退休前達成生涯七百轟的成就。

我非常看重這些結交一生的摯友，包括我從小結識的史密斯、彼特．艾特肯（Pete Aitken）和羅伯．羅賓森（Rob Robinson）。我讓他們待在身邊，關係緊密到外人難以輕易打破的程度。隨著我越來越出名，我開始對別人的意圖抱持戒心。有越來越多人想結識我，但我只允許身邊圍繞值得信任、以我的利益為重的人。我不希望只因自己是半個明星球員，就被人群追著跑，也從不希望做任何會讓自己、父母、大都會隊或其他人難堪的事。

因此，我結交的新朋友往往都是頭腦清晰的老前輩，像是麥克尤恩、牛棚捕手戴夫．拉卡尼洛（Dave Racaniello）[16]。比起光鮮亮麗的超級球星，我反而更能和這群人打成一片，他們在棒球界辛勤工作、努力謀生。在我人生中，我最親密的友人不是在我接觸棒球前結交的，就是根本不在意我的名氣與財富。我只希望和人們正常來往，關係不需有高低之分。

儘管紐約充斥著許多誘惑，幸好我從不是派對咖，也不酗酒，更不會晚上跑夜店、和名人約會，或做任何糜爛的事。正因如此，那些被八卦新聞網站ＴＭＺ、《紐約郵報》（New York Post）娛樂版報導傷風敗俗的球員，不可能會有我。許多人喜愛在紐約享受的事物，對我都是白搭。

不過，我很喜歡我居住的曼哈頓一角，我的公寓離販售漢堡而知名的ＰＪ克拉克酒吧僅幾步之遙，走幾個街區還能找到史密斯華倫斯基牛排館。這兩間餐廳餐點好吃，而且夜間完賽後都還吃得到。雖然我對市中心還很陌生，但我曉得品嚐美味佳餚的所有最佳去處，只要我的經紀人或家人來市區，我就會帶他們去品嚐一番。

這差不多就是我的社交生活了。我老弟史帝芬喜歡笑我明明二十三歲，卻過著五十歲老人的生活。隊友佛洛依德告訴記者，我這人重視健康，賽後喝的甚至不是啤酒而是牛奶（老兄，我也才喝過一次而已）。我沒打算把自己塑造成聖人，我只是總會優先考慮棒球而已。賽程的歷練消磨了我不少時間，我多數時候睡到很晚，開車到謝伊球場打球，九局結束後開回家。即便我很喜歡新公寓，但我清醒的時候很少待在家。如果我需要放鬆一下，就會到附近的餐館低調地吃一頓，餐廳員工見到我都很興奮，想跟我聊聊比賽，他們對我照顧有加。

二〇〇六年大都會隊開啟連勝後，要不被認出來變得越來越難，但有時這並非壞事，使我有機會分享成功經歷。無論是曼哈頓、皇后區的任何餐館，我走到哪都受到熱烈歡迎，許多店家門外也懸掛著大都會隊旗幟。有時我一進門，座位上的客人會爆出歡呼聲，上前跟我握手拍肩，就好像我是電視節目「價格猜猜猜」

16　戴夫・拉卡尼洛（Dave Racaniello），美國職棒大聯盟牛棚捕手。

（The Price Is Right）裡的參賽者一樣。無論我怎麼抗議，總有陌生人會幫我的晚餐買單，孩子會來找我合照要簽名，服務生會上前詢問球隊的季後賽前景。多數人想要的只是擊掌、簡單交談，或說聲祝我好運。對討厭鎂光燈的人而言，這類事情總令人不自在，但我也試圖不斷提醒自己，這其實是件非常酷的事。

處理成名的種種，對我來說並非自然而然的事，不過我仍試著享受成為家鄉名人的好處。在我大聯盟生涯初期，有天米勒和我同乘一輛計程車，有位路人朝車窗瞥了一眼，然後就在人行道中間停下來，指著我放聲大喊。

「那是大衛．萊特！」他在擁擠的車流間驚呼道。

什麼？叫我嗎？我當時驚訝得說不出話來，米勒則樂不可支。

他說：「這是我見過最酷的事！這傢伙都快被車撞了，卻還停下來跟你打招呼！」

那次互動讓我明白紐約人有多熱情，米勒說得對，這真的非常酷。在我生涯初期，我並未真正意識到紐約和維吉尼亞州、小聯盟時期的經歷大大不同。這些早期互動讓我意識到，紐約球迷更希望結識我，和我交流。我從不介意在街上停下來簽名、合照或交談一兩句，即便這種關注需要花點時間適應。

米勒了解我的本性，所以不會強求我投入廣告宣傳，我一般只接有興趣的代言。我經紀公司的一位律師彼得．佩達利諾（Peter Pedalino），和酷樂仕維他命創辦人麥克．雷波爾（Mike Repole）是兒時玩伴。透過這層關係，我成了維他命水代言人，我試喝過幾次，認為酷樂仕和其他運動飲料相比更健康。至於我的報酬，酷樂仕打算支付等價股份給我，這反而更划算，因為一年後可口可樂就以四點二億美元收購了酷樂仕，可說是讓我佔盡了天時地利。收購案後，我坐下來計算我的持股佔母公司可口可樂的比例，結果相當驚人。從那時起，我就不斷嘗試成為代言產品的既得利益者。舉例來說，我在多年後為超越肉類（Beyond Meat）代言時就入股了。同時，我從不會為我沒在用的產品代言。

酷樂仕特別中意我的原因，還得說回全壘打大賽那時。每輪比賽結束後，大聯盟會讓球僮上來發送擦汗毛巾和開特力（Gatorade）運動飲料。輪到我時，我拿了毛巾卻拒絕飲料，酷樂仕則付錢給我幾位弟弟，要他們帶幾瓶維他命水到場上。這舉動惹惱了聯盟，因為開特力是其中一個最大贊助商，結果我弟被趕出球場，這情景讓我笑開懷。但這麼做很值得，我自始至終都是維他命水的忠實愛好者。

大多情況下，我都會拒絕代言邀請，但有幾次米勒不容許我說不。他理解我的程度，已經到了能夠分清會造成我不適或我不接絕對會後悔的代言，兩者之間的細微分界。比方說，二〇〇六年明星賽後，我應邀到哥倫比亞廣播公司工作室的「大衛賴特曼深夜秀」（Late Show with David Letterman）擔任嘉賓，這無疑是一次奇妙的經歷。

我在賴特曼的知名攝影棚坐下時，他問我：「你最近相當一帆風順，對吧？」

我回答他：「沒錯，很忙碌，但過程很順利。」

兩年後我再次受邀上節目，這次我在攝影棚外的街道中央，重現了全壘打大賽的情景。我也參與許多電視節目，比如大都會隊鐵粉強．史都華（Jon Stewart）主持的「每日秀」（The Daily Show），以及實境秀節目「名人接班人」（Celebrity Apprentice）。二〇一五年生涯後半，我和三位隊友受邀擔任布魯克林「吉米夜現場」（Jimmy Kimmel Live!）的節目嘉賓。我也接過其他類型的邀約，二〇〇六年某個星期，《運動畫刊》（Sports Illustrate）拿我、貝爾川、雷耶斯、戴加多和羅杜卡的合照當作雜誌封面。隔年初，我登上了 PlayStation 推出的《美國職棒大聯盟 7》（MLB 07: The Show）電玩遊戲封面。此外，隨處都看得到和我相關的醜馬克杯，《紐約時報》（The New York Times）和《紐約》（New York）雜誌則針對我寫了專題報導，達美航空甚至以我的名字命名了一架飛機。

儘管這些廣告宣傳常令我焦頭爛額，最終卻都進了我的剪貼簿，被我珍藏一輩子。當時，我對這種事總提不起勁，現在回想起來，我很慶幸自己付諸行動。

好吧，至少大部分都是如此。二〇〇六下半年，米勒替我接到《GQ》雜誌時裝照的拍攝邀約，這在過去可是件了不得的事。一如往常地，我的直覺反應是想婉拒掉，但就連我也對《GQ》的聲譽略有耳聞。

受邀的還有雷耶斯，他一直鼓吹我去拍時裝照。我個人持保留態度，但他相當堅持，我有預感他會就這樣說服我。

我第一次見到雷耶斯，是在二〇〇一年聖路西港的訓練賽上。雷耶斯比我小半歲，身為國際自由球員的他，十六歲就與大都會隊簽約，在農場系統裡表現一鳴驚人，成為最出色的棒球新星。雷耶斯是真正攻防一體的球員，揮棒速度驚人、打擊能力出色，論跑壘速度更是小聯盟中的佼佼者。我每次翻開《棒球美國》（Baseball America）雜誌，總能找到他的名字。雷耶斯早我一年登上大聯盟，我那時就有關注他。我總預想未來幾年，將由我們兩人擔任大都會左側內野守備，這念頭讓我念念不忘。二〇〇四下半年，當我們開始常常在大聯盟中膩在一起時，兩人間建立起不可思議的一段友誼。

撇開棒球不談，我和雷耶斯的共通點實在少之又少。雷耶斯出生自多明尼加，喜歡聽雷鬼音樂、吃拉丁料理，不太會講英文；我出身自維吉尼亞洲乞沙比克，喜歡聽搖滾和鄉村音樂、吃漢堡，不太會講西班牙文。我們有時幾乎沒法互相溝通，但有鑒於我們守備位置近在咫尺，我和他建立起宛如兄弟般的深厚情誼，與他一同成長是很棒的事。

棒球聯繫起我們兩人，而聯盟也注意到這件事，我們常被稱作「萊特和雷耶斯」、「雷耶斯和萊特」。我是巨砲打者，他則是快腿小子，儘管雷耶斯也愛在打擊訓練開轟，我則自詡沒人在比賽中跑得贏我。大都會隊將我們兩人視作球隊未來核心，那年八月先跟雷耶斯簽下四年兩千三百二十五萬的延長合約，讓雷耶斯長留法拉盛直到二〇一〇年。達成協議後，米納雅馬不停蹄地打給我的經紀人，表示想和我談同類型的合約，最好二十四小時內就能談成。果不其然，一天後，我收到一份六年五千五百萬的延長合約，合約將延續到二〇一二年。

我當下欣喜若狂，對一個從沒花過選秀簽約獎金的人而言，經濟上獲得長期保障無疑對我意義重大。此外，能夠真正在紐約安身立命，為從小到大支持的球隊打球，同樣令我雀躍不已。就像我那天說的，能被最喜愛的球隊選中，且未來六年都能長留在隊上，對我來說都是種特別的感受。我很慶幸能和老友雷耶斯並肩作戰，我們正值當打之年，場上表現優異，彼此存在著獨特且有趣的隊友情誼。

不過，我們之間仍存在諸多差異。雷耶斯有時會要我涉足其他領域，像是他總纏著我，要我在他拍的音樂短片客串一角，這工作在他退役後成為下一個職業重心。感謝老天，我一口回絕了他提的所有請求，除了ＧＱ的時裝照拍攝以外，也許我當時真該拒絕他的。

我們當時現身後，ＧＱ工作人員為我們套上頭巾、穿上緊身襯衫和運動褲，營造出運動時尚的氛圍。雷耶斯身材比我好，那身行頭穿在他身上棒極了，你隔著襯衫都能看到他的六塊肌。我的身材根本比不上他，能隔著襯衫看見的只有我的大肚腩。雷耶斯很時髦，穿著這身衣服依然透露十足自信，但這對我來說卻辦不到，照片就透露出一切了。我們穿上半敞著的夾克、名牌牛仔褲，在謝伊球場的休息室通道和球場中央拍照。在一組照片裡，我穿著大都會隊T恤、外搭白色皮夾克，大部分照片裡我都掛著一抹傻笑。現在回想起這些，我腦中只有一個想法：

「我該死的到底在想什麼？」

時裝秀確實逼我走出舒適圈，也增進我和雷耶斯的情誼，但由於這和我平時的服裝落差很大，導致實際穿上去顯得很可笑。時至今日，我拿起手機仍會看到朋友或弟弟發來的簡訊，他們會傳來我拍攝ＧＱ的時裝照，照片裡的我笑得像個傻大個。

可以說，ＧＱ那次拍攝稱不上是明智的決定，但隨著我越常參與這類事情，我的名氣也越來越響亮。我開始意識到，無論我是否準備好，我都逐漸成為那些並不熟識我的人的榜樣。顧客購買雜誌是因為封面印了我的臉，參加少棒的孩子開始穿上代表我的五號球衣，有人即使不是大都會隊球迷也很崇拜我。到頭來，我發覺必須更注重自身的言行舉止才行。

在場外，這代表要有責任感、少惹麻煩；在場上，這代表無論何時都遵守規矩，絕無例外。在我打球的年代，尤其在我生涯初年，類固醇和刺激性藥物在整個聯盟蔚為風行，這我清楚得很。但使用禁藥完全不正派，對我或任何人都是無法忍受的事，在我眼中，這種事我想都不敢想。

也許我曾受到蠱惑（實際從沒發生過），比起擔心別的事，我更害怕我爸會宰了我。我從小就很景仰我爸的職業，他隸屬於諾福克警局掃黃和緝毒部門，將罪犯繩之以法。服用禁藥不僅不尊重我的身體和感受，更是對我父母的不敬。正因如此，我十四年的大聯盟生涯中，從沒打過使用類固醇這樣的主意。

不僅如此，我也舉雙手贊成懲罰違反規則的人，無論是陌生人或我最好的朋友都一樣，規則就是規則。球員該遵守規則，人們要遵守法律，如果這想法不得人緣，那也就算了。不過，我永遠支持那些敗壞規矩的人被抓，且懲罰力度越大越好，因為他們很可能搶了更努力工作的球員飯碗。畢竟，想進大聯盟已經難如登天了，更甭提長留在聯盟，甚至還要和那些偷用禁藥的球員競爭。對這種只求帳面成績好看的投機者，我絕不同情。我誠心建議各年齡層的人遠離禁藥，這不僅違反體育精神，更不是我從小的教育方式。

我在小聯盟時期的導師康提，過去常講：「你的選擇和決定，造就你的結果。」這句話我一直記在心裡，或許是因為這概括了雙親從小對我灌輸的教育。無論我在大聯盟如何成功，無論我在紐約如何出名，我自始至終都不會忘記父母的教誨。一想到有好多人對我的大聯盟前程懷抱巨大期望，我就會身體力行去回應他們，並視之為使命。

OCTOBER

第九章　十月

二〇〇六年，隨著我越發熟悉紐約的步調，我和球隊整體的表現都漸入佳境。七月底，我們在國聯東區的戰績已經來到雙位數領先，目標鎖定分區冠軍。貝爾川打出最有價值球員級別的賽季，打擊率 0.275、四十一轟、十八盜壘；戴加多本季則累計三十八轟、一百一十四打點；雷耶斯和我則即將步入生涯巔峰。

有鑒於勇士隊曾連續十一年蟬聯國聯東區寶座，我們從未公開炫耀過球隊打得有多好。不過，大都會隊年輕且滿腔熱血，這是我們的優勢。七月八日主場賽上，馬林魚隊投手接連投出觸身球，害戴加多和另一名大都會打者負傷下場。在這之後，大都會隊派出冬季找來的中繼投手杜納・桑契斯（Duaner Sanchez）[1]。儘管只領先一分，桑契斯第一球還是狠狠扔向馬林魚先發打者卡布雷拉的小腿。這是球隊心照不宣的態度和共識，我們為彼此出戰。

桑契斯也是國聯防禦率名列前茅的牛棚投手，每晚只要大都會先發投手扛完前五六局，似乎就能放心交給牛棚了。但在七月三十日，我們的牛棚威力大減。開季繳出二十一局零失分的桑契斯，當晚乘坐計程車駛經邁阿密九十五號州際公路時，發生車禍導致肩骨脫離。我很快就曉得事情的嚴重性，即便大都會隊牛棚深度足夠，失去桑契斯這樣的投手仍造成影響。管理層緊急從海盜隊交易來羅伯托・赫南德茲（Roberto Hernández）[2]、奧利佛・培瑞茲（Oliver Pérez）[3]，但其他中繼投手仍不習慣新調度。雖然我們有自信挺過傷病，過程依舊很辛苦。

不過我們也無暇他顧，因為還需要撐過兩週例行賽，才能順利進入季後賽。儘管勇士隊本季陷入掙扎，不僅排在分區第四，勝率也遠低於五成，但他們還有名人堂球星約翰・史摩茲（John Smoltz）[4]和奇柏・瓊斯（Chipper Jones）[5]及其他好手

1 杜納・桑契斯（Duaner Sanchez），美國職棒大聯盟投手，二〇〇六年、二〇〇八年效力於紐約大都會隊。

2 羅伯托・赫南德茲（Roberto Hernández），美國職棒大聯盟投手，二〇一〇年入選明星賽。

3 奧利佛・培瑞茲（Oliver Pérez），美國職棒大聯盟投手，二〇〇六至二〇一〇年效力於紐約大都會隊。

4 約翰・史摩茲（John Smoltz），美國職棒大聯盟投手，曾入選八次明星賽、一九九五年世界大賽冠軍。

坐鎮。此外，勇士隊對比賽抱持持之以恆的努力、專業度，用正確的方式打球，這是我作為年輕球員相當敬佩的一點。在勇士隊確定無緣季後賽前，我們都不敢大意輕敵。

費城人隊的威脅更加急迫，他們不但連續蟬聯分區第二，同時也和我們一樣正在崛起。除了當家球星哈沃德，費城人還培養了一批潛力新秀，如吉米・羅林斯（Jimmy Rollins）[6]、切斯・阿特利（Chase Utley）[7]和科爾・哈莫斯（Cole Hamels）[8]。我們都曉得這些球員未來非同小覷。

幸好我們的狀態火熱，在八月下半分區戰績持續領先。九月十四日，當費城人在這天輸球後，我們的幸運數字降到一：我們只需要贏下一場，或費城人輸掉一場，就能拿下分區冠軍。隨著季末還剩下兩週，我們的壓力瞬間消逝殆盡，國聯東區冠軍基本上已經非我們莫屬，但我們還差一勝才能慶祝。

那週五，我們海盜隊主場輸球，費城人贏球，隔天、後天同樣的情況接連上演。在其中一場比賽的下半局，我走進ＰＮＣ球場喝點水，發現置物櫃都鋪上了塑膠墊，原來連海盜隊休息室人員也在期待我們慶祝勝利。每晚，我們聚在一起等著慶祝費城人輸球，但事與願違。大都會隊在大聯盟官網的專欄作家馬提・諾伯（Marty Noble），因此將ＰＮＣ球場稱作「潑不了香檳球場」（Pour No Champagne

Park）。

即便那週末相當難熬，事實上並沒想像中糟，因為這機遇讓球隊能夠回到主場慶祝。週一在自家主場，我們以四比〇橫掃馬林魚隊，所有人衝上投手丘擁抱大叫。我們在休息室開香檳慶祝後，又回到場上和球迷同樂。我在和球迷擊掌時，有人搶走我頭上的國聯東冠紀念帽，另一人則搶走我的香檳。場面亂成一團，但我愛極了，我後來還拿著別人遞給我的「二〇〇六年國聯東區冠軍」看板、嘴上叼著雪茄，高舉給所有人看。

我那年二十三歲，即將步入季後賽。許多一同慶祝的球迷跟我同齡，他們也是在長大成人後，首次慶祝支持的隊伍奪冠。和這群球迷慶祝讓我和雷耶斯很有感

5 奇柏·瓊斯（Chipper Jones），美國職棒大聯盟三壘手，入選八次明星賽、一九九五年世界大賽冠軍。

6 吉米·羅林斯（Jimmy Rollins），美國職棒大聯盟游擊手，入選三次明星賽、獲得二〇〇八年世界大賽冠軍。

7 切斯·阿特利（Chase Utley），美國職棒大聯盟二壘手，入選六次明星賽、獲得二〇〇八年世界大賽冠軍。

8 科爾·哈莫斯（Cole Hamels），美國職棒大聯盟投手，入選四次明星賽、獲得二〇〇八年世界大賽冠軍。

觸，作為從小聯盟脫穎而出的球員，我們自詡是大都會隊重要基石。我們知道這一冠對球迷的意義有多大，也知道法拉盛民眾等這一刻很久了。我很樂意讓他們搶走我的球帽、香檳或其他東西，互相擊掌、在球場歡呼慶祝對我和球迷而言，都是奇妙的體驗。

不幸的是，分區冠軍帶給我們的喜悅沒有持續多久。桑契斯報銷先是打擊我們的牛棚，季後賽開打後，大都會隊又接連傳出傷兵問題。本季傷病纏身的馬丁尼茲，下半季僅累計出賽三十一局，進入季後賽後就因左小腿肌腱撕裂報銷。接著在國聯分區系列賽首戰前夕，奧蘭多．赫南德茲（Orlando Hernández）[9]在外野草地慢跑時拉傷了右小腿。接二連三的傷病使我們痛失兩名投手，兩人共計在本季擔任超過四十場比賽先發。

由於大都會和洋基隊擁有本季聯盟最佳戰績，我們仍輕鬆看待季後賽首輪，但也清楚比賽會更加難打。首輪第一戰在下午四點九分開打，謝伊球場的陰影使擊球難度增加，再加上我又超緊張。就算道奇隊先發投手德瑞克．洛伊（Derek Lowe）[10]朝我丟止滑粉，我也會毫不猶豫出棒。

我心潮澎湃，心跳加速得厲害，一秒鐘都靜不下來，這也讓我在打擊區備感壓力。季後賽和例行賽的激烈程度，在我眼裡差得可遠了。二局上，大都會的尚恩．格林（Shawn Green）[11]和荷塞．瓦倫汀（José Valentín）[12]上演精彩的外野守備，合力將道奇隊跑者傑夫．肯特（Jeff Kent）[13]封殺在本壘。捕手羅杜卡送肯特下場後，及時發現第二位跑者J．D．祖魯（J. D. Drew）[14]打算盜回本壘，一個回身馬上完成雙殺。這絕對是我見過最離奇絕妙的一次守備美技，觀眾為之瘋狂，也讓我血脈賁張，好像我心跳還不夠快一樣。

---

9 奧蘭多．赫南德茲（Orlando Hernández），美國職棒大聯盟投手，入選四次明星賽，一九九九年獲得美聯冠軍賽最有價值球員，二〇〇六至二〇〇七年效力於紐約大都會隊。

10 德瑞克．洛伊（Derek Lowe），美國職棒大聯盟投手，入選兩次明星賽，獲得獲得二〇〇四年世界大賽冠軍。

11 尚恩．格林（Shawn Green），美國職棒大聯盟外野手，入選兩次明星賽，二〇〇六至二〇〇七年效力於紐約大都會隊。

12 荷塞．瓦倫汀（José Valentín），美國職棒大聯盟游擊手，二〇〇六至二〇〇七年效力於紐約大都會隊。

13 傑夫．肯特（Jeff Kent），美國職棒大聯盟二壘手，入選五次明星賽、獲得二〇〇〇年國聯最有價值球員。

14 J．D．祖魯（J. D. Drew），美國職棒大聯盟外野手，入選二〇〇八年明星賽，獲得二〇〇七年世界大賽冠軍。

最終我的腎上腺素消退，幫助我重回比賽節奏。前兩次打席，我都讓洛伊予取予求，來到六局下，我們以二比一領先，場上一三壘有人、一出局，輪到我上場了。我保持侵略性，沒有胡亂揮棒，但依然將兩顆伸卡球敲到界外，球數來到兩好一壞。洛伊再次朝好球帶扔出伸卡球時，我準備好了，敲出一支右外野角落、外帶兩分打點的二壘安打。我在外野手回傳時成功跑上三壘，和我們的三壘手教練曼尼・阿克塔（Manny Acta）[15]熱情擊掌，還差點把他的手套打掉。前六局壓抑的情緒在這時傾瀉而出，讓我放鬆下來，用自己的節奏打比賽。我開始有點享受十月的比賽了。

我們的下一步，就是贏下該死的比賽。

系列賽第二戰，葛拉文主投六局無失分，助球隊收下比賽；第三戰，大都會隊一口氣拿下九分，首輪以三比〇橫掃道奇隊，給了我們在道奇球場開香檳慶祝的機會。佛洛伊德在第三戰扭到腳，當時窩在休息室一角，於是我們輪流跑去潑他香檳。這晚我們放肆狂歡，心底清楚我們沒辦法開心太久。

我們的國聯冠軍戰對手是聖路易紅雀隊，曾拿下二〇〇四年國聯冠軍，二〇〇四、二〇〇五年更是百勝球隊。儘管他們這季表現不佳，僅以八十三勝七十八敗拿下國聯中區冠軍，實力依舊不容小覷。在東尼・拉魯薩（Tony La Russa）[16]的多年執教下，球隊素以「紅雀途徑」（the Cardinal Way）這樣的建隊思路著稱，我相當敬佩紅雀隊的運營模式。

這場系列賽中，多數目光都聚焦在賽揚獎得主克里斯・卡本特（Chris Carpenter）[17]身上。他在本季繳出十五勝八敗、防禦率 3.09 的優異成績，但我們在第二、六戰倒是沒讓他佔太多便宜。最讓我們沒輒的反倒是傑夫・蘇潘（Jeff Suppan）[18]，他球速不快、三振數不高，但依然在第三戰封鎖住大都會打線，主投八局僅被敲三安。

在國聯冠軍戰，我再次陷入低潮，打擊手感跌到冰點。我在首戰首打席擊出的球，先是打到投手傑夫・威佛（Jeff Weaver）的腳再彈向游擊手，輕易地把我送下

15 曼尼・阿克塔（Manny Acta），美國職棒總教練、教練，二〇〇五至二〇〇六年擔任紐約大都會隊三壘教練。

16 東尼・拉魯薩（Tony La Russa），美國職棒大聯盟內野手、總教練，獲得三屆世界大賽冠軍、四屆聯盟最佳教練，獲選奧克蘭運動家、聖路易紅雀名人堂。

17 克里斯・卡本特（Chris Carpenter），美國職棒大聯盟投手，綽號「木匠」，入選三次明星賽、獲得兩屆世界大賽冠軍，獲選聖路易紅雀名人堂。

18 傑夫・蘇潘（Jeff Suppan），美國職棒大聯盟投手，獲得二〇〇六年世界大賽冠軍。

場。這就是低潮時會有的表現，我在系列賽前三戰，九次打席全數落空，心情像首輪系列賽一樣跌到谷底。隨著比賽進展越快，我開始在打擊區讓投手予取予求，這正中紅雀隊下懷。所有事物感覺都晃眼即逝，每次站上打擊區，我都試圖掌管比賽，而非忌憚投手球路、保持耐心、等待保送機會，並成功上壘。

像蘇潘這種天賦並非頂尖，卻深諳投球原理的投手，當然會善加利用打者心理。有拉魯薩領頭、鐵捕雅迪爾．莫里納（Yadier Molina）[19]坐鎮本壘，紅雀隊相當擅長發現並利用打者弱點。紅雀投手群向我投出的球越來越偏，因為他們知道我無論如何都會揮棒。

球員受訪時常會講自己「太好高騖遠」，我則是好高騖遠到有點自不量力。最終在第四戰，我從安東尼．雷耶斯（Anthony Reyes）[20]手中敲出陽春砲，這一轟對我而言很重要，不僅減輕了前幾場累積的壓力，也幫助我重拾信心。國聯冠軍賽幫我上了一課，我在比賽過程學到，站上打擊區時控制情緒、別過度激動，記得深呼吸放鬆。棒球不像美式足球，情緒越亢奮對表現沒幫助。當我放鬆下來、清空腦袋上百個念頭時，才能一展打擊長才，這種時候每次揮棒都看似毫不費力。我必須學會收起情緒，對雷耶斯的那一轟是好的開始。

這一轟也讓大都會隊以二比一領先，一路領先至終場。第四戰戰績打平後，第五戰我們在紅雀主場輸球，但由於卡本特在下一場關門失敗，讓大都會隊將戰線延長至第七戰。

搶七戰在謝伊球場開打，也是我生涯以來最熱血、揪心的其中一場比賽。我在首局從蘇潘手中敲出一分打點一壘安打，助大都會一比〇領先。六局上兩方一比一平手，我守在三壘，這時我的童年偶像、明星賽導師羅倫擊出一支飛越左外野圍欄的高遠球，我將臉別了過去。

我心想，賽季結束了，這樣輸球太難受了。

緊接著，我看見左外野手安迪．查維茲（Endy Chávez）[21]伸直手臂跳得老高，就這樣接殺了羅倫反超比分的兩分打點全壘打，這肯定算得上棒球史上最精彩的防守美技。查維茲一落地，我開始又叫又跳，要他把球傳回內野，因為紅雀跑者吉姆．艾德蒙斯（Jim Edmonds）[22]已經跑離一壘太遠。瓦倫汀接獲查維茲傳球後，

19 雅迪爾．莫里納（Yadier Molina），美國職棒大聯盟捕手，入選十次明星賽、獲得兩屆世界大賽冠軍，拿下九座金手套獎。

20 安東尼．雷耶斯（Anthony Reyes），美國職棒大聯盟投手，獲得二〇〇六年世界大賽冠軍。

21 安迪．查維茲（Endy Chávez），美國職棒大聯盟外野手，二〇〇六至二〇〇八年效力於紐約大都會隊。

立刻傳給一壘手戴加多，後者直接當著艾德蒙斯的面振臂歡呼。

我高興地跳起，慶祝球隊死裡逃生，那時或許是我人生中跳得最高的一次。小時候我愛打籃球，但從不會灌籃，我很確信在那一刻，我完全有能力當著俠客歐尼爾（Shaquille O'Neal）[23]的面，來個三百六十度灌籃。從羅倫揮棒擊出直到戴加多振臂歡呼，我的心情像坐了雲霄飛車般。

沒問題，我們會贏的。

我想謝伊球場的每個人都這麼想，但願這個想法能夠成真。然而在六局下，即便球隊手握滿壘一出局的優勢，但就是沒法從蘇潘手中拿回一分，蘇潘也靠著他在系列賽兩場先發的表現，拿下國聯冠軍賽最有價值球員榮譽。九局上，莫里納擊出兩分打點全壘打，是自第五戰以來紅雀隊首次比分領先。九局下滿壘兩出局時，貝爾川遭亞當．溫萊特（Adam Wainwright）[24]丟出的曲球三振，大都會隊止步國聯冠軍戰。

直到今日，貝爾川仍因那次三振受盡非議，我覺得這不公平。從我的角度看，溫萊特扔給貝爾川的球路相當刁鑽，而且當時還是九局下半。先是內角快速球，接著是偏離本壘板的曲球，被貝爾川打到界外，最後是從高出手點放入好球帶的曲球，幫助溫萊特成功收官。當時溫萊特作為牛棚新秀還默默無名，包括貝爾川等多數球員都從未面對過他，而影片、球探報告能提供的則少之又少。在投打對決面對初見面的投手，這是很困難的事，尤其對手還有堪稱聯盟頂級的身手。溫萊特後來入選三次明星賽、獲得兩屆世界大賽冠軍，可說是同世代球員間的佼佼者。

我不怪貝爾川，其他人也不該這麼做。少了他，我們根本到不了國聯冠軍賽。儘管如此，輸球的感覺依舊難受，在我腦海揮之不去、不斷發酵。看著紅雀隊靠五場就擊敗底特律老虎，拿下世界大賽冠軍，我在沙發上不禁浮想聯翩。我們本來也能做到的，要是我們在搶七戰多跑回幾分，現在在台上輪流手握冠軍金盃的就是我們了。我開始提出不同假設，如果當初我或球隊有做些什麼，如果我們在季後賽保有桑契斯、赫南德茲和培瑞茲這些第一線的牛棚及先發投手，如果……

對我來說，輸球是我最大的動力，所以我一直惦記著國聯冠軍賽那次落敗，無

22 吉姆・艾德蒙斯（Jim Edmonds），美國職棒大聯盟中外野手，入選四次明星賽、獲得二〇〇六年世界大賽冠軍。

23 俠客歐尼爾（Shaquille O’Neal），美國職籃運動員，獲得四屆總冠軍、入選三屆總決賽最有價值球員，入選籃球名人堂。

24 亞當・溫萊特（Adam Wainwright），美國職棒大聯盟投手，入選三次明星賽、獲得兩屆世界大賽冠軍。

論是休賽季訓練、春訓期間，還是幾年後都惦記在心。如同藍道夫去年九月從布希體育館回程路上的預期，我加倍努力淬鍊出自己最棒的一面，不只為自己，更為了球隊和球迷。我不惜燃燒自己，也要讓球隊進入季後賽，朝冠軍跨進一步。

我知道自己一點也不想再嚐到失敗的滋味了。

至少大都會隊二〇〇七年賽季的陣容依舊堅強。我們的先發球員全數都會回歸，除了佛洛伊德外，他的腳踝傷勢讓他在國聯冠軍賽僅出賽三個打席。其餘成員也陸續回歸，包括桑契斯、華格納和其他牛棚頂尖好手。所以即便輸掉國聯冠軍賽，我們仍安慰彼此，下一季會更好。搶七戰結束後，我和隊友不知多少次在休息室告訴媒體及彼此相似的話「這不是結束，而是開始」。

這不只是陳腔濫調，我們聚集如此多天賦，我真心認為我們每年都能打進季後賽。我們是支充滿天賦、年輕熱血，即將在棒球界闖出名堂的球隊，正因如此，我或許有點輕忽了二〇〇六年打入季後賽的經驗。我們曾在主場慶祝拿下分區冠軍，在季後賽首輪擊潰道奇隊，並在國聯冠軍賽和紅雀鏖戰至搶七，我當時似乎還不夠珍視這些季後賽的美好時光。

回首當時，我多麼希望能保存這些感受及情緒，我當時還天真地相信，自己每年十月都能有同樣的經歷。

COLLAPSE
第十章　崩潰

二〇〇六年十一月初，我收到一張三點五乘以二吋的名片，上面用我根本看不懂的字體，寫著我在東京下榻飯店的名字和地址。除了女兒，這張名片或許是我這輩子最珍視的寶物。

在經歷季後賽落敗後，聯盟邀請我參加美日明星賽，賽程將安排東京三場、大阪三場及福岡一場。我從沒旅行到北美洲以外的國家，對這次旅行相當興奮，但我承認，自己從不是博學多聞的人。打從孩提時期，我的假期就花在參加維吉尼亞郊區的錦標賽，而不是飛到歐洲、亞洲觀光。這趟旅程讓我對國際旅遊大開眼界，包括在沒人會講流利英語的國家陷入溝通障礙。

班機抵達後，我收到這張名片及其他重要指示，倘若我在東京迷了路，就拿名片給計程車司機告訴他去哪。當時智慧型手機還不普遍，我也懶得將手機轉成國際通用模式，同行的團隊雖有數個口譯員，但沒辦法照顧每個人，所以這張名片就是我的護身符。

我願意用生命來保護它。

只有幾次，我大起膽子邀同隊的拉卡尼洛外出，有次本來打算搭地鐵，但因路標太難懂轉而改搭計程車。還有很多時候，我們走進餐廳發現服務生都不會英文，我們不僅看不懂日文，菜單也沒有圖辨識，只能悻悻然離開。飯店提供的自助餐讓我們那週的食物有著落了，我們之後也在東京六本木的硬石餐廳（Hard Rock Café）享受豐盛的佳餚，我的物質生活從沒有過得這麼滿足過。

某晚，大都會前按摩師西尾善帶我們到當地餐廳度過難忘的一夜，讓我享受到最道地日本料理。無論是學習當地習俗，或是試圖跨越語言障礙溝通，對我而言都獲益良多。這場國際賽帶我跨出舒適圈，是我這輩子都不會忘記的旅程，當然我會這麼說，絕對不是因為我在比賽大放異彩的關係。

在我們開啟五場系列賽前，美國隊先是和讀賣巨人進行一場表演賽，巨人隊相當於是日本的洋基隊。當時美國隊總教練布魯斯．波奇（Bruce Bochy）[1]把我排在板凳，這讓我很不爽，我在第九局才上場，馬上就靠著一支全壘打為美國隊拿下

1　布魯斯．波奇（Bruce Bochy），美國職棒大聯盟總教練，入選四次明星賽、以總教練身份獲得四屆世界大賽冠軍，包含舊金山巨人隊三座、德州遊騎兵隊一座。

追平分。表演賽最終以七比七平手，可想而知，波奇後面每場比賽都把我排在先發了。五天後在大阪，我從井川慶手中敲出一轟，井川三週後就要和洋基隊簽下複數年合約了。隔天晚上在福岡，我的好兄弟雷耶斯擊出再見全壘打，助美國隊橫掃日本隊。

除了雷耶斯，同行的還有許多大都會夥伴，如約翰·曼恩（John Maine）[2]、美日明星賽期間擔任打擊教練的胡立歐·法蘭柯（Julio Franco）[3]，還有三壘教練阿克塔。經歷季後賽的落敗後，這場旅行能讓我們轉移注意力、迎接休賽季的到來，也順便好好享受異國文化，和硬石餐廳吮指回味的雞柳條。

對我來說，比賽本身才是最棒的。某方面而言，棒球在日本基本上和美國無異，但在文化和戰略上卻大大不同。日本各地球迷都把我們當作搖滾明星看待，在觀眾席敲打雷鳴棒，並為日本球員獻唱。每當我擊出一支全壘打，都會有個孩子跑到本壘板為我獻禮。

當地媒體整天都在播報美日明星賽的消息，當時比井川慶加盟洋基更加重量級的，是松坂大輔即將登上大聯盟的消息，體育記者總會拿他的照片給我們看，詢問我們看法。贏下美日明星賽最有價值球員的哈沃德，則因為太過出名，沒辦法公開露面。在我的生涯中還從未見過這種場面，我真心地享受其中的氛圍。

在美日明星賽開打前，我花了幾天在亞利桑那州訓練，期間認識了我未來的妻子，但當時我還不知道。你也可以說，這是改變我人生的重要一刻。

日本這趟旅行讓我的休賽季過得飛快，這正合我意，上季大都會隊還有許多未竟之事，因此我也渴望重回球場。

上季我已經累計連續十二場敲安，進入二〇〇七年賽季後，由於身邊的人不斷提醒，我才發現這件事。十二場很快累加到二十、二十二、二十四場，每晚記者似乎都急著想知道紀錄到哪了，這項紀錄也逐漸深植我的心中。說實話，連續幾場敲出安打一點也不稀奇，完全無法媲美喬．狄馬喬（Joe DiMaggio）[4]的五十六場紀錄。在這之前，我甚至還不曉得敲安紀錄可以跨季計算。

儘管如此，這仍然是很酷的事，後來想想，說不定這項紀錄比我當時想的還讓

2 約翰．曼恩（John Maine），美國職棒大聯盟投手，於二〇〇六至二〇一〇年效力於紐約大都會隊。

3 胡立歐．法蘭柯（Julio Franco），美國職棒大聯盟內野手，入選三次明星賽、拿下三座銀棒獎，二〇〇六至二〇〇七年效力於紐約大都會隊。

4 喬．狄馬喬（Joe DiMaggio），美國職棒大聯盟中外野手，入選十三次明星賽、獲得九屆世界大賽冠軍，一九五五年入選名人堂。

人驚艷。四月十八日，我單場敲出兩安，將紀錄延續到二十五場，一舉打破皮亞薩和赫比・布魯克斯（Hubie Brooks）[5]保持的球隊紀錄。我的敲安紀錄最終停在二十六場，即便這並非我的本意，但我很高興大家終於不再討論這項紀錄，讓我能專注在其他事務上。

二〇〇七年，我打算幹一番大事，這季也是我大聯盟生涯表現最好的賽季。我這季二十四歲、正值體能巔峰，場均打擊率 0.325、上壘率 0.416、長打率 0.546 都是生涯新高。我在三年內上場數兩度達到一百六十場，本季共計七百一十一打席同樣是生涯新高，並用實力證明，我很清楚熬過整季例行賽。

我的單季三十次盜壘數也創下生涯新高，這項紀錄重要的原因有兩點。首先，孩提時期我就常因「胖小子游擊手」的暱稱感到耿耿於懷，我或許不像雷耶斯有雙飛毛腿。但我的起步速度、跑壘直覺都相當敏銳，我很喜歡來個出其不意，挑準合適的時機盜上壘包。本季我只有五次盜壘失敗，其中四次還是遭牽制出局，讓我本季斬獲生涯最高的盜壘成功率。

其次，我成為繼童年偶像、小聯盟教練兼導師老霍之後，史上第二位單季達成三十轟三十盜的大都會球員，這可比無安打比賽、完全打擊還少見。截至二〇〇七年，聯盟有上百場無安打比賽、完全打擊，但卻只有四十八項單季三十轟三十盜紀錄。威利．梅斯（Willie Mays）[6]達成過兩次，漢克．阿倫（Hank Aaron）[7]只達成一次，老霍生涯則達成三次，由此可見他是多麼偉大的球員。

老霍就是我作為球員的榜樣。

二〇〇七年前，老霍升上大都會大聯盟管理層，擔任我們的一壘教練、跑壘指導員。有老霍參與我們的日常，讓我們重拾二〇〇三年待在聖露西港的所學，他當時才開始鼓勵我更積極地盜壘。

作為明日之星，我一天花費數小時跟老霍學習盜壘技巧，諸如觀察投手、投球前離壘（primary lead）及投球後多跨幾步（secondary lead）、起步速度等等。在老霍升上聯盟管理層以前，我早就把他的技巧學以致用，二〇〇五至二〇〇六年間，我累計盜壘四十九次，成功三十七次。但我自認還能表現更好，老霍也這麼想，他鼓勵我更積極盜壘，相信我能成為比賽中最高效的盜壘高手，這可比速度快重要多

---

5 赫比．布魯克斯（Hubie Brooks），美國職棒大聯盟右外野手、三壘手、游擊手，入選兩次明星賽、拿下兩座銀棒獎。

6 威利．梅斯（Willie Mays），美國職棒大聯盟中外野手，入選二十四次明星賽、獲得一九五四年世界大賽冠軍，一九七九年入選名人堂。

7 漢克．阿倫（Hank Aaron），美國職棒大聯盟外野手，入選二十五次明星賽、獲得一九五七年世界大賽冠軍，一九八二年入選名人堂。

了。我們那年夏天勤於練習，所以當我在八月三十日，趁著費城人投手凱爾．洛斯（Kyle Lohse）[8]和捕手卡洛斯．路易茲（Carlos Ruiz）[9]不注意跑出第三十次盜壘時，對我而言是重要的時刻。兩週後再次對陣費城人，我繳出單季第三十轟，通常教練不會離開板凳席為球員慶祝，但老霍當時開心地跑出休息區迎接我。我也很興奮，清楚這項成就背後是由大量時間和汗水堆疊而成。

我最終以單季三十四盜排在國聯第七，雖然比不上雷耶斯驚人的七十八盜，對我來說也夠好了。我的盜壘成功率為八成七，排在聯盟第十，我對自己在場上的表現感到驕傲，也很樂意將這份快樂分享給老霍。

其他人對我這項成就倒是不以為然。休賽季期間，我在老家過感恩夜，在餐桌上大談自己跑得有多快。我當時可能吹噓過頭了，結果三弟馬修向我發起挑戰，從家門口的大街向外衝刺六十碼，賭誰跑得快。我當然不會拒絕，於是我放下叉子，回房間換上緊身褲、T恤、頭巾和腕帶。在寒冷的十一月夜晚，肚裡的火雞都還沒消化，我們就這樣一連跑了三趟。你要是問馬修結果如何，他肯定會說是他贏了，但你要是問我，我會告訴你真相是什麼。

那次假期，我比往常更感激有兄弟相伴。二〇〇七年季初，我們當時作客費城人隊，一早從飯店床上醒來後，我得知維吉尼亞理工學院（Virginia Tech）發生大型槍擊案，也是二弟史蒂芬就讀的學校。我轉開電視，發現槍擊發生地點包括工程大樓諾里斯樓，正好是史蒂芬上課的大樓。我情緒有點激動，我試著打給他，但沒人接聽。

我那天睡得比較晚，所以有點手忙腳亂，一邊趕搭球隊巴士一邊掛心史蒂芬的安危。隨著時間一分秒流逝，我的壓力也越積越多，幸好最後我聯繫上爸媽，得知史蒂芬安然無恙。這讓我鬆了一口氣，但那天早上的經歷實在太驚悚了。

槍擊案奪走了三十二條人命，這這樁案件成為當時美國史上最重大的槍擊案件。我後來得知，史蒂芬案發當時正準備到諾里斯樓參加讀書會，不用說，這感受實在太真實了。過去為了找我弟，我曾拜訪維吉尼亞理工不少次，參加美式足球比賽、體驗我無福消受的大學生活。因為史蒂芬的關係，我成了維吉尼亞理工球迷，大半的棒球生涯裡，我的置物櫃都放著代表該校的霍奇隊頭盔。

槍擊案讓我大驚失色，當然我知道所有社會悲劇都讓人吃驚，但若不是有親人

---

8 凱爾・洛斯（Kyle Lohse），美國職棒大聯盟投手，二〇一一年獲得世界大賽冠軍。

9 卡洛斯・路易茲（Carlos Ruiz），美國職棒大聯盟捕手，二〇一二年入選明星賽、二〇〇八年獲得世界大賽冠軍。

被捲入其中，我們根本不清楚這有多可怕。家人對我而言極其重要，史蒂芬能平安無事我真的很感激，我的弟弟們是我的全部，無論生活中發生什麼，我從不會忘記這件事。

除了史蒂芬在維吉尼亞理工的驚險遭遇，我鮮少會花費多餘心力在棒球以外的事物上。在場上，事情照著計畫順利進行，在我達成三十轟三十盜成就的九月賽事，球隊的一切都在正軌上。

我們清楚大都會擁有國聯最好的陣容，即便有人沒那麼同意。那年春天，費城人游擊手羅林斯因聲稱費城人隊在國聯東區「沒有對手」登上頭條，但大都會隊去年可是以十幾場勝差輕鬆拿下分區冠軍的。我們這季還是同樣的老班底，我和雷耶斯鎮守左內野、戴加多守一壘、貝爾川負責中外野，羅杜卡擔任捕手。繼去年明星賽入選六名大都會球員後，今年我們仍有四位球員入選，包括擔任明星賽先發的我、雷耶斯和貝爾川，還有終結者華格納。我們三位先發在明星賽都成功敲安，算是不賴的表現。

今年明星賽更棒的事，是我終於不用參加全壘打大賽了，這在去年夏天可把我折騰得要死。去年參賽過後，我近期大概都沒有理由會參加了，也很高興能當個球迷在旁邊觀賽。

明星賽後比賽進展順利，來到八月底，我們和號稱「沒有對手」的費城人隊勝差來到三場，在賽季還剩十七場比賽時更拉開到七場。接著，一切都開始變了調，大都會經歷五連敗，戰績被費城人迎頭趕上。更糟的是，我們還在主場連輸給費城人三場。

我們開始陷入輸球低潮，感覺像是墜入永遠醒不來的惡夢。最後十七場比賽中，我們的投手群防禦率飆升至 5.96，比開季五個半月那時還多讓對手跑回兩分，我們的打線則疲軟無比。我們和排名第四的國民隊六場對戰中，就接連吞下五敗，在不斷輸球的日子裡，我們開始每天關注得分板的動靜。

我曉得自己不能代表隊上其他人，但我當時的打擊表現相當壓抑。

我總想成為大家眼中的強力打者，這對我來說是正確的競爭心態，但這樣的態度有時卻會有反效果。我的腎上腺素會在重要時刻開始飆升、心跳加速，讓我逐漸遠離舒適的出手範圍。這可能很反常，但我在投入七成五到八成努力時，反而能繳出最佳打擊表現。但當我投入百分百努力時，反而會讓全身緊繃，緊繃到在球路判讀、揮棒姿勢上陷入掙扎。當我試圖把球打飛到一英里遠，而非取決於投手投出的球路時，一切都變得窒礙難行。我的打擊優勢在中右外野，這意味著我必須放鬆，等球進入好球帶深處，再一棒把球打到反方向，而當我打擊表現開始壓抑，就無法輕易做到這件事。

早在二〇〇六年季後賽首輪，洛伊就曾抓著我的弱點不斷騙我出棒，同樣的事也發生在國聯冠軍賽，紅雀隊利用我的表現慾重創我。來到二〇〇七年，我原以為自己已經克服這項阻礙，但費城人、國民、馬林魚和其他球隊證明我錯了。即便我在最後十七場比賽繳出 0.397 打擊率，數據雖漂亮，但在跑者攻佔得點圈時，打擊率便會硬生生下跌兩成。簡單來說，我打得不差，場均有所貢獻，但從不是能夠在重要時刻獨挑大梁的球員。

我不是例外，每個隊友都曉得各自面臨的問題，但光是曉得並不會讓克服的過程變簡單。當你的問題是努力過頭時，該怎麼解決？當你的球隊在賽季還剩十七場比賽時搞砸七場領先，你真的有辦法放鬆嗎？即使是今日，我仍在思索當年到底該怎麼做更好。

到某個時間點，你開始會感到害怕。我們彷彿開了一場接一場的球隊會議，試著要大家冷靜，恢復到我們整季慣常的狀態。但這些會議只是讓我們更緊張，畢竟你還能說什麼，「表現更好一點」嗎？這種事我們再清楚不過了。

本季最後的主場，大都會隊特意在謝伊球場架設臨時座位，以容納季後賽球迷。有鑒於我們近期的慘澹表現，有人說球隊這麼做太冒險了，對球隊而言，我們只在乎贏下比賽。例行賽倒數第四天，我們輸掉過去十六場中的十一場比賽，和費城人隊打成平手，隔天晚上再吞一敗，讓我們從五月十五日以來首次跌下國聯東區龍頭。我們的命運不再由自己做主，認知到這點，對希冀打入季後賽的球隊來說無比難受。

最後，我們在時間快用罄時撿到一根救命稻草。例行賽倒數第二天，費城人隊在和國民隊的比賽中斷連勝，我們兩隊戰績再次打平。接下來的比賽，曼恩主投八局僅挨一安、三振十四名打者，我們以十三比〇橫掃馬林魚隊。要不是第五局發生的插曲，這本該是場完美的勝仗。

大都會當時領先八分，馬林魚投手哈維・賈西亞（Harvey Garcia）[10]接連朝我們的二壘手路易斯・卡斯提歐（Luis Castillo）[11]投出兩顆近身球，有球快速球還飛到卡斯提歐腳後。場面開始火爆起來，裁判C・B・巴克納（C. B. Bucknor）[12]

10 哈維・賈西亞（Harvey Garcia），美國職棒大聯盟投手。

11 路易斯・卡斯提歐（Luis Castillo），美國職棒大聯盟二壘手，入選三次明星賽、拿下二〇〇三年世界大賽冠軍，二〇〇七至二〇一〇年效力於紐約大都會隊。

12 C・B・巴克納（C. B. Bucknor），美國職棒大聯盟裁判。

跳出來警告兩邊板凳席，我當時人在預備區，所以就位在事發中心。當我們的投球教練瑞克．彼得森（Rick Peterson）[13]朝著馬林魚捕手米格爾．奧利佛（Miguel Olivo）[14]開嗆時，我一把拉開他，試著拖住奧利佛別追上去。我能做的就是扮演好和事佬的角色，爭吵是我們當時最不想遇到的事情。這似乎奏效了，兩邊在碎唸過後，紛紛回到各自的板凳席。

結果兩方的爭執尚未結束，在馬林魚後援投手暖身期間，雷耶斯和奧利佛竟然在三壘吵了起來。他們兩人都出身自多明尼加，多年來一直是好友，或至少曾經是。雷耶斯後來說，他覺得當時的對話只是互開玩笑，但顯然奧利佛不這麼想。我當時自顧自忙著自己的事，等到所有人都跑向我這邊時才發現大事不妙，當時的景象不太真實，兩邊板凳席的球員都衝到兩人身邊，準備找人幹架。

馬林魚其中一位投手賽吉歐．米崔（Sergio Mitre）[15]看來格外火大，所以我從後面抱住他使他無法動彈。這傢伙有六呎三吋身高（約一百九十一公分）、比我重上許多，我一點也不想和他角力，但這樣做總比讓他揮拳襲擊我的隊友好多了。在角力的過程中，米崔一直試圖掙脫我的控制，害我隔天起床時全身肌肉酸痛。

新聞報導稱這場插曲是大都會隊所需的火花，但到頭來，這反倒給了經歷失敗賽季的馬林魚隊重振的動力。比賽結束後，他們的游擊手漢利．拉米瑞茲（Hanley

Ramírez）[16]還在採訪時公開挑釁，說就算手受傷也要上場打週日的比賽。拉米瑞茲告訴媒體：「我才不在乎手傷，我明天要出賽……給他們點顏色瞧瞧。」

他還講了更難聽的話，這對大都會球員來說可不好受。隔天早上，有人將拉米瑞茲的照片、他講過的話貼在往大都會的休息區通道，寫著「你永遠不想吵醒一隻瘋狗，有人今天要付出代價了」。

我不曉得貼的人是誰，但當時的感受仍記憶猶新。在往後好幾年，即便像拉米瑞茲、奧利佛（後來遭聯盟禁賽）這些球員轉到別隊，我心中依舊對馬林魚抱持著一絲芥蒂。我想讓他們為當時的言行付出代價。

即便我們經歷了無數會議、場外爭執和叫囂，來到本季最後一場比賽，我們清楚必須贏下這場比賽，保留季後賽一線生機。那個月初，我們以擲硬幣方式決定加

13 瑞克．彼得森（Rick Peterson），美國職棒大聯盟投手、教練，二〇〇三至二〇〇八年效力於紐約大都會隊。
14 米格爾．奧利佛（Miguel Olivo），美國職棒大聯盟捕手。
15 賽吉歐．米崔（Sergio Mitre），美國職棒大聯盟投手。
16 漢利．拉米瑞茲（Hanley Ramírez），美國職棒大聯盟游擊手，入選三次明星賽。

賽的主客場，結果大都會隊猜輸了，於是我們帶著行李來到謝伊球場，期待贏球後作客費城。雖然不曉得下午的賽事如何，但我們做好萬全準備。

然而，我們的惡夢還沒結束。葛拉文首局就讓馬林魚狂灌七分，我們的打線也宛如一灘死水，最終以一比八吞敗。

隨著局數越到後面，我們越清楚意識本季無緣季後賽，我感覺像肚子挨了重重一拳。葛拉文賽後受到不少責難，但他身為名人堂球星、球隊領袖，本季不但拿下十三勝，還投了超過兩百個局數。我們本能幫到他更多，因為我們沒有，所以賽季結束了。因為我們沒有，所以馬林魚球員能在謝伊球場擊掌慶祝，讓大都會隊好好見識。我認真看待這場比賽，認為我們不配進到季後賽，即便我是認真的，但說出口時依然很傷人。

人們說大都會隊當時崩潰、陷入低潮，這些都沒說錯。

對我來說，這樣的收尾方式比去年在國聯冠軍賽落敗還讓人難受。我們當時和紅雀隊鏖戰至搶七，後者還成為該年世界大賽冠軍，紅雀一直是冠軍有力競爭隊伍，而我們僅差一安就能終結他們。我們去年打得漂亮、努力奮鬥，離球隊天花板僅一步之遙。

儘管這季陣容依舊堅強，我們卻完全發揮不出實力。不但花光大半領先優勢、接連輸給本該橫掃的球隊，打線還在關鍵時刻熄火。種種原因都使得賽季結束後，依然殘存著失落感，甚至到今日我都還能感受到。

在我長達十四年的職業生涯中，那年九月的滋味迥異於其他賽季，在我眼中，二〇〇七年是徹頭徹尾失敗的賽季。

第十一章 既視感

DÉJÀ VU

我回到老家進行休賽季訓練後，輸球的苦澀感仍如影隨形，但與此同時，我也終於能擁抱這一年令人自豪的時刻。二〇〇七年十一月，我首度榮獲三壘手金手套獎，這無疑是我生涯最傑出的個人成就，甚至遠比賽季三十轟三十盜還重要。

打從少棒時期、業餘運動聯盟、高中球隊，再到小聯盟和大聯盟，我從不擔心我的打擊能力。我不遺餘力投入揮棒訓練，但從未質疑自己的打擊表現，即使陷入低潮也很快就能克服。守備方面就大大不同了，尤其在防守腳步和傳球技巧上，我容易陷入掙扎。在我進入小聯盟高級別球隊後，球隊也著手改善我的防守表現，可見大都會隊也注意到這老毛病。大聯盟生涯早期，隊上有人擔憂我可能因防守表現低落，不得不回到3A球隊懷抱。

我當時年輕、渴望證明自己，聽到這些流言蜚語後，我死命地投入訓練，我的表現先是達到平均水準，接著超出水準，並越打越好。在午後陽光下，我練習數小時的飛球守備、額外訓練，儘管我能拿空閒時間做其他事，投注心力練球永遠是我的第一選擇。二〇〇七年，我自認能比肩聯盟守備最出色的三壘手，贏下第一座金手套獎就是最好的證明。

但顯然有人不這麼想，我獲獎的消息一公布，手機就陸續收到朋友發來的短信，詢問道：「老兄，你哪裡惹到瓊斯了？」我完全搞不懂他們在說什麼，直到我打開電腦，看到《亞特蘭大憲政報》（Atlanta Journal-Constitution）引用瓊斯的話，提到我不該拿金手套獎。瓊斯指出，我該季犯下二十一次失誤，三壘守備率只排在國聯第八。當時進階防守數據還未成為主流，所以計算失誤數就是王道。

瓊斯告訴記者：「我收到這則消息時，無語了好一陣子，」他提到這消息害他「頭疼不已」，並補充：「顯然這座獎項不是由失誤數最少、守備率最高的球員贏得的。」

紐約體育記者打來採訪我這件事，我告訴他們自己不在意瓊斯說的話。但事實上，我不僅為得獎深感自豪，也自認和瓊斯處得不錯。從小到大，瓊斯一直是我最崇拜的大聯盟三壘手前幾名，他在打擊率、長打率、盜壘率和守備能力都能繳出全能表現。身為選秀狀元，瓊斯也是少數真正將天賦兌換為實力的超級球星，生涯第一次參選名人堂就叩關成功。

我和弟弟和多數棒球迷一樣，因為TBS電視台全國轉播的緣故，從小就收看勇士隊比賽。我很常看瓊斯上場，試圖汲取他身上的優點學以致用。我登上大聯盟後，每年都三度作客亞特蘭大，作為球隊上的競爭對手，我和瓊斯也逐漸友好起來。我一直覺得我們互相尊敬，所以在看到他老兄這樣評論我時，心底挺難受的。

隨後幾個賽季，我和瓊斯一起打過兩場明星賽、一場棒球經典賽。我和他也是夢幻足球聯賽的多年對手，真要說起來，我們從那次爭議後更要好了。我們會花大把時間聊各種話題，但卻不曾問起他當年為何這麼評價我，我覺得這沒必要。我心知自己為這座獎項投注的心力，如今也很驕傲地放在家中，隔年我又拿下另一座。雖然瓊斯的評論困擾著我，我盡力將注意力從流言蜚語移開，專注在達成成就上。

不得不提的是，這座金手套獎再次證明我是名好球員，我也自認有責任扭轉大都會隊過去兩年來的季後賽瓶頸。

那年冬天，大都會隊上下從老闆、制服組、教練到球員都絞盡腦汁，企圖找出球隊的突破口。在維吉尼亞老家，我一如既往地和派尼、卡戴爾和其他老面孔刻苦訓練。二〇〇七年賽季崩盤帶給我們沉重打擊，但我們依然保有成為聯盟頂尖球隊的實力。

總管米納亞給出的解答是放手一搏，在交易市場一口氣梭哈四名潛力球員，其中包括卡洛斯．高梅茲（Carlos Gómez）[1]。高梅茲後來效力於釀酒人隊，期間入選兩屆明星賽、拿下金手套獎，最終回到大都會隊退休。靠著這筆重磅交易，米納亞換來了兩屆賽揚獎得主尤漢．山塔納（Johan Santana）[2]。作為交易條件，球隊立即談妥一份六年一億三千七百五十萬的合約，將他作為大都會隊長期戰力。

以休賽季新援來說，山塔納算是重量級的補強。這位二十八歲的王牌投手正值生涯巔峰，上季拿下十五場勝投、防禦率 3.33，三振二百三十五名打者，這還是他五年前擔任全職先發以來最糟的一季。山塔納擁有聯盟數一數二刁鑽的變速球，球路讓打者難以捉摸。二〇〇六年明星賽對上山塔納時，即便我揮棒後遭雙殺，卻很慶幸能擊中他的球。山塔納是貨真價實的球星，有鑒於我們上季僅差一勝就能前進季後賽，有了山塔納的助拳，絕對能大幅提升球隊檔次。有了這位強力新援，讓大都會隊久違地重燃起信心。

1 卡洛斯．高梅茲（Carlos Gómez），美國職棒大聯盟中外野手，入選兩次明星賽、拿下一座金手套獎。

2 尤漢．山塔納（Johan Santana），美國職棒大聯盟投手，綽號「神之左手」，入選四次明星賽、兩屆美聯賽揚獎，生涯入選明尼蘇達雙城名人堂。

羅林斯誇口費城人隊在「國聯東區沒有對手」十二個月後，貝爾川對這支上季冠軍嗆了同樣的話。

他放話：「山塔納不在，我們還有機會贏下國聯東區冠軍；山塔納來了之後，這頭銜就是囊中之物。」

我們再度邁向下一個充滿希望的賽季。山塔納盡責地繳出十六勝七敗，還以兩百三十四點一局數、2.53防禦率領先國聯。我在那年賽季的表現也維持高檔，儘管盜壘數下滑了，卻創下生涯新高的單季三十三轟、一百一十五分和一百二十四打點，追平皮亞薩生涯單季打點紀錄。那年我三度入選明星賽，擔任國聯的指定打擊，在洋基球場三打席擊出一安（瓊斯擔任國聯前五局的先發三壘手），且近四年內第三度出賽達到一百六十場。防守端我也不馬虎，不僅單季失誤降至生涯最低的十六次，也再度拿下金手套獎。

即便萬事俱備，但大都會隊這季再度遭遇亂流。藍道夫從去年就在擔心自己帥位不保，這季初相關消息就開始甚囂塵上。六月十五日，在和德州遊騎兵隊一日兩戰後，大都會隊以三十三勝三十五敗保住分區第三。同一天，我也告訴媒體我們已經「厭煩了」他們對藍道夫帥位的窮追猛打。

我告訴紐時記者：「我當然更樂意談棒球，但我也曉得繞不過這問題，況且本季為止我們表現低落，所以這類議題會開始被提起。」

我相當厭惡這些圍繞藍道夫的流言蜚語。我進入大聯盟不久，球隊就聘請藍道夫為新任教頭，從那時起，他就是我心目中的導師。二〇〇五年，藍道夫帶領球隊拿下首勝時，他告訴我這只是勝利的起頭。往後數年，我們不只會在離開球場的路上聊天，幾乎每天在休息室、球場或他辦公室都會聊兩句。在這三年多的時間裡，我和藍道夫發展出球員和教頭間少有的緊密關係。藍道夫在我還年輕時就相當敬重我，把我當成隊上老成員看待，這在其他球隊可不多見。藍道夫想將我塑造成球隊領袖，考慮到他也是洋基隊休息室的多年領袖，這真的對我意義重大。

藍道夫大可不必這樣對我，直至今日，我依然很感激他在我還年輕時對我的尊敬和承諾。

當大都會隊在藍道夫帶領、我主守三壘下闖進二〇〇六年季後賽，這一切就如同藍道夫的預言「勝利的起頭」成真一般。季後賽似乎即將成為大都會隊的傳統，藍道夫和我憧憬著一次次在場上握手慶祝的畫面，想像十月迎來一場連勝，說不定還有機會能將世界大賽的金杯高舉過頭。即便我們不幸在國聯冠軍賽敗給紅雀隊，在我們眼中也不過是絆腳石，我們理所當然能克服過去。

有鑑於此，也讓媒體對藍道夫帥位的討論格外刺耳。如同麥克尤恩兩年前離隊那樣，藍道夫的處境我也有責任。如果我們這些球員盡好本分，藍道夫就不會麻煩纏身，而我身為球隊先發責任重大。如果我們在二〇〇七年季末哪怕多一場好表現，整個冬季媒體對藍道夫的猜測就會是延長合約，而非開除走人。

看到自己的缺陷直接影響到藍道夫的生涯、家庭和他周遭的人，使我備感痛心。即便我們本季輪替陣容雄厚，我們比去年五年輸掉更多比賽，進入六月中後，僅以低於五成的勝率排在國聯東區第四。關於球隊換帥的傳言越演越烈，藍道夫甚至在每日記者會還拿這件事開玩笑。在六月九場賽事中，我們輸掉其中七場，我和其他人一樣難辭其咎，打擊率掉到 0.162、整體攻擊指數僅 0.503。在藍道夫最需要我的時候，我卻害他失望了。

幾天後，我們飛往加州，開啟連續六場客場之旅。我們在天使隊位於安那罕（Anaheim）的球場拿下一勝後，才發現球隊開除了總教練。藍道夫那天早早就離開飯店，我根本沒機會和他說再見，這很不好受。

當時，我理性上有預感藍道夫會遭到解僱，但感性上仍搞不懂棒球的商業運作模式。我了解開除總教練的新聞很常見，但我總認為這不會發生在大都會隊。只要我力所能及，這種事就不會發生在皇后區、大都會隊，或我朋友和導師身上。我本可以表現更好，或採取不同做法幫助藍道夫，這樣的罪惡感成了我心裡過不去的坎。待在球隊期間，每當有人遭到解僱或開除，我總會有這種感覺。

現實告訴我們，當球隊需要代罪羔羊，這件苦差事總會落在總教練或教練團隊頭上。這不公平，感覺很糟。藍道夫的離去，除了讓我失眠了一陣子，也感到相當愧疚。

儘管球隊開除了藍道夫，戰績上依舊沒有起色。在臨時教練傑瑞・曼紐爾（Jerry Manuel）[3]帶領下，大都會隊往後三週依舊維持在五成勝率。來到七月，我們終於迎來久違的十連勝，從分區第三升至和費城人隊並列第一。八月下旬的另一波連勝，讓大都會隊的排名水漲船高，截至九月十日，我們的戰績為八十二勝六十三敗，領先費城人隊三場半的勝差。

球隊接著再度陷入低潮，在近十場比賽中吞下六敗，排名掉到第二。九月二十四日，大都會隊跑者從五至九局接連攻佔得點圈，但就是無法拿下分數，最終以六比九敗給小熊隊。曼紐爾將這場輸球稱為球隊「最難堪的敗仗」，我們最終落得和

3 傑瑞・曼紐爾（Jerry Manuel），美國職棒大聯盟二壘手、教練，二〇〇八至二〇一〇年曾執教紐約大都會隊。

釀酒人隊競爭外卡，兩隊近況更是有著天壤之別。七月初，釀酒人隊從印地安人隊換來王牌投手C．C．沙巴西亞（CC Sabathia）[4]。沙巴西亞在隨後的十七場比賽，繳出1.65防禦率的表現，最後三場比賽還是在短暫休息後上陣。

那年九月，沙巴西亞繳出了我所見過最嘆為觀止的表現，和大都會隊日益增多的問題形成對比。曼恩、華格納都受傷了，卡斯提歐則出賽成疑。球隊幾乎被傷病拖垮了，球員受傷的消息快追上球隊輸球的頻率了。

季末最後一週，大都會隊落後費城人隊一場勝差，外卡排名跟釀酒人隊打平，勉強保住一線生機。週五，我們再度敗下陣來，輸給馬林魚隊（還能是誰？），拉米瑞茲在五個打席中敲出四安，狠狠教訓了我們。這場敗仗使我們失去分區冠軍和外卡優勢，讓費城人隊在次日鎖定國聯東冠。

但大都會隊並未就此一蹶不振，在本季倒數第二場比賽，山塔納的超常發揮讓我們重燃希望，連我自己也不敢置信。山塔納僅休息三天，就帶著膝蓋半月板撕裂的傷勢上場（我們之後才曉得），僅被敲出三安完封對手，幫助球隊與釀酒人隊扳平戰績。這絕對是山塔納生涯的高光時刻，有鑒於這場勝仗別具意義，甚至比他在二〇一二年的無安打比賽[5]更加出色。這也是米納亞高價網羅他的原因，多虧有山塔納，球隊的季後賽夢想才得以延續。我們只需像去年九月那樣擊敗馬林魚隊，就成功逼聯盟舉行至少一場加賽。

我們以二比四輸給馬林魚隊，球隊在最後三局一分未得，我的四次打席則全數揮空。

再次，大都會隊在震驚與失望中結束賽季。

人們常將二〇〇七、二〇〇八年混為一談，但對我而言卻完全不同。球隊在二〇〇七年距離季末三週前，都進行得很順利，二〇〇八年整季卻問題不斷。我們的牛棚無法穩定發揮，傷病也持續影響輪替陣容，尤其是曼恩和馬丁尼茲，他們缺席了該季大半比賽。此外，跑者攻佔得點圈時，我們的打擊率驟降到聯盟第二十五位。這點我責無旁貸，其他情況下我能繳出 0.327 打擊率，但在跑者站上得點圈時，打擊率卻降至 0.243。我們從不是一支默契十足的球隊。

二〇〇七年，儘管表現欠佳，甚至差勁到底，我們依然能贏下比賽。但到了隔

4　C．C．沙巴西亞（CC Sabathia），美國職棒大聯盟投手，綽號「沙胖」，入選六次明星賽，二〇〇九年拿下世界大賽冠軍。

5　於當年六月二日投出，也是大都會隊史首次無安打比賽。

年，我們少了這樣的氣勢，似乎每場比賽都得全力以赴才有可能贏下。

二〇〇七年，在季末的背水一戰敗下陣來是重大挫敗，我至今仍搞不懂怎麼會這樣。但到了隔年，球隊能勉強保住一絲生機就已經謝天謝地了。我們曾惋惜球隊浪費大好潛力，如今卻不這麼想了。

人們說大都會隊被打垮兩次，在我看來卻只有二〇〇七年算數。二〇〇八年，我們純粹是不夠完整。

費城人隊在季後賽倒是毫無壓力，先是在分區賽解決釀酒人隊，接著在世界大賽四比一擊敗光芒隊。在費城的冠軍遊行上，羅林斯還特地取笑我們：「大都會隊引進了強力投手山塔納，卻忘了你沒法靠一位球員替你爭冠。」哈莫斯則戲稱我們是「輸球專家」。我對這些評論相當惱火，當時我們都蠻討厭這些球員，他們不僅賽季成功，還很自以為是。但這確實助長球隊間的競爭關係，費城人隊就如同我們，擁有年輕、充滿天賦的球員作為核心，但他們得冠的同時，我們卻連續兩年吞敗。

球隊的落敗經歷，無論如何發生的，我都惦記在心裡，尤其隨著時間過去，我越發深刻體會到這樣的機會不多見。我想成為在場上慶祝得冠的當事人，而非在報紙上讀到其他獲勝球隊遊行的消息。我曾目睹一九六九、一九八六年大都會隊的世界大賽冠軍成員榮歸謝伊球場。這些成員中，無論你是超級明星、板凳無名小卒，都宛如不朽神話。即便數十年過去，這些成員依然受到全場球迷起立鼓掌，許多年輕人甚至還沒看過他們比賽。

紐約這座城市渴望奪冠球隊，而非個人榮譽，這份態度我很喜歡，我從小也是這樣被教導的。為了世界大賽、為了聯盟冠軍，我不惜燃燒自己。而在二〇〇六至二〇〇八年期間，我們真的有機會辦到，到頭來卻讓勝利從指尖溜走。

第十二章　紅白藍

RED, WHITE, AND BLUE

早在二〇〇六年，我在大聯盟剛待過一年半，美國隊就找上我，問我有沒有興趣報名首屆世界棒球經典賽。

光是美國隊找我報名的舉動，就讓我大受振奮。我從小就不曾受邀代表美國參加世界巡迴賽，總是有球員表現優於我，這其實完全可以理解（還記得我小時候是胖小子游擊手嗎？）。但我還是渴望在國際舞台發光發熱，所以當聯盟宣布創辦世界棒球經典賽時，我抱持謹慎樂觀的態度。世界棒球經典賽在季前舉行，相當於足球世界盃。一般而言，夏季奧運常常辦在大聯盟賽季期間，所以少有聯盟第一線球星的身影。世界棒球經典賽則不同，舉辦方承諾將網羅美國、拉美、歐亞及其他地區的頂尖球員。

說到美國隊陣容名單，三壘手位置可說炙手可熱。瓊斯曾獲最有價值球員，正值生涯巔峰，毫無疑問會是正選；艾力克斯．羅德里奎茲（Alex Rodriguez）[1]在被交易至洋基隊後，守備位置從游擊手改為三壘手，也是我的強力競爭對手。主辦方在邀請我時也坦誠相告，由於三壘手只需要兩名，我大抵會以候補球員資格參賽。一切取決於羅德里奎茲的動向，由於他美籍多明尼加裔的身份，他同時有美國及多明尼加隊的參賽資格。如果羅德里奎茲選擇效力美國隊，我也只能摸摸鼻子；但如果他選擇多明尼加隊，只能說我走運了。

幾週下來，羅德里奎茲遲遲沒有下定決心，讓我處在迷茫之中，直到比賽開始前兩個月，他才宣布加入美國隊。我像往常一樣去春訓報到，儘管清楚情況如何，心底仍感到失落。那一刻，我下定決心，無論明年和我競爭的是瓊斯、羅德里奎茲還是其他人，我都要爭取下屆經典賽的參賽邀請。我要打得比這些球員更好，好到讓美國隊不得不將我排進正選名單。

接下來三個賽季，我球技逐漸步入巔峰，但到了二〇〇九年世界棒球經典賽，我又落入同樣的境地。瓊斯當時雖然三十七歲，但他的打擊率仍維持在 0.367 的高水準，更拿下二〇〇八年的美聯打擊王，相當誇張。羅德里奎茲身為棒球史上最成

1　艾力克斯．羅德里奎茲（Alex Rodriguez），美國職棒大聯盟游擊手、三壘手，綽號「A-Rod」，入選十四次明星賽、三屆美聯最有價值球員，在二〇〇九年贏得世界大賽冠軍。

功的其中一位球員，則維持他的高檔身手。幸運的是，羅德里奎茲在十二月宣布，為了完成他母親的夢想，決定代表多明尼加出賽，總算讓我如願以償獲選美國隊正選名單。

為了穿上胸前印有「美國隊」字樣的球衣，我等了大半輩子，因此我的任務就是盡可能做好準備。經典賽最困難之處，在於賽期辦在三月初，那時球員才剛開始進入狀態而已。以打者來說，春訓通常會從擊球籠、拋打練習、場上打擊練習開始，接著進展到球路分析、實際打擊訓練、在比賽進行投打對決。即使來到訓練末尾，也需要花點時間適應，因此春訓長達六至七週是有道理的。

經典賽的時間表不盡相同，要求球員比平時提早一個月投入實際比賽。雖然我是最早抵達佛州的幾名球員，差不多落在超級盃週末，但為了備戰經典賽，我在冬季進一步調整作息。因為我很清楚，自己沒法在抵達聖露西港、打幾場球後就上場。雖然這聽起來可能很浮誇或老套，但我絕不想讓祖國失望，我將行程排到滿檔，以此作為比賽動力。我的目標是比往常提前一個月進入開季狀態，相當於從四月一日提前至三月一日。

那個休賽季我沒有回老家，而是住在曼哈頓，大多時候都和好友拉卡尼洛待在一塊。我們會到大都會隊新蓋好的花旗球場，用門禁卡溜進去後做擊球籠練習。我不打算使用球座，也沒要求拉卡尼洛輕柔地拋球給我，我要他盡全力投，無論是曲球或滑球，只要能夠三振我都行。拉卡尼洛樂在其中，他一邊試圖激怒我，一邊投出各種近身球，還和我爭論好壞球的判定。在好勝程度這點，拉卡尼洛還真有加入萊特兄弟的潛力。

由於這個休賽季派尼不在，我仰賴大都會隊的前物理治療師傑夫．卡瓦利爾（Jeff Cavaliere），幫我進行重訓和體能訓練。抵達佛羅里達春訓營當天，我已經準備好了。此外，我驅車三小時橫穿佛州抵達清水市（Clearwater），來到費城人隊招待美國隊成員的設施，心裡還渴望比賽到來。當時的場面可真壯觀，我在球館訓練時，即便身披象徵美國隊的紅白藍球衣，費城球迷仍對我報以噓聲。很明顯，大都會和費城人隊的宿敵關係沒有消停的跡象。

我在休息室裡也找不到避難處。我抵達後，發現我的置物櫃和羅林斯相隔不遠，他當時誇口費城人隊「沒有對手」，激起兩隊多年來的垃圾話叫罵。由於前兩季我們和費城人隊有不少言語交鋒，我不確定羅林斯是怎麼看我這名隊友的，我該討厭他嗎？我願意既往不咎，但我不曉得羅林斯是怎麼想的。

我本打算靜觀其變，但有人卻替我們打破僵局。我和羅林斯中間是基特的置物櫃，我超崇拜他，雖然曾和他打過幾次照面，但沒那麼熟。當我和羅林斯出現在休息室的第一天，基特咧嘴一笑。

基特說：「吉米，這是大衛。大衛，認識一下吉米。」

我們都笑了起來，原本可能浮現的緊張氣氛消失殆盡。盡釋前嫌後，羅林斯在整個經典賽期間堪稱出色的隊友，和其他人一樣大聲為我加油。羅林斯在場上非常全能，長打、盜壘和防守樣樣精通，我非常敬重他，也毫無疑問想和他打好交情。

我渴望認識包括羅林斯的每位隊友，但我最想認識基特。

多數人都有比較心態，打從我抵達紐約的那一刻起，就不斷有人把我和基特相提並論。但這對基特來說並不公平，他為球隊貢獻眾多、獲得如此高的成就，更在二十六歲累計贏得四屆世界大賽冠軍。反觀我，就只是碰巧在紐約打棒球，偶爾打擊率突破三成的普通人。別誤會，能在談話中和基特相提並論固然讓我受寵若驚，但真要比起來根本是天壤之別。沒有人夠資格成為基特的接班人。

生涯早期，我曾在宣傳活動見過基特幾次，但到了經典賽，我才真正有機會近距離觀察基特的訓練，我看得目不轉睛。我每天都跟著他到擊球籠，試圖找出他如此優秀的原因，比賽期間待在板凳席，我會和他站在最高的台階，聆聽他說的每句話。我盡可能地向他提問，同時努力不顯得像個超級粉絲。為了搞清楚他何以如此偉大，我的提問可能已經到了煩人的程度。

我發現關鍵在於基特的作息，他每一天都展現同樣的能量，從不偏離目標，且從不吝惜付出額外努力。那個月我們在佛州有三場表演賽，第二場對陣達尼丁（Dunedin）的藍鳥隊，我作為指定打擊被安排了兩到三次打席。基特那場沒打，但他認為自己的揮棒動作還未達水準，於是向時任美國隊教頭戴維・強森（Davey Johnson）[2]請求上場打擊幾次。強森答應了，在比賽中途讓基特頂替我上場。

球員頂替的行為常在表演賽發生，但前幾局通常會由老將帶頭，接著才由板凳球員上場。看到未來準名人堂球星基特代替我上場，而不是我代替他，不禁讓我啞然失笑。比賽過後，我向教頭強森要到了打擊順序表，看到我的名字被劃掉，下面寫著基特的名字。我請基特在上面簽名，但沒告訴他原因。這或許是我收藏的紀念品中最怪的其中一件，但我鍾愛這份收藏，裡面飽含我對基特的敬意。

看來，這場比賽充分展示基特的為人。基特已經坐擁數座世界大賽冠軍，但他

---

2 戴維・強森（Davey Johnson），美國職棒大聯盟二壘手、總教練，球員時期入選四次明星賽、獲得三屆世界大賽冠軍。教練時期，曾於二〇〇八年夏季奧運、二〇〇九年世界棒球經典賽擔任美國隊總教練。

仍打算在意義不大的經典賽表演賽中上場，僅僅是因為他的打擊手感不到位。多數人都只想休息，享受那天時光，基特則在不斷追求完美的道路上。

二〇〇九年賽季，基特和我參加達美航空舉辦的慈善宣傳，我們代表各自的基金會互相挑戰：誰本季的打擊率最高，就能獲得固定捐款，第二名獲得的捐款減半。我在開局手感火燙，截至六月二十四日打擊率高達 0.356，高出基特六個百分點。來到季末，我的手感逐漸下降，但單季仍繳出 0.307 打擊率。至於基特，他在那之後繳出 0.363 打擊率的高水準表現，最終以單季 0.334 打擊率輕鬆贏下挑戰。這就是基特。

沒錯，我明白了基特有多麼傑出。我想從各方面向他學習，三月經典賽待在他身邊的幾週，使我親眼目睹他不僅作為球員，也作為球隊領袖的風範。我注意到基特不是隊上講話最大聲、精力最充沛的球員，他也無需這麼做。他的敬業態度是如此出類拔萃，隊友看到他的訓練模式後，也會像我一樣試圖效仿他。

我同樣不是那種話音洪亮、精力充沛的領袖，所以很能理解基特的風格。我清楚大家都指望我擔任大都會隊的領袖，尤其在葛拉文、馬丁尼茲和戴加多這些我生涯初期認識的老將離隊時，更是如此。二〇〇九年入夏，前大都會隊隊長法蘭科公開批評我，說我並未盡到領導責任，他後來道歉了。事情是這樣，我自認沒必要成為大嗓門類型的領袖，除非迫不得已，否則我從不大聲喊話，這讓我實際開口時更有份量。我不希望團隊會議、私人談天的對話被寫進報紙，多數時候，我就和基特貫徹棒球生涯的風格那樣，以身作則樹立典範。

在佛州表演賽結束後，美國隊飛往多倫多參加首輪經典賽。一天晚上，基特帶我們一群人到飯店對街吃晚餐，讓我再次體驗他的生活。我們走進餐廳時，周遭投來竊竊私語、瞠目結舌的神情，這太誇張了，感覺就像我在和湯姆克魯斯、布萊德彼特共進晚餐一樣。基特和我們不在同一個級別，身邊狗仔的手指總是一刻離不開快門。但最酷的是，基特說到底還是一名棒球員，就跟我們一樣。儘管生活上天差地別，我們總有個共通點：談論棒球是如何將我們聚在一起。

經典賽激起了球員間不少討論。儘管二〇〇六年美國隊未能挺進準決賽，但在二〇〇九年經典賽上，美國隊憑藉堅強陣容躋身奪冠熱門。除了有我、基特、瓊斯和羅林斯外，內野手還包括達斯汀．佩卓亞（Dustin Pedroia）[3]，他在比賽期間成了我的好友，另外還有年僅二十三歲的伊凡．朗格利亞（Evan Longoria）[4]。外野

3 達斯汀．佩卓亞（Dustin Pedroia），美國職棒大聯盟二壘手，入選四次明星賽，獲得兩屆世界大賽冠軍、四座金手套獎。

手則有正值當打之年的葛蘭德森和萊恩・布朗（Ryan Braun）[5]坐鎮。牛棚方面，美國隊派出兩位優質先發投手羅伊・奧斯華（Roy Oswalt）[6]和傑克・皮維（Jake Peavy）[7]。簡而言之，我們陣容所向披靡。

我們的首輪對手是加拿大隊，他們在自家主場羅傑斯中心（Rogers Centre）舉行預賽。預賽採循環賽制，前兩名將晉級複賽，所以每場比賽都攸關晉級，但我們根本不需要提醒。超過四萬兩千名觀眾湧進中心觀賽，多數觀眾都是加拿大隊球迷，美國隊這下成了頭號公敵。現場氣氛相當熱烈，當加拿大隊在首節先馳得點時，我的心臟都快跳出來了。

我上場的四次打席中，壘上共計五人，但我全數揮空，作為美國隊球員，這樣的初登場並不夠好。儘管如此，在那樣的氣氛下打球仍讓我記憶猶新。

比賽打得有來有回，九局上美國隊領先兩分。為了順利收下比賽，強森派出大都會隊幾個月前從水手隊網羅的投手J・J・普茲（J. J. Putz）[8]。棒球生涯期間，我總會和新成員通電話，確保他們有問題時能找到我。在和他通話到兩人一起參加春訓期間，普茲和我建立起良好默契。我們一起驅車前往佛州參加經典賽訓練，我和這位新隊友藉此建立交情。我很期待他有所表現。

普茲急著想投出三出局，但加拿大隊的羅素・馬丁（Russell Martin）[9]、沃托接連敲出二壘安打，助加拿大隊追回一分，場上形成二壘有人、一出局的不利局勢。場邊爆發歡呼聲，觀眾不斷尖叫鼓掌，於是我跑上投手丘，好讓普茲喘口氣。這讓我夢迴二〇〇六年國聯冠軍賽的搶七大戰。

普茲當時半開玩笑地告訴我：「我不知道自己準備好了沒。」

說實話，我也不確定自己準備好了沒。這裡的氛圍正合我意，但光是這樣並沒有讓整件事更輕鬆，尤其是在每年春訓期間，我們通常只會在幾百人面前進行防守訓練而已。我們必須在經典賽隨機應變，這也是其中一項樂趣。普茲最終三振掉兩名打者，助美國隊贏下預賽，隔天晚上我們擊敗極具天賦的委內瑞拉隊，成功闖進

---

4 伊凡．朗格利亞（Evan Longoria），美國職棒大聯盟三壘手，曾入選三次明星賽，獲得三座金手套獎。

5 萊恩．布朗（Ryan Braun），美國職棒大聯盟左外野手，入選六次明星賽，獲得二〇一一年國聯最有價值球員。

6 羅伊．奧斯華（Roy Oswalt），美國職棒大聯盟投手，入選三次明星賽，生涯入選休士頓太空人名人堂。

7 傑克．皮維（Jake Peavy），美國職棒大聯盟投手，入選三次明星賽，獲得兩屆世界大賽冠軍。

8 J．J．普茲（J. J. Putz），美國職棒大聯盟投手，二〇〇七年入選明星賽。

9 羅素．馬丁（Russell Martin），美國職棒大聯盟捕手，入選四次明星賽。

第二輪。三天後，我們在種子排序賽中再次對陣委內瑞拉，這場我展現漂亮防守，成功封阻老隊友查維茲上壘得分。這樣看來，雖然我在打擊區的表現不盡人意，但起碼休賽季訓練還是有點回報。

我們接著從加拿大飛往邁阿密，進行第二輪雙敗淘汰賽，對手包括波多黎各、委內瑞拉兩支爭冠勁旅。美國隊在第一場以一比十一慘敗給波多黎各隊，該隊有不少我的大都會隊老友，包括貝爾川、亞歷克斯・柯拉（Alex Cora）[10]、赫蘇斯・費利西亞諾（Jesús Feliciano）[11]、佩卓・費利西亞諾（Pedro Feliciano）[12]、尼爾森・費蓋羅亞（Nelson Figueroa）[13]和戴加多。感覺隊上一半的人都在球場裡了，這場難堪敗仗也讓波多黎各隊大顯威風。更糟的是，美國隊已經沒有任何容錯空間，再吞下一敗就要打道回府。

我們將希望寄予隔天和荷蘭隊的比賽，最終以壓倒性優勢獲勝，再度與波多黎各隊狹路相逢。這次勝方將晉級準決賽，敗方則慘遭淘汰。

在經歷經典賽的平淡開局後，這是我大顯身手的好機會。過去五場比賽，我的打擊率為0.263，累計一次保送、兩得分、一分打點，數據雖不差，卻遠遠達不到我想在美國隊發揮的影響力。在和波多黎各的二度碰頭，事情終於迎來轉機。我在首打席敲出一壘安打，接著盜上二壘，最終替美國隊跑回追平分。比賽中後段，我又斬獲一保送、一支一壘安打。這場比賽兩方互有攻守，截至第四局，美國隊被扳平至三比三。九局下半，波多黎各隊以五比三領先，派出強力左投J·C·羅梅洛（J. C. Romero）[14]打算終結比賽。

接下來發生的事有點神奇，美國隊在九局下半接連敲出兩支一壘安打、一保送，形成滿壘的有利局勢。波多黎各隊緊急換上右投費南多·卡布雷拉（Fernando Cabrera）[15]救火。我先前沒有面對過卡布雷拉，所以在他熱身時在旁偷偷觀察。結果顯而易見，我預期等等將遭受卡布雷拉的快速球和滑球連番轟炸。

在觀眾席持續沸騰期間，卡布雷拉以一好四壞保送了凱文·尤基里斯（Kevin Youkilis）[16]，讓美國隊跑回一分、比數拉近至四比五，輪到我上場了。莫里納走

---

10 亞歷克斯·柯拉（Alex Cora），美國職棒大聯盟內野手、總教練，生涯獲得三座世界大賽冠軍。

11 赫蘇斯·費利西亞諾（Jesús Feliciano），美國職棒大聯盟外野手、教練。

12 佩卓·費利西亞諾（Pedro Feliciano），美國職棒大聯盟投手。

13 尼爾森·費蓋羅亞（Nelson Figueroa），美國職棒大聯盟、中華職棒投手，中職登錄名為費古洛，曾於二〇〇七、二〇一三年效力於統一獅隊，拿下兩屆總冠軍。

14 J·C·羅梅洛（J. C. Romero），美國職棒大聯盟投手，二〇〇八年獲得世界大賽冠軍。

15 費南多·卡布雷拉（Fernando Cabrera），美國職棒大聯盟投手。

上投手丘安撫卡布雷拉，讓我有時間就剛剛的觀察沉澱思緒。我告訴自己擊球別太壓抑，別不自量力，要發揮自己的優勢，並將球盡可能打到反方向。

當我站上打擊區，準備我生涯至關重要的一次打席時，這些提醒在我腦海一閃而過。

卡布雷拉在一好兩壞後，丟出一顆偏低的內角快速球，這球相當紮實，只稍稍偏離本壘板一點。我照樣揮棒，雙手握得死緊，將球平滑地擊飛到右外野邊線附近。我邊跑向一壘邊扭動身體，祈禱球掉在邊線內，那幾秒感覺永遠不會結束。球最終落在邊線內，即時讓羅林斯跑回致勝分。

不知為何，我的第一個反應竟是衝著戴加多大叫，嘲笑他在兩隊的競爭中落居下風。美國隊現在能夠抬頭挺胸了，我們再度重回經典賽爭冠隊伍之列。我熱血沸騰，為自己為國爭光感到無比驕傲，所有的情緒都在剎那襲上心頭。

現在唯一的問題，是我不確定隊友會作何反應。雖然參加經典賽讓我很興奮，但我不曉得其他參賽者是否同樣在意。這不是世界大賽，也不是夏季奧運，我不確定大夥是否和我一樣認真看待比賽勝負。

當我轉身，看見板凳席的隊友迎上來、臉上掛著大大的笑容時，我心中的答案再清楚不過。

我心想，這感覺再好不過了。

當其他人在本壘圍著羅林斯歡呼時，基特領著隊友找到人在二壘的我。尤基里斯也在其中，在大夥跟在我後頭時抓住我球衣不放，我們像一群無法之徒又叫又跳。最終，我倒在邁阿密的草皮上，身上還疊著好幾名隊友，我分不清疊在身上或周遭的人是誰，他們的歡呼聲早已和觀眾席的吶喊混雜在一起。

隊友將我壓得喘不過氣，我腦中只有一個想法：我甚至不曉得發生了什麼，只知道感覺好極了。

我們接著在種子排序賽輸給委內瑞拉。於是在準決賽上，我們將和日本隊在道奇球場正面交鋒。

有人可能會解釋，美國隊在戲劇性地擊敗波多黎各隊後，正好遭遇情緒低潮。但我們真正遭遇到的，是三名世界級頂尖投手。日本隊先發松坂大輔，不僅是享譽國際的明星投手，二〇〇七年赴美效力紅襪隊時，還創下該季防禦率 2.9 的成績。

16 凱文・尤基里斯（Kevin Youkilis），美國職棒大聯盟三壘手、一壘手，入選三次明星賽，獲得兩屆世界大賽冠軍。

日本隊牛棚還有年僅二十歲的田中將大[17]，五年後將會赴美效力紐約洋基隊，我當時甚至還不認識他。此外，我還讀了關於終結者達比修有（Yu Darvish）[18]的資料，他當時二十二歲，幾年後將開啟大聯盟的成功生涯。

美國隊從未遭受情緒低潮，當時洛杉磯道奇球場擠滿了四萬三千六百三十名球迷，氣氛就和多倫多、邁阿密當下同樣熱烈。我們上場時也充滿幹勁，三局上，羅林斯盜上二壘後，讓我有機會把他從得點圈送回本壘。在我站上打擊區期間，他一直拍手鼓勵我，我覺得這舉動超酷的。我們雖在職業生涯上是宿敵，但在這天，我們是隊友，甚至是追尋共同目標的知心好友。

在羅林斯給我的鼓勵下，我擊出一分打點的二壘安打，助美國隊拿下超前分。但來到第四局，日本隊一連拿下五分，在比分上擁有絕對優勢。我在其後的三個打席中，接連慘遭松坂、田中和達比修三振，達比修的球路尤其刁鑽。

我們最終以五比九落敗，經典賽落幕。

我們不只輸了，還是在剛戰勝波多黎各的勢頭下落敗，想想就讓人氣餒。基於經典賽的排名規定，美國隊只能屈居第四，跟銅牌失之交臂。所有人心情都跌落谷底，也反應出大家有多在意比賽勝負，沒人希望打到回府。而從萬眾矚目的經典賽回到聖露西港的例行春訓營時，給了我相當大的衝擊。

但到頭來，經典賽對我而言仍是無價的經驗。能夠在三月身穿美國隊球衣上場，宛如美夢成真，是人生清單上必做的大事。對陣波多黎各完成再見全壘打，更成了我的生涯亮點。我和隊友漸增的感情也彌足珍貴，我不僅向基特、瓊斯請益，和羅林斯握手言和，更和佩卓亞成了一生摯友。在明星賽，我只會和這些傑出球員共處一室幾個小時，但在經典賽期間，我有將近一個月的時間和明星賽常客、未來名人堂球星並肩作戰。我不曉得未來還有沒有這樣的機會。

輸球糟糕透頂，這毫無疑問，但經典賽依舊是我人生中最值得回憶的其中一項經驗。

17 田中將大，美國職棒大聯盟、日本職棒投手，日職期間入選六次明星賽，二〇一四至二〇二〇年效力於紐約洋基隊，期間入選兩次明星賽。

18 達比修有（Yu Darvish），美國職棒大聯盟、日本職棒投手，大聯盟期間入選四次明星賽。本書繁體中文版出版時效力於聖地牙哥教士隊。

第十三章　熟悉新主場

A STRANGER AT HOME

在我結束聖露西港春訓期間，皇后區出了件大事，一座聳立於謝伊球場左外野圍欄外，由鋼筋水泥構成的巨型建築即將竣工。經過十多年規劃，大都會隊將在謝伊球場的停車場建造一座耗資九億美元的新主場。

我是首位在花旗球場擊出全壘打的人，這點很重要。去年九月，大都會隊邀請我、丹尼爾．墨菲（Daniel Murphy）[1]、尼克．艾凡斯（Nick Evans）[2]到新球場做首次打擊練習，我的機會來了。當時花旗球場還在施工，場地由泥土碎石鋪就，卡車零星停放在外野草地。但球場就是球場，我抓起球棒，踏上全新的打擊區，開始練習揮棒。

我揮了又揮，揮了又揮。

球一直沒法打飛過圍欄，但我好勝心大起，雖然說不清原因，我就是想成為第一個擊出全壘打的人。最簡單的方法就是霸佔打擊區，我不停嘗試、再嘗試，直到敲出全壘打為止。

當我終於敲出去時，心底鬆了口氣，終於能輪到別人練習打擊了。不管那天的打擊初體驗預示著什麼，我當時鐵定不知道。幾個月後我接受紐約時報採訪，記者問到花旗球場的大小時，我告訴他目前無法判斷球場打起來如何。我們做打擊練習的那天下午，天氣不僅相當陰冷，還狂風大作，完全無法確預測春風或暑氣會怎麼影響球的飛行。

我們很快就獲得解答了，花旗球場圍欄從左側的十二英尺，一路向右升到十五英尺高，即使像我這種右打強棒也很難擊飛過去。我從來都不是典型的右打球員，全壘打幾乎都飛向中右外野方向，但這在花旗球場也是個問題，因為我的最佳揮棒軌跡距離本壘足足有四百一十五英尺遠。在花旗球場打球的第一個賽季，我還記得看著瓊斯、羅德里奎茲本以為能擊出全壘打，結果球飛不過全壘打牆的傻眼表情。他們在跑過三壘回到客場休息區時，對我投來的眼神彷彿在說「真的假的」，這兩

1 丹尼爾・墨菲（Daniel Murphy），美國職棒大聯盟二壘手、一壘手，入選三次明星賽，二〇〇八到二〇一五年效力於紐約大都會隊。

2 尼克・伊凡斯（Nick Evans），美國職棒大聯盟一壘手、左外野手，二〇〇八到二〇一一年效力於紐約大都會隊。

人當時已經擊出過近一千轟，全壘打對他們來說可是家常便飯。

我也遭遇到同樣的困境，所以賽季前半段，我擊出的球都落到警戒線附近，讓我相當沮喪。賽季前七十四場比賽，我只敲出四轟，你沒聽錯。在大聯盟啟用Statcast追蹤系統前，過去我們都用打擊追蹤網站（Hit Tracker Online）計算全壘打距離。根據該網站數據，我被花旗球場的場地限制沒收了六支全壘打，換句話說，我有過半數全壘打最終都沒有飛過牆，導致我出局。

當人們問起球場大小的問題，我總告訴他們自己不介意敲出二壘安打，即使不敲出全壘打，我也能在打擊區有所發揮。我說的基本沒錯，好球員不是非得要數據漂亮才行，但我總不禁想到自己本能擊出更多全壘打。我總自認是那種單季創下二十到二十五轟、超過一百打點的球員類型，我在生涯前四個賽季也確實達成過。但如今，隨著花旗球場正式啟用，我的帳面數據只繳出十轟七十二打點，毫無疑問是生涯最差的一季。

總體來說，我這季表現仍不算差，不僅四度入選明星賽，還繳出 0.307 打擊率、0.39上壘率的單季成績。但我感覺總還缺少點什麼，而我越努力去糾正，就越常遭到三振，導致我這季被三振數創下生涯新高的一百四十次，比前一季多出近十九％。對聯盟強打而言，三振數和全壘打數是相輔相成的，但我在二〇〇九年的表現遠非如此。那年，我成為聯盟史上第一位單季打擊率超過三成、三振數一百四十次以上，全壘打數卻低於二十轟的球員。

這項數據反常歸反常，但我錯就錯在太過在意。看到數據的當下，我大吃一驚，儘管場均表現不俗，我卻覺得自己搞砸了，我還是頭一次遇到這種狀況。即便這沒有太困擾我，但事實比我預期的更難以接受。

人們開始質疑花旗球場當初的工程，認為大都會隊應該建造對右打強棒更友善的球場。但我從不這麼想，如果我是球隊老闆，我絕不會圍繞著特定球員建一座球場，心知在最後一位現役球員退休後，球場還會持續經營下去。就算我是其中一位王牌球員又如何？損失幾支全壘打又如何？在每座球場服役期間，成千上萬的球員來來去去，所以圍繞著單一球員建造球場毫無意義。

而且說實話，我本能、或本該善加利用花旗球場的優勢。整個大聯盟生涯，我一直對自己的打擊適應能力引以為傲。來支全壘打？交給我。來支右側滾地球？也沒問題。但我表現仍不夠全面，二〇〇九年的賽季就暴露出我的劣勢。我本該盡可能擊出更多球，讓球場能夠好好發揮我的優勢，在對的時間擊出二壘、三壘安打或全壘打，我本該善用這些機會持續進步。

結果，我反而太在意單季十轟的無謂數據，把這當成我休賽季急需解決的問題，和必須克服的挑戰。那個休賽季，我開始在維吉尼亞州訓練，我沒打算過幾週讓身體放鬆，而是要派尼調整我的訓練菜單，讓我馬上投入訓練。

我說：「不管以前做什麼，給我來點高強度的訓練菜單。」

我以前每週健身三四次，二〇〇九年改成每週六次。以前我週一鍛鍊胸部、週三背部、週五腿部和肩膀，現在我一週訓練兩次同個部位，我不一定舉得更重，但是花在健身房的時間卻翻倍。我開始熱衷於變壯、增加肌肉量和增重，我認為這麼做就能幫我擊出更多全壘打，我們把重訓難度拉高到瘋狂等級，而我還要求更多。

那年冬天，我的體重可能沒有增加超過五到十磅，卻這卻是我整個大聯盟生涯最強壯的時期，我的體型發生變化了。一月回到春訓營的第一天，我走進健身房，環顧四周。

「這地方已經容不下我了。」我心想。

重訓教練史萊特看了我一眼後，告訴我需要減重，因為我沒法在投入一系列棒球訓練的同時，維持原先的訓練菜單。

他說的當然沒錯，我的休賽季訓練效果似乎太好了點，讓我在二〇一〇年單季擊出二十九支全壘打，比上季多了一倍，但也付出相應的代價。我的打擊率從上季的 0.307 掉到 0.283，上壘率從 0.390 降至 0.354，兩項數據都是生涯最低，被三振數則從一百四十次飆升到生涯最高的一百六十一次。

我如願繳出更多轟，但換來的卻是不穩定的打擊表現，變得笨重不靈活、缺乏平衡。要是能夠重來，我願意改變策略，採用更能反映現代運動科學模式的作法，而不是自以為練得越壯越好。正確的擊球技巧比蠻力還重要，但我在試圖矯正二〇〇九年的得分荒時忽略了這點。我一心只想著重訓，這雖然能夠增加打擊力，卻不是最理想的途徑。

有趣的是，即使在當時，我也很樂意用幾支全壘打來換取更高的打擊率、上壘率，及更優異的擊球技巧等等。我希望能變得更全能，而不僅僅是隊上的強棒，犧牲其他數據換取更多全壘打從來不是我的初衷，我當時腦子糊塗了。我就是無法擺脫二〇〇九年單季十轟的陰影，這影響了我往後幾年的表現。

隨後的好幾個賽季，我對場上數據開啟了永無休止的追求，在不影響其他進攻表現的前提下，努力擊出全壘打。我將這視為挑戰：讓我們看看能怎麼做，好讓我適應這座巨型球場的比賽。我似乎一直沒能夠達成理想目標，但我不怪花旗球場，我怪我自己。

由於八月十五日的慘痛經歷，導致我在二〇〇九年賽季最後一個月的打擊表現委靡不振，這對我追求打擊數據可一點也沒幫助。我們和巨人隊的比賽預計下午四點十分開打，當時球場的陰影濃得讓人看不清，我第二次站上打席時，太陽還沒完全下山。我眼前的是前首輪選秀、強投麥特．肯恩（Matt Cain）[3]，他的防禦率低於三成，也曾入選明星賽，他很清楚該用什麼球路攻擊我，接連催出一顆顆快速球。在球數有利的情況下，凱恩打算投出一顆高內角球打亂我的節奏，結果一個沒丟準，直接將時速九十四英里的快速球砸向我的頭盔，我當時根本猝不及防。

接下來，我只記得自己躺在地上，回答防護員的問題，諸如比分是多少、我在哪個球場、對手是哪一隊等等。我被撞到腦震盪了。

在花旗球場防護室等候醫生期間，球隊安排我爸媽從看台下來休息室探望我，我媽情緒很激動，雖然我保證沒事，她還是哭了。我感覺身體沒有大礙，就只是有點眩暈、受到驚嚇，但還沒到眼冒金星的程度。我在場上還能正確回答防護員的問題，所以我想我已經避免了最糟的情況，現在想想，我當時或許還沒意識到腦震盪的嚴重性。我那時二十六歲，和大多數球員一樣自以為不會受傷，幸好在這期間有許多醫生、防護員照顧我，確保我沒做出傻事。不說別的，一想到我媽激動落淚的場景，我就清楚意識到事情可能會變得多糟。

棒球員每次戴上頭盔時，都曉得自己哪天可能會被打到頭，但在真正被砸到前，你永遠不相信這會發生在你身上。

救護車迅速將我載往曼拉頓的特殊外科醫院，醫生為我做了一系列檢查，包括電腦斷層掃描，結果顯示我受到腦震盪。我父母當時開車跟在救護車後頭，我很想跟他們一起搭車，因為坐在後座讓我頭暈，但被急救人員一口回絕。這一天，我沒法說動任何人照我說的去做。

一直要等到兩年後，大聯盟才會針對腦震盪球員設計七日傷兵名單，並制定嚴謹的治療規定。在棒球這一行，人們在過去十年來對腦震盪有不少認識，即便在當時，所有人都知道腦震盪潛在的嚴重性。這是我人生第一次進入傷兵名單，這情況無可避免，所以這一次，我沒有試圖抗拒。

與此相對地，我選擇將代價控制在最小範圍。經紀人來醫院探望我時，我告訴他們，如果我必須進傷兵名單，那就這麼辦，但我希望有個計畫，讓我能在最短十五天內重返賽場。我希望能在第十六天回到三壘的老位置，所以和醫生制定計畫讓這一切成真。

我的首要之務是休息，這一點也不酷，我在醫院住了一整晚，甚至在出院幾天

3 麥特・肯恩（Matt Cain），美國職棒大聯盟投手，入選三次明星賽、獲得三屆世界大賽冠軍。二〇一二年投出過完全比賽。

後，醫生也不准我做太多事。他們禁止我離開曼哈頓的公寓，囑咐我盡量關燈，這時我才意識到腦震盪有多嚴重。這跟腿筋拉傷可不一樣，只要休息、冰敷後就能重新上場，受傷的是我的腦袋，這嚴重多了。雖然生涯第一次躺進傷兵名單讓我很失望，但我盡力遵照醫生的囑咐。

在這期間，我絕大多數的感受是無聊，因為我就只是躺在床上什麼也不做。我爸媽在城裡到處奔波，給我帶些吃的照顧我，把我當成小孩一樣。每晚我都期待看大都會比賽，儘管看完後更多的是沮喪而非振奮的情緒，自從我被肯恩砸到頭後，球隊拿下五勝十一敗的戰績，我覺得球隊輸球自己也有份。在此之前，我出席了大聯盟生涯八百三十三場比賽中的八百一十八場，算下來出席率高達百分之九十八，打從孩提時期，我就以全勤為榮。

我當時還不曉得，但在我生涯最後十年，傷病將使我錯過數百場比賽。每次受傷，我都感覺自己害大家失望了，好像我的缺席就是大都會輸球的原因，儘管我知道這不是事實，卻禁不住會這麼想。

二〇〇九年賽季球隊陷入掙扎，其實和傷病脫不了關係。雷耶斯五月拉傷了小腿，整季都沒有復出；大約在同時間，戴加多接受臀部手術導致賽季報銷；幾週後，普茲動手術移除手肘骨刺，同樣沒來得及復出；球隊過往的終結者華格納，則剛從肘部手術回歸、錯過大半賽季；我們的新終結者法蘭西斯科．羅德里奎茲（Francisco Rodríguez）[4]，則由於背部痙攣不得不掛病號。傷病也讓大都會開季陣容，一口氣少了曼恩和佩雷茲兩名先發，兩人本季合計僅先發二十九場。

傷兵名單人滿為患，讓我更堅決想要回到球場上，許多好心人勸我就這樣關機到冬季，備戰二〇一〇年賽季。有鑒於當時大都會排在分區第四，我完全能理解他們的想法，但我覺得在那年復出對球隊很重要。我想和隊友一起經歷那段低潮，我想成為球隊的解答、而非問題，所以我必須回到場上。我向任何願意聆聽我的人堅持，只要我復原成功就會回歸比賽。

值得慶幸的是，我的經紀人和醫生都願意放我一馬，但多了些附帶條件。他們告訴我，如果我打算今年復出，就必須戴上特製的羅林斯S100原型頭盔，能夠承受時速一百英里快速球的衝擊。這項讓我重返球場的方案，儘管我舉雙手贊成，卻沒料到會引起這麼大的騷動。我一戴上這頂頭盔，緊隨而來的就是各種嘲笑，包括最一開始隊友打擊練習時的調侃，新聞記者則開始戲稱我戴的是《摩登原始人》

4　法蘭西斯科．羅德里奎茲（Francisco Rodríguez），美國職棒大聯盟終結者，綽號「K-Rod」，二〇〇九到二〇一一年效力於紐約大都會隊。二〇二四年正式進入名人堂。

（Flintstones）裡的「大加蘇」（Great Gazoo）頭盔。我復出的首戰對上落磯隊，我在首打席擊出一壘安打，上壘時發現陶德・海爾頓（Todd Helton）[5]衝著我大笑，他笑得太用力，甚至沒法多看我一眼。

「只要能上場打擊，我才不在乎我看起來怎樣。」我告訴他。

「就算戴上那頂頭盔能拿到打擊王，我也不幹。」海爾頓回嘴。他說的倒輕鬆，這頭銜他早拿過了。

這整件事都相當滑稽，我不是怕尷尬的人，懂得自我解嘲一直是我的優點。只要這頭盔能避免隊醫和防護師纏著我不放，我不介意成為大家的笑柄。但問題是，這款頭盔只是原型，本身存在一些問題。我在復出首戰跑上一壘後，靠著落磯隊失誤盜上二壘，一如往常地頭朝前滑進壘包。我的頭盔先是撞上泥土，一時間蒙蔽了我的視線，接著彈回來撞到我下巴，把我整個眼睛蓋住。我感覺自己就像《小兵立大功》（Little Giants）裡的傑克・伯曼（Jake Berman）一樣：「我戴著這玩意啥也看不到！」

就在當下，我知道自己受夠了這頂頭盔。隔天上場代打時，我用稍微改造過的頭盔應付，接著說服管理層讓我剩餘賽季戴著正常頭盔出賽，只是頭盔裡多了填充物。這結果對所有人都是皆大歡喜。

但我不知道的是，我離解決問題還遠得很。雖然我的腦震盪復原，頭盔也不再是問題，但我的打擊自信已經回不去了。

重新站上打擊區，我又回到小聯盟時期，一遇到內角球就退縮。被棒球打到很痛，當有人以時速九十五英里向你投擲東西時，要堅定不移地站在原地是違背直覺的事。在生涯早期，每位棒球員都必須克服心理障礙，訓練自己的腦袋戰勝本能。但我可不是第一次面對曲球的小孩，是多次入選明星賽的大聯盟球員，照理講不該在出現擦邊球時退縮。

我也不是怕被球打到，我過去也被打中好幾次，有次被打中後頸，另一次則斜擦過我的頭盔。被球打到就像被蜜蜂螫，痛一下就沒事了，這些道理我都懂，但我腦中的某個開關卻短路了。那年九月，我繳出慘淡的 0.239 打擊率，被三振率高達百分之二十九。我沒法說服自己的大腦，讓身體待在打擊區內正常揮棒，少了長期以來養成的信念，我根本沒法成功擊球。

對我來說，右撇子投手的曲球特別難應付，儘管多年經驗告訴我，這些變化

5 陶德．海爾頓（Todd Helton），美國職棒大聯盟一壘手，入選五次明星賽、獲得三屆金手套獎及四屆銀棒獎。二〇二四年正式進入名人堂。

球會在進入好球帶時下沉，我卻還是禁不住轉過肩膀。更重要的是，我必須努力抗拒誘惑，因為我總會不自覺地朝左外野跨出一步，從而改變一貫的打擊姿勢，我掙扎地想讓雙腳保持在往常位置。聯盟史上有不少像東尼·康寧亞諾（Tony Conigliaro）[6]這樣的慘痛案例，一九六七年，這位紅襪隊球星因臉部遭擊中錯過一整個賽季，復出後再也回不到過往身手。我可不打算步上他們後塵。

最終，我決定向我的打擊教練、多年信任的老夥伴老霍求助，想方設法解決這個問題。

我們開始在擊球籠裡訓練，老霍會朝我拚命扔出網球，有時還會刻意打中我。我則試著說服大腦，被球打到很正常、我可以承受。我打算重新鍛鍊我的身體，即使球正朝我飛來，也能穩穩地站在打擊區內。

那年末，我們在花旗球場錄影室內解決設備問題時，這季承受的種種磨難突然一股腦湧上我心頭。我聲淚俱下，告訴老霍自己有多沮喪，沒能按期望的回到過往狀態。我們談到我的未來、職涯和生計，還有我仍不清楚如何應對的困境，某部分的我比表面承認的還要害怕。

這個問題延續到休賽季都沒能根除，即使我在二〇一〇年開季表現甚佳，但總感覺不對勁。我能做的就是一如既往地努力訓練，希望答案能自己找上門。就這樣，我在擊球籠裡任憑網球一次次砸向左肩，在場上任憑曲球一次次落入好球帶，直到事情出現轉機。最終在四月二十日，小熊隊投手卡洛斯·席爾瓦（Carlos Silva）[7]在我的首打席丟出觸身球。這是自從肯恩砸中我後，我首次再度挨到觸身球，感覺還不怎麼痛。突然我腦中的開關就正常了，這其實沒那麼糟嘛！

有時，事情就是這麼簡單，儘管我想好好解釋，但棒球的心靈層面相當高深莫測。我只曉得從那時起，我整季維持 0.288 打擊率、0.851 整體攻擊指數。過去提心吊膽、惴惴不安的情緒都消失了，我對未來職涯的擔憂也消失得無影無蹤。

我的身心都準備好再次上場贏球了。

6 東尼·康寧亞諾（Tony Conigliaro），美國職棒大聯盟右外野手，一九六七年入選明星賽，生涯獲選波士頓紅襪名人堂。

7 卡洛斯·席爾瓦（Carlos Silva），美國職棒大聯盟投手。

第十四章　負傷上陣

PLAYING THROUGH PAIN

人們常問我，我的棒球生涯有什麼遺憾。生活中總有些小事可以挑惕，或是本能改變的結果，但我腦海中最常浮現的，是二〇一一年四月十九日的比賽。

那個時代，球隊剛開始流行定期輪換內野手。當時大都會二壘手賈斯汀・透納（Justin Turner）[1]，在太空人隊內野手克里斯・強森（Chris Johnson）[2]打擊時，守備位置正好在壘包後方。我們預期右打的強森會開轟，結果他卻朝反方向擊出四下彈地球。透納趕忙衝回他慣常守備的位置，接著將球回傳給趕往二壘的游擊手，好封阻領先跑者卡洛斯・李（Carlos Lee）[3]。

看到比賽走勢，我查覺我應該支援二壘，以防透納暴傳失誤，果不其然就發生了。我接住暴傳球後看向李，他當時剛跑過二壘，明顯就是想上三壘。我還看到我們的投手瓊恩・尼斯（Jon Niese）[4]太晚跑下投手丘。李筆直朝三壘衝去，我則追著他跑，兩人之間開始生死較量，看看誰能最快抵達三壘。

接近李時，我飛撲過去觸殺他，左半身硬生生撞上地面。我的肩膀和頭重重摔向泥土，導致脖子受了傷，背部也出現各種不適。

好消息是，沒人留意到我受傷，大家的焦點都在李身上，他在滑壘時也受傷了，我站起身時設法掩飾一臉苦相。壞消息是，事情顯然不對勁，儘管不確定發生什麼事，但這不是普通的拉傷，而且還糟上許多。我當時唯一的想法，就是別讓任何人知道，因為我打死也不要躺進傷兵名單。

從二〇〇九年的腦震盪康復後，我在二〇一〇年重拾明星賽身手，在該季一百五十七場比賽中敲出二十九轟、整體攻擊指數達到 0.856。我不想在一年半後再度成為傷兵，我很討厭康復期的每分每秒，更何況球隊還在二〇一一年開局不利。我不希望自己的傷勢釀成骨牌效應，如同二〇〇九年大都會球員接連倒下一樣。

1 賈斯汀・透納（Justin Turner），美國職棒大聯盟三壘手，入選兩次明星賽，二〇一〇至二〇一三年效力於紐約大都會隊。本書繁體中文版出版時效力於西雅圖水手隊。

2 克里斯・強森（Chris Johnson），美國職棒大聯盟三壘手、教練。

3 卡洛斯・李（Carlos Lee），美國職棒大聯盟左外野手、一壘手，曾入選三次明星賽、拿下兩屆銀棒獎。

4 瓊恩・尼斯（Jon Niese），美國職棒大聯盟投手，二〇〇八至二〇一五年效力於紐約大都會隊。

我簡單做了邏輯推敲：我必須要表現好，球隊才能贏球，而打得好的前提是我能上場，所以我必須盡可能遠離傷兵名單。花好幾週養傷對任何人都沒有好處，而向防護員告知我的背部不適，相當於冒著沒法出賽的風險，所以我什麼也沒說。

但我不瞭解這次的傷勢和嚴重性，以為只要睡上一覺、做一兩次按摩，隔天感覺就好多了。就算傷勢沒能復原，我也自認能維持高檔表現到九月，在冬季休息後滿血回歸。我當時滿腦子以為，休賽季能夠治好任何事。

但問題是，隔天、後天乃至大後天疼痛依然存在，每過一天我的背似乎就更疼痛，嚴重到甚至影響我的打擊表現。從四月十九日到五月十五日，我的打擊率降到0.205、長打率更只有 0.386，表現糟糕透頂。我沒法維持效率，也越來越難用表現低迷當藉口搪塞過去。

防護員最終發覺我身上的異樣，因為我待在擊球籠的時間越來越少。我爸從小就灌輸我一個觀念：絕不能因為準備不足而表現不好，所以我的敬業態度堪比帶著午餐上工的藍領階級。我喜歡盡可能耗在球場做練習，每天早早上工，不停練習揮棒。我在小聯盟學到如何投入訓練，又不過度透支體力，但擊球籠自始至終都是我的第二個家，在我陷入低潮時更是常常報到，因為我想盡一切可能擺脫現狀。教練都了解我的個性，也因此我的缺席讓他們心中警鐘大響。

一個月後，傷勢讓我即使下場也疼痛難耐，這下所有人都警覺起來，我發現再也無法隱瞞下去了。休士頓客場之旅的最後一天，我向防護員告知傷勢後，被安排隔天早上在紐約進行核磁共振。我戰戰兢兢地做了檢查，擔心自己被列進傷兵名單，結果比我想得更糟：我被檢測出下背部壓迫性骨折，必須養傷六到八週。

我回想當時觸殺李的情景，我是如何奮不顧地身地俯衝過去。早在二〇〇五年，當我撲向西雅圖球場看台救球時，就有朋友警告我這種激烈動作的風險，但我當時不知道還能怎麼做。如今，友人的話一語成讖。如果我當時就這樣讓李上壘呢？如果當時各種枝微末節的走向不同呢？想到這些，我感到極度沮喪。

那天剩下的時間我都在自怨自艾，花旗球場當晚風狂雨驟，導致比賽延遲了八十分鐘，為這悲慘到不行的一天劃下完美休止符。我清晰地記得，自己當時坐在休息區板凳一隅，裹著衣服抵禦寒風，拒絕和任何人交談，將整個世界隔絕在外。這不像平時的我，我坐上好幾個小時，看著馬林魚投手喬許．強森（Josh Johnson）[5]投出一顆顆好球，自己卻無能為力。

5　喬許．強森（Josh Johnson），美國職棒大聯盟投手，入選兩次明星賽。

對像我這種渴望贏球的球員來說，過去幾年相當難熬，即使大都會能將二〇〇九年的失利都歸咎於傷病，二〇一〇年卻大大不同了。儘管我們自認仍有競爭力，但打從一開始，外界就不指望我們打出好成績。每次進到賽季，我都認為大都會有機會晉級，我總會樂觀地環顧休息室，心想：「如果我、雷耶斯、山塔納和其他人能繳出生涯最佳表現，我們能闖出一番名堂。」

理性來看，七八個隊友同時打出生涯年相當罕見，但在那時我卻真心相信會發生。也許是我太天真，經驗還沒豐富到懂得憤世嫉俗，也許是我內心的競爭意識作祟，也許純粹是我的個性使然。無論如何，我不曾將大都會隊看作是五成勝率的球隊。

在二〇〇七、二〇〇八年，我們直到最後一刻才被現實擊倒；在二〇〇九年，傷病問題讓球隊早早敗下陣來。來到二〇一〇年，我們在賽季中漸漸退出分區爭奪戰，開始交易陣中球員。

在球員休息室，我們會玩叫做「普拉克」（Pluck）的紙牌遊戲，玩法類似黑桃王（Spades）或傷心小棧（Hearts），成員包括我、傑森．貝伊（Jason Bay）[6]、羅德．巴拉哈斯（Rod Barajas）[7]和傑夫．法蘭柯爾（Jeff Francoeur）[8]。牌友間的感情很好，不僅是老將、知己也是好隊友，我們曾在牌桌共度無數時光，直到賽季開始走下坡。貝伊在七月下旬遭受腦震盪，直到下季才回歸；巴拉哈斯在八月中被交易至道奇隊，法蘭柯爾則去了遊騎兵隊。那年九月，我身邊擠滿一群年輕球員，諸如艾克・戴維斯（Ike Davis）[9]、喬許・索爾（Josh Thole）[10]和魯本・特哈達（Rúben Tejada）[11]。當時來看，他們更像未來基石，而非生涯巔峰球員。

在球隊重建過程中，我盡量保持耐心。早在二〇〇四年麥克尤恩離隊時，我就了解到球隊的商業運作面，到了二〇一一年，我對此已經做好了心理準備。我理解交易必定會發生，甚至試圖張開雙臂歡迎，將交易視為贏球的必經之路。我對巴拉

6 傑森・貝伊（Jason Bay），美國職棒大聯盟左外野手，入選三次明星賽，二〇一〇至二〇一二年效力於紐約大都會隊。

7 羅德・巴拉哈斯（Rod Barajas），美國職棒大聯盟捕手、教練，二〇〇一年獲得世界大賽冠軍，二〇一〇年效力於紐約大都會隊。

8 傑夫・法蘭柯爾（Jeff Francoeur），美國職棒大聯盟右外野手，二〇〇九至二〇一〇年效力於紐約大都會隊。

9 艾克・戴維斯（Ike Davis），美國職棒大聯盟一壘手，於二〇一〇至二〇一四年效力於紐約大都會隊。

10 喬許・索爾（Josh Thole），美國職棒大聯盟捕手，二〇〇九至二〇一二年效力於紐約大都會隊。

11 魯本・特哈達（Rúben Tejada），美國職棒大聯盟游擊手，二〇一〇至二〇一五年效力於紐約大都會隊。

哈斯、法蘭柯爾沒有任何不敬，他們都是頭腦清楚的好球員和隊友，看他們離隊讓我不捨。這些人只是剛好身處在大都會隊最艱困的時期，而當球隊陷入困境，改變在所難免。

但我沒意識到球隊面臨多大的巨變，離隊的不只巴拉哈斯、法蘭柯爾，還有球隊總管米納亞和總教練曼紐爾。嚴格說來，米納亞不是我大聯盟生涯的第一任總管，但他陪我走過前六個完整賽季。二〇〇六年，米納亞與我簽下延長合約，確保我三十歲生日前都效力大都會隊。曼紐爾也從二〇〇五年就在隊上，從教練一路升上總教練。我替他們兩人打了好長一段時間的球，對於他們的離去，我感覺自己也有責任。

大都會隊找來兩位棒球界人士接替，由山迪・奧德森（Sandy Alderson）[12]擔任總管、泰瑞・柯林斯（Terry Collins）[13]接手總教練。我非常敬佩奧德森，一九八〇年代後期，運動家隊在他的管理下，連續三年奪得美聯冠軍。柯林斯曾擔任大都會小聯盟球場總監，所以我也認識他，現在他們進到大都會管理層體系，我理當有責任和他們打好關係。

我尤其想向奧德森展現我對球隊的忠誠。當時新聞大肆報導，稱當時的大都會老闆佛瑞德・威朋（Fred Wilpon）[14]曾和二〇〇八年因龐氏騙局入獄的伯納德・馬多夫（Bernard Madoff）有大量資金往來。隨著球隊薪資逐漸低於球迷的預期，有些媒體建議球隊把我和雷耶斯交易掉，完全邁入重建。聽到這些言論，我告訴所有人自己對交易沒興趣，希望整個生涯都待在大都會，但我知道決定權不在我。奧德森掌握了我的命運，儘管我相當敬佩他，但那時還未跟他熟識。

如果球隊最終把我交易掉，我會大受打擊。大都會隊的橘藍標誌，對我來說用意義深重都不足以形容，球隊苦苦掙扎的事實，也更堅定了我留隊的決心，誓要把球隊引領向更好的將來。

我相信如果我是總管，會簽下熱切想為我打球的球員，但願奧德森也這麼想。

在此期間，老闆威朋接受《紐約客》（New Yorker）記者傑佛瑞．圖賓（Jeffrey Toobin）的深入採訪。這篇報導詳述了圖賓和高齡七十四歲的威朋一起看球的經

12 山迪．奧德森（Sandy Alderson），美國職棒大聯盟管理層，二〇一一至二〇一八年擔任紐約大都會隊總管。二〇二一年回鍋大都會隊擔任總裁，後轉任顧問，一直到二〇二三年離職。

13 泰瑞．柯林斯（Terry Collins），美國職棒大聯盟總教練，二〇一一至二〇一七年擔任紐約大都會隊總教練。

14 佛瑞德．威朋（Fred Wilpon），美國企業家，一九八七至二〇二〇年為紐約大都會隊老闆。

過，威朋也談論到球隊上下，毫不保留地批評雷耶斯的健康狀況、貝爾川的一點一九億美元合約，引起了不小熱議。威朋還特別點名我，說我的打擊表現陷入低潮。「他是個好孩子、優秀的球員，但不是超級球星。」威朋在文章中如此評價。這份報導一刊載，所有大都會記者都跑來詢問我的感受。我還能說什麼？這段評論無疑讓我大受打擊，但好在我和威朋家族私交甚篤，所以傷害不算太大。

幾年前，我的祖母在春訓期間過世了，威朋當時給我個大大的擁抱，要我到他的辦公室去，接著發表一段老祖父般的長篇大論。他告訴我打球雖然有趣，但家人的地位絕對更重要，他的話深深地影響了我。

那天聊完後，威朋隔天剛好要回紐約一趟，他邀我一起搭他的私人專機，特地停在諾福克好讓我跟家人團聚。我一直惦記著這份恩情，讓我跟威朋家族的關係更加穩固，無論是當初那場談話，或是威朋家族這些年來的禮尚往來，都遠遠重要過《紐約客》報導的小插曲。威朋受訪的當下很挫折，就跟我們一樣，對於他的評論，我過兩天就沒放在心上了。

相比之下，雷耶斯可能更不好受。雷耶斯休賽季將成為自由球員，套句威朋的話說，他想要簽「卡爾．克勞佛（Carl Crawford）[15]那樣的大約」，克勞佛在二〇一〇年曾和紅襪隊簽下七年一億四千兩百萬的合約。雖然雷耶斯職棒生涯都在和傷病奮鬥，但二〇〇五至二〇〇八年間，他平均每季能出賽一百五十八場，二〇一〇至二〇一一年間，出席率維持在八成。他是名符其實的巨星，能夠做到我夢寐以求的事，像是在二〇一一年拿下聯盟打擊王，外帶十六支三壘安打，或是在二〇〇七年達成單季七十八盜，打破大都會隊史紀錄。

我和他相識的十年間，他也成為我在棒球界的摯友。在我的職棒生涯中，我常常不經意地瞥向左側、確認雷耶斯在他的位置上。隨著我們步入成年，關係也日趨成熟，我感覺我們無論何時都能無話不談。

多年後，當雷耶斯因家暴事件遭聯盟禁賽五十一場，我毫不留情地批評他，認為他的行為「糟糕且可怕」。我是認真的，他心裡也很清楚。我事先提醒雷耶斯，如果媒體問起他的事，雖然我依然支持他，但我將毫無保留。我會說出心裡的真實感受：雷耶斯的所作所為無法被原諒，但我依然將他視如己出。他完全理解，沒有一絲埋怨，這也是我們如此親密的原因，我知道我總能對雷耶斯坦誠相待，而他從不會生氣或記恨在心。

效力大都會期間，我本以為能和雷耶斯當一輩子隊友，但隨著二〇一一年六月

15　卡爾．克勞佛（Carl Crawford），美國職棒大聯盟左外野手，入選四次明星賽。

拆夥的可能性越來越大，這樣的錯覺也消失了。威朋的批評刊載一個月後，雷耶斯的經紀人告訴奧德森，他的雇主並不打算在季中進行續約談判。這也代表雷耶斯將投入自由市場，下季可能不再留隊。

屬於萊特和雷耶斯的時代走到盡頭了。隨著休賽季到來，雷耶斯投入自由市場，大都會隊曾找他談判過，但從沒開出合約報價。我後來上網得知，他在十二月和馬林魚隊簽下六年一億一千一百萬的新合約。

從手機讀到這則通知，感覺很不真實。我當然預期到他可能離隊，尤其是那年夏天經歷的批評風波後，但這對接受他離隊的事實，或是減輕我內心的傷痛，都毫無幫助。如同麥克尤恩、藍道夫、法蘭柯爾、巴拉哈斯和其他成員，他們離隊的消息都在在提醒我，棒球的商業運作可以變得多麼糟糕。

多年下來，球員間會建立起一生的交情。從二月到九月（有時到十月），我們和隊友相處的時間大過家人，很快就形成緊密的友誼，但有鑒於球隊間的交易和自由市場操作，很少有人能建立起像我和雷耶斯這樣的情誼。從我們成為大都會雙星，經歷二〇〇六年季後賽、二〇〇七年季末崩潰後，如今看到他披上別隊球衣，感覺相當陌生。

我認識雷耶斯長達十年，隨著他離隊，感覺那十年的某部分也永遠逝去了。

我傳了封簡訊向雷耶斯道賀，但在明年春訓前都沒再見過他。他那時穿著嶄新的馬林魚球衣，一上來就給我個擁抱，但我腦中仍甩不掉這股怪異感。雷耶斯做了對他和家人最有利的決定，即便我從未怪罪他，但我清楚自己該走的道路。我從小到大支持大都會隊，體內流淌著象徵大都會的橘藍血液，如果可以，我願意長留在大都會，一輩子效力大都會。

當然，我也曉得該對過程放聰明一點。我對奧德森的了解遠不及米納亞，雖然我相信新任總管的眼光，卻不清楚他對球隊的長遠計畫。奧德森才剛放走雷耶斯，連報價都沒有，他對我又有什麼打算呢？

我的合約還有兩年到期，我所能做的就是盡可能不讓奧德森放我走。

我為了證明自身價值所做的第一件事，就是弄斷我的手指。

我受傷不是因為用手捶牆，但隨之而來的挫折感倒是讓我很想這麼做。我生涯最自豪的莫過於全勤出賽，我不會特意刷數據，因為我知道這很難掌控，看看我二〇〇九年的糟糕數據就知道了。但我能透過練習準備、照顧身體，來控制自己的出賽頻率，身體允許的情況下，我希望能盡可能為球隊出賽。

二〇一二年開季的四場賽事，我再度面臨出賽疑慮。在一次對陣國民隊的比賽中，我開局手感火燙，在兩出局時敲出一分打點一壘安打，接著打算攻佔得點圈。我的計畫是在下一球盜上二壘，但投手艾德溫．傑克森（Edwin Jackson）[16]來個出其不意，改成牽制一壘。我急忙滑回壘包，過程中右手小指直接撞上壘包。

我跟往常一樣咬牙苦撐，在後兩個打席分別遭到三振和故意保送。我的小指疼得要命，但我再度安慰自己，睡上一覺就會不痛了。最好別讓任何人知道我的傷勢。

這想法持續到隔天早晨，我醒來時發現小指已經腫到三倍大。因為昨晚我一聲也沒吭，所以今天還在柯林斯的先發名單，我打算盡可能撐到比賽結束，所以我到花旗球場的擊球籠測試手感。問題是，我連球棒都握不住。

像我這種以出席率為豪的球員，要我到柯林斯辦公室給他看腫到不行的手指，實在是件苦差事。柯林斯看了一眼，就把總管奧德森從他的辦公室叫下來，我後來被送到特殊外科醫院，X光檢查證實我小指骨折。醫療小組為我裝上夾板後，安排我在本週末諮詢專家。

這整件事都發生在週二下午，所以起碼我不用被列入傷兵名單。由於距大都會最近的3A球隊位在幾小時車程外的拉斯維加斯，導致比賽當晚沒法安排替補球員上場。球隊預計週三結束客場之旅，週四則是休息日，這代表如果我能在週末傷癒回歸，球隊只會在少了一名先發的情況多打一場比賽。在此期間，防護員給了我復健用的黏土球，我能擠壓這種球訓練手指活動範圍，我醒著的時候就一直抓著球復健，打定主意避開傷兵名單。

我去看了手部外科專家，壞消息是，我被證實是小指骨折，但好消息是，我能不能上場取決於我對疼痛的耐力。只要我克服疼痛、抓緊球棒，我絕對有辦法重返比賽。

那整整一週，我都在冰敷手指、做復健，球隊開啟費城客場之旅時，我也帶上了黏土球。我也花了不少時間向奧德森求情，他最終寬限我二十四小時，讓我能堅持到週六早上。如果我證明自己復原到能夠上場的程度，奧德森願意在少一名先發的情況下多打一場。如果事情不順利，我就不得不躺進傷兵名單。

我下定決心，打算無所不用其極重返比賽。週五下午晚些時候，當隊友還在擊球籠做打擊練習時，我在外野找到四處走動的柯林斯。

「拜託，求你幫我一把。我想我會沒事的，要是真不行，我也會給你明確答覆。」我哀求道。

16 艾德溫・傑克森（Edwin Jackson），美國職棒大聯盟投手。

我持續用黏土球復健，每當我進展到更厚、更有韌性的球，我的自信都增加一些。問題是，防護員不准我做打擊訓練，這讓我進退維谷：我必須證明我能夠揮棒，才能夠上場，藉此脫離傷兵名單。但在奧德森給我的最後期限以前，防護員不准我做任何打擊訓練。

我迫切想找到測試小指的方式，於是在週五比賽夜溜出休息區，左轉進擊球籠練習揮棒。揮棒的手感意外不錯，直到我被物理治療師約翰・札哈克（John Zajac）逮個正著。作為其中一名防護員，札哈克本能向上頭打小報告，導致我的復出計畫泡湯。我暫時停止揮棒，和他四目交接。

「你什麼都沒看見。」我告訴他。

札哈克一聲不吭、轉身就走，對此我非常感激。在我看來，我絕不能因為這種小傷沒法出賽，我太想上場競爭了，我的策略可能有點偏門，但還是奏效了。我用夾板固定小指，避免不正常彎曲，最終成功完成黏土球復健、說服奧德森把我放回場上。我歸隊的週六下午，面對費城人先發投手凡斯・沃利（Vance Worley）[17]投出的第一顆快速球，我在熟悉的擊球點開轟，一切又開始回復正軌。

費城市民銀行球場無疑是傷癒回歸的好舞台，該季我在那裡繳出 0.412 打擊率，這其實不稀奇。這些年來，我在費城人隊自家主場表現亮眼，在過去一百場比賽裡敲出二十二轟、拿下六十九分，是謝伊球場和花旗球場以外的最高紀錄。

二〇一二年我重返比賽後，馬上就重拾過往身手。在小指痊癒後的前六場比賽，我繳出 0.444 打擊率、五成上壘率，截至五月二十五日場均維持四成打擊率，且從未低於 0.304。拉長到整個賽季，我的打擊率保持在 0.306，累計二十一轟、九十三打點。

諸多跡象都顯示，我已經回到老樣子了。在花了數年適應花旗球場的大小後，我整季能繳出 0.294 打擊率、十二轟，在全力開轟和維持場均打擊率間完美達成平衡。我持續治療背部的壓迫性骨折，但這問題不大，我該季依然保持高出勤率，出賽達一百五十六場。其中，小指骨折害我缺席三場，剩餘賽季僅缺席三場。

九月二十六日，我在花旗球場迎來屬於我個人的重要時刻，那天我正式超越艾德・克蘭尼普爾（Ed Kranepool）[18]成為隊史安打王。但這件事的過程有些離奇。

首先，我不喜歡成為鎂光燈焦點。無論是在賽季揭幕日或明星賽等特殊場合，每當我站在一壘邊線接受球員介紹時，總覺得很難為情。那場紀錄夜後，觀眾對我報以如雷掌聲，但他們其實不必這麼做，尤其是當球隊在二〇一二年下半季陷入掙

17　凡斯・沃利（Vance Worley），美國職棒大聯盟投手。

扎時，實在不需要點名嘉獎我。

此外，我打破紀錄的那一擊，球其實彈到三壘邊線上，被海盜隊佩卓·阿瓦瑞茲（Pedro Álvarez）[19]撈起後迅速扔回一壘形成暴傳，讓我的紀錄之夜又增添幾絲尷尬。在我看來，這球既算安打也算界外，但我們休息區有人要求保留那顆球，所以海盜隊把球丟給他。我想官方計分員多半別無選擇，只能硬著頭皮計為一壘安打。

紀錄確認後，大都會計分板上跑出慶祝我生涯第一千四百一十九支安打的走馬燈，現場歡聲雷動。球迷實在是太好了，他們不曉得我有多難受，我能站上二壘完全是多虧阿瓦瑞茲的暴傳。我靦腆地向大家揮手致謝，但臉上沒有微笑，我只想讓這一刻趕快過去，好讓比賽繼續。

我的反應成為隊友嘲弄的對象，在剩餘賽季裡，每當有隊友被誇獎，他們總會學我擺擺手、刻意不表現得很開心，讓我不勝其擾。

但必須說，我確實很感激這項成就和球迷的歡呼。克蘭尼普爾算是大都會隊史最戰功彪炳的元老級球員，一九六二年大都會隊成立之初就加入球隊，前後效力十八年，出賽場次比任何大都會球員都多。讓人欣慰的是，即使年過七十，克蘭尼普爾也常造訪大都會球場，能和他媲美真的是莫大的榮幸。

對於自己在大都會隊史的定位，我一直只有模糊概念。每個球員都能自己算算，如果他能每年平均敲出一百八十安，像我在二〇〇五到二〇〇八年的數據那樣，那他總有一天會達到三千安。我有時會想到這類的長遠目標，但說實話，我不那麼在意個人成就。我很清楚紐約人都怎麼看待克蘭尼普爾、基特這些冠軍球員，因此我在乎的是拿下冠軍。在有生之年，我目睹不少超級巨星、重要球員成為紐約傳奇，一般大都會球迷可能不知道古登在一九八六年創下 2.84 防禦率，但他們能細數古登的所有奪冠事蹟。

對我而言，個人數據永遠是次要的。我的經紀人在二〇一二年末替我洽談合約時，將我生涯至今三十歲的個人數據和歷代球星做了對比。我當時生涯累積一千四百二十六安、兩百零四轟，比貝爾川、皮亞薩三十歲時的個人數據還高。雖然經紀人這麼做是為了抬高價碼，但看到這數據多少讓我有點沾沾自喜，發覺自己竟然能跟名人堂級別球星相提並論。

18 艾德・克蘭尼普爾（Ed Kranepool），美國職棒大聯盟一壘手，曾入選一九六五年明星賽、獲得一九六九年世界大賽冠軍，一九六二至一九七九年效力於紐約大都會隊，生涯入選紐約大都會名人堂。

19 佩卓・阿瓦瑞茲（Pedro Álvarez），美國職棒大聯盟三壘手，二〇一三年入選明星賽。

二〇〇九年，我曾和聯盟史上最偉大的三壘手麥克・施密特（Mike Schmidt）[20]見過面，他當時擔任經典賽的美國隊教練。我買了他的自傳，請他替我簽名，但他不僅簽了名，還在內裡寫了些極盡稱讚的話。讀到他寫的話，讓我有點飄飄然，徹底沉浸在自己生涯達成的成就中，這是很少見的事。

「我肯定是達成不得了的成就，施密特才會這樣稱讚我。」我當時心想。

但這種自我陶醉持續不久，我很輕易地就能忽略這些個人成就。這當然不代表我不重視，只是比起個人榮譽，我更願意用生涯一半的數據換來一座世界冠軍。

20 麥克・施密特（Mike Schmidt），美國職棒大聯盟三壘手，入選十二次明星賽、獲得十座金手套獎，拿下一九八〇年世界大賽冠軍及最有價值球員，一九六二年入選名人堂。

第十五章　承諾

COMMITMENTS

唯一比贏下世界大賽更重要的事，就是「以大都會球員的身份」贏下世界大賽冠軍。過去九季，我在紐約市安了家，在這裡我覺得很安心。這不只是因為我比賽中的成就，也因為我很熟悉大都會隊，從老闆、管理層、休息室隊友、訓練師、廚師到警衛所有人，我喜歡這群人。

在我眼中，喜歡他人代表和他們打打鬧鬧。

我從小就是這副德性，常常和幾個弟弟鬧著玩。隨著年齡增長，我們打鬧的時間減少了，取而代之的是策劃最瘋狂、最有勇無謀的蠢事。

我曾經跟四弟丹尼爾打賭，賭他敢不敢在壽司店吃下一整坨芥末，他成功辦到了，但過程嘛……只能說害慘他了。我的長期室友、牛棚捕手拉卡尼洛也是個大食客，我曾經幫他舉辦兩場大胃王挑戰，分別是和丹尼爾挑戰吃奧利奧餅乾，還有和馬修比吃披薩。在一小時的時限裡，拉卡尼洛輕鬆贏下兩場比賽，分別吞下九十塊奧利奧餅乾及三片派翠披薩（Patsy's pizza）。你沒弄錯，兩場比賽就跟聽上去一樣怪噁心的。

當然啦，進食不一定是主軸，任何事都能讓我付諸行動。二〇一〇年一月，拉卡尼洛打算從紐澤西州，一路騎自行車到聖露西港參加春訓。我出錢替他買了帳篷和其他配備，接著向其他隊友下賭注，他們都不相信拉卡尼洛能在三週內騎完全程。拉卡尼洛一路上遇到不少突發事故，像是在北卡羅萊納州被一群野狗追，或是在傑克遜維爾（Jacksonville）的墨菲家後院紮營時，灑水系統「意外」失靈。但他最終比原定期限早到了八天，讓我在賭桌上賺了一筆。

雖然這些挑戰很有意思，但我還是鍾情於那些老掉牙的惡作劇。畢竟，我總得把過去老將在我新秀賽季做的好事給發揚光大，像是要我在巴士上唱歌，或是拖著我到蒙特婁的卡拉ＯＫ狂歡。

二〇一四年，那時還是雅各布．狄葛隆（Jacob deGrom）[1]的新秀賽季，大都會打者開始習慣有人擊出安打時，就會在休息區揮舞毛巾。這完全跟我的風格不

1　雅各布．狄葛隆（Jacob deGrom），美國職棒大聯盟投手，綽號「地瓜」，入選四屆明星賽、兩屆國聯賽揚獎，二〇一四至二〇二二年效力於紐約大都會隊。本書繁體中文版出版時效力於德州遊騎兵隊。

搭，我生性不喜歡引起注意，沒法接受每次敲安都有人炫耀慶祝。但在這一點上，我發現自己是少數派，而休息室大半隊友都清楚這點。作客辛辛那提的某天晚上，葛蘭德森突發奇想，覺得把他所能找到的所有毛巾塞到我的置物櫃會很逗趣。我進門看到這一幕相當傻眼，狄葛隆則對我的反應放聲大笑。

這我可不能坐視不管。比賽結束後，狄葛隆回到置物櫃前，發現他的褲子已經被改成高叉牛仔短褲。在他回飯店的路上，我都確保他有穿在身上。

大家都曉得和我共用休息室的風險。有一年，我買了根趕牛用的電棒，威脅要處罰那些暖身或球隊會議遲到的成員。電棒其實不疼，但發出的聲響卻能讓我最鐵石心腸的隊友也膽戰心驚。

惡作劇的代價，就是常常反過來被整。花旗球場警衛多明尼克．簡泰爾（Dominick Gentile），就曾給我支新奇的筆，在我按下去時嚇我一跳。但在惡作劇方面，我總會加倍奉還回去。我很愛把球隊長年的公關經理傑伊．霍維茲（Jay Horwitz）的望遠鏡塗黑，讓他帶著黑眼圈到處走，他老兄永遠學不乖。

我曾經唬弄經紀人基斯，說我的狗走失了，正在挨家挨戶找狗，那次惡作劇可把他嚇壞了。休息室成員都是我的惡作劇目標，但我最愛捉弄的對象當屬塔格利，他在聖露西大都會隊擔任總管多年，我們常叫他「塔格」（Tag）。塔格利也負責聖路西港一切事物，意味著他全權負責整個球場運作。他的辦公室總是沒人在，而他總會把各種鑰匙放在辦公桌最上層抽屜。

有天，塔格利在結束春訓離開球場時，發現一群球迷盯著他的車看。比賽期間，某人（可能是我）委託幫手，把他的車塞滿舒泰隆泡沫塑料。幾個月後，他的後座都還飄著零星的塑料屑。

還有一次，我花錢請我們的維修技師連夜替塔格利的辦公室換鎖。當他好不容易撬開門，發現我的「同謀」已經砌起一堵石膏板牆，把他的辦公室空間縮減到三乘三英尺的大小。我們重現了他的舊辦公室樣貌，家具、相片框的位置都完美還原，我本打算放些農場裡的動物，但後來覺得這樣做有點過火了。

我最樂在其中的一次，是當塔格利進到辦公室，目睹一個輪胎躺在沙發上的場景。當他走到外面時，發現他的車停在原地……的煤渣塊上，四個輪胎都不翼而飛，這都多虧當地一位拖車司機，他正好是我們牛棚教練的朋友。塔格利自然很生氣，在比賽期間衝到休息區和我對質，卻發現大家都指著右外野護堤，有個球迷正坐在他的輪胎上。第三個輪胎放在與球場相連的擊球籠，最後一個則丟在中外野草皮的訓練場上。大夥目睹塔格利氣急敗壞地試圖把輪胎裝回去，各個都哈哈大笑。

有幾次，塔格利也威脅要惡整我，但他曉得最好還是什麼都別做。我可能不是最天才的惡作劇專家，但我有的是資源和閒暇時間，想靠惡作劇和我互別苗頭可一點都不明智。

這些惡作劇當然都是鬧著玩的，我們的開懷大笑也顯示彼此關係有多緊密。我從不會對不熟的人惡作劇，也不會招惹開不起玩笑的朋友，一旦和隊友或球隊成員相熟，我對待他們就像兄弟一樣。在維吉尼亞老家，我和弟弟總會互相惡作劇，這就是我們長大的環境。

而在紐約，和我關係熟到能惡作劇的好友已經數不清了。二〇一二年是我待在大都會的第十二個賽季，拉卡尼洛、塔格利、霍維茲和其他人早已成了我的家人。一想到合約還剩一年，就讓我害怕失去好不容易建立的友誼，想到要在其他地方重新開始，我心中同樣百般不願意。

我也知道，我的去留不是由我決定。我自認場上、場下都盡到該盡的義務，但這是否代表我在球隊的建隊藍圖？球隊會投資在一位即將年過三十的球員身上嗎？他們願意嗎？

我很快就會知道答案了，這讓我焦慮不已。

從經濟面來看，二〇一二年末是聯盟史上最佳的換約時機。上個休賽季，普荷斯才剛和天使隊簽下十年兩億五千四百萬的天價合約，是聯盟有史以來第二高的合約金額，而菲爾德則簽下九年兩億一千四百萬。再上一個休賽季，傑森・沃斯（Jayson Werth）[2]和國民隊簽下一億兩千六百萬，克里夫・李（Cliff Lee）[3]則拿到一億兩千萬的合約，大我三歲的三壘手亞德里安・貝爾崔（Adrián Beltré）[4]，也簽下了九千六百萬合約。

那時，我起碼曉得大都會隊有興趣和我續約。距離投身自由市場還有一年，我很樂意進行談判，但我需要保證。大都會隊自二〇〇八年就從來不是季後賽的強力角逐者，我希望球隊能為進軍世界大賽打造奪冠陣容。我們已經連續四個賽季無緣季後賽了，這讓我心力交瘁，我擔心往後每年十月都只能在家度過。要我說，我確實希望在大都會待到生涯退休，也願意為達成此目的少拿點錢，但唯有一點我絕不讓步：我要確保在新合約期間，球隊能夠建立起奪冠陣容。在我功成身退前，我希望大都會隊能比我剛來到時更進一步，這點意義重大。

2 傑森・沃斯（Jayson Werth），美國職棒大聯盟外野手，二〇〇九年入選明星賽。
3 克里夫・李（Cliff Lee），美國職棒大聯盟投手，入選四次明星賽、獲得二〇〇八年賽揚獎。
4 亞德里安・貝爾崔（Adrián Beltré），美國職棒大聯盟三壘手，曾入選四次明星賽、獲得五座金手套獎。二〇二四年正式進入名人堂。

世界大賽結束不久，奧德森就從紐約飛抵諾福克，對我做出了上述保證。我開車到機場迎接他時，心裡相當忐忑不安，雖然我已經和奧德森共事兩年，但對他的為人還不是很了解。

奧德森出身自不同世代，曾經隨海軍陸戰隊參與越戰。現今聯盟管理層充斥著常春藤聯盟（Ivy League）畢業的商科、法學人士，但這在當時還很新潮。身為一名律師，奧德森是棒球史上第一位沒有聯盟背景的總管，但他很快就摸清棒球界的內部運作，運用他的獨到見解趕超其他人。一九八八至九〇年間，他帶領運動家隊連續三年拿下美聯冠軍。奧德森後來替大聯盟主席工作、擔任教父隊執行長長達四年，而在球隊急需他這樣的人才時，他抵達了大都會隊。

毫不意外地，奧德森的管理方式相當老派，他不是那種會時不時來休息室，拉張椅子和球員吃午餐。奧德森秉持公事公辦的態度，平時都待在樓上辦公室，除非因公出差才會到別處去。雖然我和他交情並不深，但看著他忙碌於工作的樣子，使我的敬意油然而生。但同時，奧德森也有權決定我能否終老大都會，這讓我很焦慮。

我懷著滿腹疑問打聽球隊前景，但我很快發現自己的擔憂是多餘的。從我在諾福克國際機場接他的那一刻起，他變得再親切不過，在前往當地高爾夫球場的路上，他要我放輕鬆，今天會是放鬆享受的一天。

奧德森沒有浪費時間，在我們敲第一桿的時候就切入正題。他列出了大都會隊的短、長期願景，透露他打算交易賽揚獎得主R．A．迪奇（R. A. Dickey）[5]，換來能立即幫助球隊的聯盟潛力球員。奧德森提到他想追求的自由球員，大抵是像葛蘭德森這種球隊利益至上的優異老將。交談過程中，我發現奧德森欣賞熱愛競爭、做事勤奮，將輸贏看得比什麼都重要的球員，這與我的職業態度如出一轍。

真正讓我驚嘆的是，奧德森拿出了大都會農場系統內部的投手球探報告。二〇一二年年中，我有幸目睹其中一名投手麥特．哈維（Matt Harvey）[6]登上大聯盟。哈維是首輪新秀，招牌球路是時速超過九十英里的快速球和犀利的滑球，擔任十場先發期間繳出不俗表現。

5　R．A．迪奇（R. A. Dickey），美國職棒大聯盟投手，以蝴蝶球聞名。入選二〇一二年明星賽，獲當年賽揚獎，二〇一〇至二〇一二年效力於紐約大都會隊。

6　麥特．哈維（Matt Harvey），綽號「黑暗騎士」，二〇一二至二〇一八年效力於紐約大都會隊。二〇二三年隨義大利隊來台灣參加世界棒球經典賽預賽，為他生涯的最後一場公開比賽，後選擇退休。

據奧德森透露，我們還有更多新援到來。另一位頂級潛力股朱利斯・法米利亞（Jeurys Familia）[7]，在二〇一二年末的初登板中，秀了一手強力伸卡球。後起之秀還包括二〇一一年，奧德森從貝爾川的交易中換來的札克・惠勒（Zack Wheeler）[8]，以及大都會二〇〇九年最高順位的選秀史蒂芬・馬茲（Steven Matz）[9]。奧德森打算在迪奇的重磅交易中，增加至少一名這樣的投手當籌碼，即便是當時沒那麼知名的新秀，如拉斐爾・蒙特羅（Rafael Montero）[10]和狄葛隆，也有令人眼睛為之一亮的表現。

上述球員的球速，都維持在時速九十英里中上游等級，讓我在看球探報告時瞪大了眼睛。我問奧德森，這些數據都是真的嗎？透過圍繞這群投手重建球隊，再找來我們屬意的自由球員，奧德森打算在短短幾年內打造一支冠軍球隊。

這個計畫正是我想要的解答，我待在大都會的前九個賽季，球隊投手群從未達到聯盟統治力的強度。別誤會，馬丁尼茲、葛拉文、桑塔納、迪奇等全明星和名人堂球星都曾效力於大都會，但即便是在球隊最巔峰的二〇〇六到二〇〇八年，我們也從未擁有像其他爭冠球隊那樣能鎖定勝局的輪替陣容。圍繞著上述陣容打造球隊，光想就讓我興奮不已。

那天下午聽過奧德森的計畫後，我更確信自己想在大都會待到退休了。下一步就是和我的家人商量，他們也和我抱持著同樣疑慮。我父母想確保我從個人、職業等各個層面考量，我弟則問我是否真的想留在大都會，還是我對球隊的忠誠蒙蔽了雙眼，看不到其他更好的機會。家人的觀點很有道理，他們曉得我可能將忠誠用在錯的地方，以及每年春訓期間，我都堅信再弱的陣容也能贏得冠軍。但在和奧德森談過後，我心底已經有了答案，就像奧德森說服我一樣，我設法說服了我的家人。

我也和經紀人談過，告訴他們只要合約金額在合理範圍，我打算留在大都會隊。經紀人盡責地花時間和我講解續約可能的收益，以及投身自由市場後我能提高多少價碼，但後面這部分我只當耳邊風。我可能跟他們提了不只一次：這是我的決定，大都會就是我想待的球隊。不論我有多嚮往替其他球隊打球，到最後都被想替

7 朱利斯．法米利亞（Jeurys Familia），美國職棒大聯盟投手，入選二〇一六年明星賽，二〇一二至二〇一八年效力於紐約大都會隊。

8 札克．惠勒（Zack Wheeler），美國職棒大聯盟投手，入選二〇二一年明星賽，二〇一三至二〇一九年效力於紐約大都會隊。本書繁體中文版出版時效力於費城費城人隊。

9 史蒂芬．馬茲（Steven Matz），美國職棒大聯盟投手，於二〇一五至二〇二〇年效力於紐約大都會隊。本書繁體中文版出版時效力於聖路易紅雀隊。

10 拉斐爾．蒙特羅（Rafael Montero），美國職棒大聯盟投手，贏得二〇二二年世界大賽冠軍，二〇一四至二〇一七年效力於紐約大都會隊。

大都會奪冠的渴望沖淡了。因為我的願望是終老大都會，所以比起抬高價碼，盡可能延長合約年限才是首要之務。

幾週後，我在感恩節期間到洛杉磯拜訪女友茱莉一家，我在當地健身房鍛鍊時，電話響了。是我的經紀人打來的，他轉發了奧德森和大都會隊的合約報價，這個價碼很合理，我一看到合約數字，就知道自己會續約。我對簽約的運作模式已經很熟練了，清楚經紀公司會嘗試駁回，雙方會在細節上討價還價，但我也曉得第一份報價夠水準，兩方最終能敲定合約。

我傳了封簡訊給經紀人。

「把事情辦妥，準備簽約吧。」我寫道。

在等待談判的過程中，我忙著購買戒指。

時間回到二〇〇六年十月，為了備戰美日明星賽，我飛到亞利桑那州進行幾天重訓。在此期間，我朋友想撮合我和一個名叫茱莉的女孩約會，她當時是亞利桑那州立大學的大四生。茱莉沒有應邀出席，因為她不想和一名棒球員約會，所以我最終只能和朋友一起度過萬聖夜。當然，故事如果到此結束就不有趣了，茱莉後來出現要載我朋友回家時，她走到我們桌前，開始和我聊天。我的帥臉明顯害她動搖了，結果我們一拍即合。

茉莉和我那晚聊了很多，談到我們的家庭、出身、職業生涯、夢想和許多事，能和一個人建立如此深厚的連結是相當少見的事。

我們最終分別時，我告訴茉莉隔天晚上打算和她正式約會，那天是我飛往日本前，待在亞利桑那州的最後一天。

我們到史考茲戴爾（Scottsdale）的壽司店「刺魟」（Stingray）吃飯，我和前晚一樣對她著迷不已。我告訴她願意出錢請她飛來紐約，她說除非我證明對她的感情夠認真，否則她不接受，我在旅日期間一直想達成這項任務。因為跨洋電話不實際，所以我一有時間就給茉莉發郵件，努力證明這段感情對我有多重要。結果似乎成功了，在我返美不久，茉莉就決定冒險來找我。

這時，該是我使出渾身解術的時候了。我帶她去看百老匯的《紐澤西男孩》（Jersey Boys）、由大賈斯汀擔任客座主持的《週六夜現場》（Saturday Night Live）、在亞洲餐廳「道」（Tao）享用壽司，最後下榻時代廣場飯店。茉莉甚至不介意我穿上一款寬鬆、兩件式的藍天鵝絨運動服上街，只說我看起來很像藍色小精靈，不得不說真的有像。這是個相當特別的週末，儘管時間轉瞬即逝，卻讓我打從心底相信，茉莉是我的真命天女。

不幸的是，茱莉還有一學期的課要上，迫使我們談起遠距離戀愛，但我們設法克服了。茱莉會在春訓、賽季揭幕日來找我，還讀了《第一次學棒球就上手》（Baseball for Dummies）搞懂比賽規則，因為她連三壘手在幹嘛都不知道。畢業後茱莉到紐約實習，租了間單人套房，從此沒離開過。

二〇一二年底，我準備好邁出下一步。我爸那時還在諾福克警局工作，他在看牙醫時接到通知，說有一名武裝信差帶著包裹到分局。朗恩一頭霧水，但除了我爸，信差不讓任何人代收。警局同仁請信差等在那裡，等朗恩看牙醫回來，接著出現下面這段奇怪的對話。

「你就是朗恩．萊特？」信差問。

「我就是。」

「這是給你的包裹。」

「裡面裝了什麼？」

「不能告訴你。」

「什麼叫不能告訴我？」

這場詭異的試探又持續了一會，直到我爸瞥到發票上列出的包裹價錢。這時，他才意會到只有我會寄這麼貴重的包裹到他辦公室，於是簽收了。他打給我詢問包裹時，我謊稱是要幫老媽準備聖誕禮物。

不久我就飛回家，載著爸媽到諾福克市中心的「四五六魚餐廳」（456 Fish）用餐。我在餐桌上掏出戒指，宣布我打算和茉莉結婚，接著我們三人擁抱痛哭。這是萊特家庭最真摯特別的時刻，但還不僅止於此。

在我向父母報喜訊的同時，我的手機響了，是經紀公司負責人山姆和賽斯·李文森（Sam and Seth Levinson）的來電。他們和奧德森在合約談判上有進展，是時候讓我加入談判了。這件事真真實實地發生了，我告訴他們把事情辦妥。

談判到底花了多久，說實話我不清楚。在紐澤西，威朋正和幾十名大都會貴賓參加夏儂·福德（Shannon Forde）的慈善拍賣會。福德不僅是大都會長期公關，也是我的好友，當時她正和乳癌鬥爭。由於威朋和奧德森都忙得不可開交，經紀公司當晚提供的消息斷斷續續，最終我和父母分別，準備打道回府。

「大夥，我累了，我能去躺一下嗎？」我在午夜時傳簡訊給他們。

「不准睡，保持清醒。」他們回我。

當時慈善拍賣已經結束了，經紀公司和球隊不斷訊息往來，直到凌晨三點左右，才以一份八年一億三千八百萬的合約達成協議。細節當然還需要討論，像是附加我很看重的拒絕交易條款，以及慈善事業上的雙邊承諾。不過，在完成這些繁重業務後，我終於能打給親朋好友分享這則消息了。遺憾的是，大家都睡著了，我在諾福克公寓興奮得輾轉難眠，卻沒法向任何人訴說，因為現在是凌晨三點。

這不重要，知道這紙合約會延長到我三十七歲賽季，讓我樂不可支。我們把薪資比例調整成鐘型曲線，合約後期薪資減少，以免我到時數據下滑對不起我的薪資。老實說，薪資是次要的，我當然希望價碼能合理，但我拿的可是大都會隊史最大合約，比山塔納的合約還多五十萬，沒道理抱怨合約價碼。經紀人老早就告訴過我，考量到當時的經濟環境，我投身自由市場絕對能簽到更大的約。但那不重要，紐約跟大都會才重要。我希望效力大都會、替大都會贏球、在大都會退休，這份新合約滿足我所有願望。

幾天後，威朋派專機到諾福克，載我直飛納許維爾（Nashville），我們舉辦一場冬季會議記者會，宣布我的續約消息。在那裡，我也重申了拒絕交易條款的重要性。

我告訴媒體：「我現在感到謙卑、榮幸和情緒激動，打從第一天起，貫徹使命一直是我的信念。過去幾年的情況不盡如人意，但這將會改變……我出身自大都會，和這裡的隊友、員工和管理層交情匪淺，我很感激能在這裡貫徹我的使命。」

我句句出自真心，對象不只是替我簽下新合約的威朋和奧德森，還包括福德，她多年來一直無微不至地照顧我。此外，還有公關人員霍維茲、伊森．威爾森（Ethan Wilson）、拉卡尼洛等好友、花旗球場警衛、休息室員工，和許許多多人。簽下八年長約，代表我對他們做出的承諾。

三週後，在我三十歲生日那晚，我帶茉莉到諾福克植物園參加一年一度的「光之花園」（Garden of Lights）活動。我跟《瘋狂聖誕假期》（Christmas Vacation）裡的克拉克．葛里斯沃德（Clark Griswold）一樣熱愛聖誕節慶氣氛，總期待開車經過聖誕老人、馴鹿等各種裝飾。每年參加活動，都彷彿駛過燈光構建的魔法森林一般夢幻。

出發前，我聯繫植物園員工將我們的車排在最後面。儘管我很緊張，卻還是強裝鎮定，告訴茉莉如果她不想去也沒關係。事情一開始不太順利，因為我不曉得怎麼打開停車燈，用餐時我也堅持不肯脫去大衣，因為訂婚戒指就放在大衣口袋裡。我當時備感壓力，但我們最終還是參觀完燈飾，感覺棒極了。

接近尾聲時，一位員工示意我們停車、徒步走完剩餘行程。當晚天氣很冷，還飄著小雨，讓茉莉下車的意願不高，正好這時員工遞過來一把傘。於是我們倆撐著傘在雨中漫步，雨輕柔地落在我們周遭，我們走到一處沒有燈光的裝飾前。

「我們應該幫忙把電源接上。」我告訴茉莉。

「別管了。」茉莉說，擔心我會不小心電死。

但策劃這一切的就是我，所以我逕自過去接上電源。裝飾瞬間亮起鮮紅的燈光，上面寫著「茉莉，妳願意嫁給我嗎？」我單膝跪地向她求婚，她答應了，我們倆擁抱在一塊。我領她到一座帳篷前，等著我們的是紅玫瑰和冰鎮香檳。

十二個月後，在絕大多數大都會隊員、管理層和老闆的見證下，我和茉莉在聖地牙哥格蘭德爾馬（Grand Del Mar）飯店舉行盛大婚禮。

茉莉如今可能不這麼想，但在當時，我骨子裡可還保留著一絲浪漫情調。

CAPTAIN AMERICA

第十六章　美國隊長

我的新合約剛敲定，離正式簽約還早，隔天就傳出大都會隊打算任命我為隊史第四任隊長的消息。隨著媒體一如往年南移至春訓營報導後，這些風聲不減反增，但管理層中沒有任何人跟我提過這件事，至少沒有馬上揭露。

我當時也無暇他顧，心思主要放在重返世界棒球經典賽上，這項賽事已演變成類似世界盃足球賽、四年一屆的錦標賽賽制[1]。跟二〇〇九年那屆不同的是，我入選美國隊已是板上釘釘的事了，同樣擔任先發三壘手，這次名單還多了賈恩卡洛．史坦頓（Giancarlo Stanton）[2]、喬．茂爾（Joe Mauer）[3]、布朗等明星隊友助拳。基特當時飽受踝傷所苦，在名單中從缺，所幸美國隊是由經驗老到的喬．托瑞（Joe Torre）[4]接掌兵符，這讓我備感興奮。時任洋基教頭的托瑞一手打造奪冠強隊，更率領洋基隊拿下四次世界冠軍。撇開洋基的輝煌成就不談，托瑞在球員時期也曾為大都會隊效力過三季，擔任母隊總教練長達六年。托瑞的棒球生涯令人稱羨，他接下美國隊總教練一事，更使我期待經典賽的到來。

如同上屆經典賽，我比往常更早投入訓練，在抵達佛羅里達春訓營前的冬季，我投入的打擊訓練更加紮實頻繁。我當時堅信為祖國爭光是莫大的榮譽，我最不樂見的，就是毫無準備就披著印有「美國隊」字樣的球衣倉促上場。

對決墨西哥的開幕戰，托瑞將我排在先發第五棒，這更激發了我上場得分的使命感。然而，美國隊開局低迷、全場僅拿下兩分的表現，讓這一切成為空談。在這場壓力重重的比賽夜，美國隊光是前三局就連丟四分。

亞利桑那州的大通體育場（Chase Field）擠滿了墨西哥球迷，氣氛相當熱烈，卻也讓比賽難度陡增。這似乎成了過去兩屆經典賽的共同標誌：無論是在多倫多對

1 世界棒球經典賽自二〇〇九年後，改為每四年舉辦一次，賽制也與世界盃足球賽類似，均採分組賽循環制、複賽淘汰制的模式運行。

2 賈恩卡洛·史坦頓（Giancarlo Stanton），美國職棒大聯盟外野手，入選五次明星賽，獲得二〇一七年國聯最有價值球員。

3 喬·茂爾（Joe Mauer），美國職棒大聯盟一壘手、捕手，入選六次明星賽、三座金手套獎、五座銀棒獎，大聯盟百年歷史上首位美聯捕手打擊王。二〇二四年正式進入名人堂。

4 喬·托瑞（Joe Torre），美國職棒大聯盟球員、總教練，洋基隊史傳奇教頭，生涯入選九次明星賽、獲得四屆世界大賽冠軍，二〇一四年獲選名人堂。

戰加拿大隊、在鳳凰城對戰墨西哥隊，或是在邁阿密對戰拉丁美洲球隊，我們都感覺像在打客場比賽。這也是經典賽難忘的其中一項原因：成千上萬的球迷擠滿球場，一股腦地替美國隊的對手助陣。

美國隊第二場預賽將強碰義大利，義大利隊內有不少美籍球員，我即將邁入名人堂的前隊友皮亞薩，也是義大利隊打擊教練。帳面實力仍然是美國隊更勝一籌，但我們沒有犯錯的餘地，如果美國隊想晉級複賽，就必須贏下這場比賽。

早在比賽開始前，我就知道這屆經典賽會相當血脈賁張。由於大通體育場只有兩間休息室，我們將和前一場賽事的加拿大隊共用同間休息室，加拿大隊當時正和墨西哥隊進行關鍵一戰。當我騎著健身腳踏車、看著電視播報賽事時，有不少加拿大隊員在附近閒晃。突然間，球場爆發肢體衝突，起因於加拿大隊在確定取勝後仍打算擴大比分，墨西哥隊憤而投出觸身球。我親眼目睹周遭的加拿大隊員衝到場上，主辦方不得不動用警力驅散鬥毆的兩方球員。

幾個小時後，美國隊的比賽開打，觀眾席的氣氛依舊熱烈。我們早早陷入劣勢，帶著兩分落後進入比賽下半。來到五局上半，我們已經將分差縮小至一分，亞當・瓊斯（Adam Jones）[5]先是被保送上壘，喬納森・盧克洛伊（Jonathan Lucroy）[6]接著敲出一壘安打，義大利隊趕緊換上右撇子中繼投手馬特・托拉

（Matt Torra）[7]。

如同我們在經典賽碰上的多數投手，我對托拉一無所知。托拉是首輪新秀，生涯前四個賽季都在3A球隊，我們找不到他的比賽影片。但反過來說，我們有各種球探報告和腦袋靈光的打者，所以每當新投手上場，休息區的大夥都會交頭接耳一番。在隊友輪番上陣挑戰托拉時，我一直從旁觀察。羅林斯先是擊出高飛球被接殺，布蘭登·菲利普斯（Brandon Phillips）[8]接著敲出一分打點的一壘安打，助美國隊扳平戰局。托拉隨後各投出一次三振和保送，場上現在滿壘兩出局，這幾次投打對決，托拉可說使盡了渾身解數。

接著輪到我上場，現在是關鍵時刻，雖然現在是三月，但感覺更像在打季後賽。這也是我費心備戰的原因，我不僅從一、二月開始投入訓練，還包括所有揮棒、練習和滾地球接傳。我刻苦訓練就為迎接這樣的時刻，好在球隊需要我時，不

---

5 亞當·瓊斯（Adam Jones），美國職棒大聯盟外野手，入選五次明星賽、獲得四座金手套獎。

6 喬納森·盧克洛伊（Jonathan Lucroy），美國大聯盟捕手，入選兩次明星賽。

7 馬特·托拉（Matt Torra），美國職棒小聯盟、中華職棒投手，中職登錄名為馬克，二〇一三年曾效力於義大犀牛。

8 布蘭登·菲利普斯（Brandon Phillips），美國職棒大聯盟二壘手，入選三次明星賽。

會感到茫然失措。

成功絕不僅僅是運氣使然，這是我的座右銘。當然有時球的一個彈跳就能決定比賽走向，但多數情況下，關鍵時刻的表現奠基於平日準備。球員經歷數日、數月甚至數年磨練，最終在關鍵時刻也能泰然自若，對那些準備充分的球員而言，他們上場比賽全憑感覺。一切準備都濃縮在站上打擊區的時刻，你看見球、把球擊出去，只要憑藉著訓練的慣性動作，一切都迎刃而解。

這正是我上場對陣托拉的感受，我深呼吸幾口氣，試著緩和心跳。我凝視著球棒一會，接著告訴自己：「要上了」。

托拉打從一開始，就打算靠技巧取勝，投出的變化球、快速球接連被我敲成界外。第五個球數時，托拉打算再朝我扔一顆滑球，但這球放得太高。球脫手時我看得一清二楚，於是使勁揮棒，將球轟飛到左中外野的圍欄，拿下扭轉戰局的大滿貫。

這感覺實在無與倫比，這球不僅拯救了美國隊，更被眾多傳奇球星見證。美國隊總教練托瑞、板凳教練賴瑞．波瓦（Larry Bowa）[9]和投球教練葛瑞格．麥達克斯（Greg Maddux）[10]，哪怕要讓他們稍稍對你刮目相看，你都必須做出非比尋常的貢獻不可。我跑到三壘時遇見皮亞薩，我當初登上大聯盟時，皮亞薩是非同凡響的存在，也是大都會有史以來最偉大的其中一名球員。此情此景下，擊敗皮亞薩所屬的球隊對我深具意義。我繞過壘包時，和他對望了一眼，從中我似乎能感受到他的認可和彼此間的敬意。

但在以六比二大勝義大利後，我們可沒閒功夫大肆慶祝。義大利憑藉先前拿下的兩勝，依然晉級複賽，墨西哥隊則慘遭淘汰。美國和加拿大隊戰績都是一勝一敗，所以隔天晚上會再進行一場殊死對決。

美國隊含金量更高，也是呼聲更高的一方，但這只讓我們更有壓力。早在首屆經典賽時，美國隊就未能晉級準決賽，當時我都還沒入選。三年後，我們在二〇〇九年經典賽拿到殿軍。反觀日本隊則連續拿下兩屆經典賽冠軍，今年同樣是奪冠熱門，但我們知道美國隊也有奪冠實力。我們同時也清楚，經典賽的關注度很大程度取決於美國隊表現。後期比賽幾乎都在美國本土開打，球迷絕對想來現場看我們比賽，但如果我們連預賽都過不了，那觀眾就沒戲唱了。

9 賴瑞．波瓦（Larry Bowa），美國職棒大聯盟游擊手、總教練，生涯入選五次明星賽、獲得一九八〇年世界大賽冠軍，獲選費城費城人名人堂。

10 葛瑞格．麥達克斯（Greg Maddux），美國職棒大聯盟投手，入選八次明星賽、獲得一九九五年世界大賽冠軍，獲選芝加哥小熊、亞特蘭大勇士名人堂，二〇一四年獲選名人堂。

好像嫌我們壓力不夠一樣，美國隊一直有開局慢熱的老毛病，總要等到比賽下半才開始追分。這場也相同，加拿大開局沒多久就灌進兩分，來到比賽下半仍握有一分領先，接著美國隊開始急起直追，最終讓比賽失去懸念。我們光是在後兩局就狂灌七分，讓我們鬆了一口氣，即便三場預賽美國隊開局都手感冰冷，但我們最終挺進複賽了。我在預賽繳出 0.455 打擊率、五分打點，不斷提高我在像經典賽這樣的國際舞台的聲譽。

就在經典賽期間，開始有人稱我為「美國隊長」，一部分是由於我越發響亮的名聲，一部分則是因為老家的傳言，說大都會隊打算任命我為隊長。

據我所知，聯盟主播麥特・瓦斯克西安（Matt Vasgersian）早在美國隊複賽對戰波多黎各時，就替我取了這個綽號。這個綽號很快就在社群媒體、各大新聞報紙傳開，沒過幾天，球迷就寄來和美國隊長有關的T恤和英雄裝給我。而在聖露西港，公關霍維茲穿上一身寶藍色緊身衣，跑到我的置物櫃旁拍照，聲稱他是美國隊長的跟班巴奇。球隊中的幾名隊友，甚至穿上印有我的臉和美國隊長身體的T恤。

我還是老樣子，不習慣成為鎂光燈下的焦點。我從不覺得自己需要綽號或超級英雄人格之類的事物，所以每當有人提起這綽號，我都只是虛應故事。但我很感激球迷，他們對這件事的熱情程度感染了我。不管在漫畫或電影裡，手拿紅白藍盾牌的美國隊長看起來都很酷，即便是我也對這綽號感到受寵若驚。

瓦斯克西安給我取綽號的那晚，我碰巧締造了職業生涯最難忘的經典賽表現。在面對波多黎各的賽事中，我先前已經敲出兩轟，八局站上預備區時，場上一二壘有人、一出局，美國隊四比一領先。這時，投手教練瑞奇・彭恩斯（Ricky Bones）[11]到投手丘準備換投。

自二〇一二年起，彭恩斯就擔任大都會牛棚教練，這也是經典賽很常遇到的有趣例子。我幾乎能數出每支球隊跟我熟識的隊友或教練，我們之間也互噴更多垃圾話，比例行賽還多。像是在二〇〇九年，我對波多黎各擊出再見全壘打後，就朝著戴加多一陣大吼大叫。與好友同場較勁總讓人情緒高漲，所以當我看到新換上的投手賽維爾・瑟丹諾（Xavier Cedeño）[12]保送茂爾後，我看向瑞奇並搖了搖頭。瑟丹諾很明顯打算避開茂爾，轉而來對付我，瑞奇後來跟我承認他覺得這樣安排更好，因為他相信瑟丹諾能靠內角球三振掉我。

我決定把這當作對我的挑釁。

11　瑞奇・彭恩斯（Ricky Bones），美國職棒大聯盟投手、牛棚教練，二〇一二至二〇二一年曾擔任紐約大都會隊牛棚教練。

12　賽維爾・瑟丹諾（Xavier Cedeño），美國職棒大聯盟投手。

瑟丹諾連續對我投出四顆曲球，在投到第四顆時被我擊成高飛球，落到中右外野警戒線，助美國隊連得三分。繞過一壘時，我看向波多黎各休息區、將球棒扔向瑞奇的方向。這當然是鬧著玩的，但在瑞奇決定保送茂爾後，我可不打算放過噴垃圾話的好機會。在往後生涯，我每個賽季起碼都會跟他提一嘴，取笑他打算三振我的決定，正是他沒法從牛棚升上打擊教練的原因。

這邊事先聲明：我覺得瑞奇完全有成為一流打擊教練的實力。但讓他吃癟實在很痛快，我只要逮到機會，就會沒完沒了地跟他提這件事。

我當時的表現完全能比肩其他經典賽球星，在球場上享受從未有過的樂趣。更重要的是，我們在贏球的道路上，多虧有這些關鍵勝利，美國隊現在離冠軍僅數步之遙。

唯一的遺憾是，美國隊即將失去我這名戰力。

經典賽開打前，我的左肋骨就有些微不適，起初傷勢還能一笑置之，但疼痛隨著時間過去逐漸加劇。比賽初期某天晚上，我帶著未婚妻茉莉到亞利桑那州，和法蘭柯爾及他的妻子聚餐。我在餐廳座位坐立難安，甚至在用餐期間起身，好減輕身體的不適感。

我過去曾忽視大大小小的傷病，所以眼前的疼痛只是另一個挑戰，但隨著經典賽進行，疼痛越來越嚴重了。有次，我請了脊椎按摩師到我飯店房間，因為我感覺自己有根肋骨凸出，希望按摩師能幫我喬回原位。

在對波多黎各的比賽貢獻五分打點後，我的肋骨已經疼到需要告知美國隊訓練師的地步。這則消息讓大都會隊大驚失色，球隊高層更直接聯繫經典賽員工。儘管以傷病來說，這不算什麼大問題，但棒球活動的各種激烈運動，確實可能對這類較小的核心肌肉造成破壞。大都會隊擔心離賽季揭幕日還剩三週，繼續參加經典賽將可能背負例行賽的健康風險。儘管我熱愛經典賽，但我擔不起繼續參賽的風險。

美國隊對陣多明尼加隊的比賽幾分鐘前，各方都同意我最好退出經典賽。一小時後，我站在馬林魚球場喧鬧的通道，向媒體傳達我的決定：我手感火燙的經典賽體驗將劃下句點。

隊醫希望親自檢查，所以我飛到紐約打了針可體松、做核磁共振掃描，結果發現我左側肋間肌有輕微拉傷。

美國隊在少了我的情況下開打，我離開邁阿密當晚，球隊就敗給多明尼加。隔天晚上，我在紐約觀看美國隊和波多黎各隊二度對戰，這次運氣不在我們這邊。我的隊友找了頂美國隊長紅藍相間的後扣棒球帽，掛在休息區柱子，整場比賽都沒拿下來過，我多希望這頂帽子能給美國隊帶來些許好運。最終，美國隊止步八強，距離總冠軍還有數場比賽之遙。儘管沒能全程參與讓我很沮喪，但我知道自己做了正確的決定，這讓我感到安心了些。

我曉得自己可能再也沒機會為美國隊爭冠了，這感覺很糟，但起碼拿到世界大賽冠軍還很有希望。結果證明，有些事情已經醞釀多時了。我回到大都會隊上不久，柯林斯就找我到他的辦公室開臨時會議，與會的有球團老闆威朋、總管奧德森和柯林斯的教練團。他們希望任命我為隊史第四任隊長，也是法蘭柯在我的新秀賽季退休後，球隊推選出的首位隊長。

我雖在春訓期間就有聽到風聲，但實際收到這消息還是相當震撼。隊長這頭銜已經快從聯盟消聲匿跡了，當時唯一在任的隊長只有洋基隊的基特、白襪隊的保羅・柯納科（Paul Konerko）[13]。大都會隊史僅任命過基斯・赫南德茲（Keith Hernandez）[14]、卡特共同擔任隊長，第三任隊長法蘭柯則在九一一事件、雙子星大樓遭到恐攻後，領導大都會隊和紐約重獲新生。

能和這些元老球員相提並論，讓我非常激動。我回想起小時候在維吉尼亞爆破者隊時，教練厄比每年都讓球員票選球隊隊長，大家會在紙上寫一兩個名字，厄比收回統計後，票數最高的兩個球員會成為下季隊長。我也曾選上兩次，知道隊友相當敬重我，讓我備感驕傲。成年後，我再次被任命為隊長，且還是替我從小到大支持的球隊打球，這樣的機會我絕對會慎重看待。

所以我選擇拒絕。

說實話，我打從心底想成為大都會隊長，但我不希望這頭銜是由老闆、管理層和總教練決定。我希望能像在爆破者隊那樣，隊友也能支持我，否則這一切就沒有意義。

對我來說，隊長這個職位不只是象徵，而是成為球隊領袖、休息室裡受同伴信任的老大哥。隊長必須做大家的榜樣，建立球隊文化。休息室是個神聖的場所，我雖不會強迫隊友嚴守紀律，卻希望能帶出團隊最好的一面。成為隊長意味著我將代表球隊的公眾形象，負責懲罰偷懶或違規的球員，這些事情我早就在做了，但日後會成為隊長的份內事。但要達成這些，我就要確保隊友願意接納我。假如我如願當

13 保羅・柯納科（Paul Konerko），美國職棒大聯盟一壘手，入選六次明星賽、獲得二〇〇五年世界大賽冠軍。

14 基斯・赫南德茲（Keith Hernandez），美國職棒大聯盟一壘手，入選五次明星賽、獲得兩屆世界大賽冠軍。一九八三至一九八九年效力於紐約大都會隊，為隊史首任隊長，生涯獲選聖路易紅雀、紐約大都會名人堂。退役後擔任SNY電視球評。

上隊長，但卻得不到隊友敬重，那麼往後我作為隊長的發言都將毫無份量。

那天坐在總教練辦公室裡，我向威朋、奧德森和柯林斯清楚表明，在隊友認可我以前，我不會接下隊長這份頭銜。

我挨著置物櫃，跟每位隊友開誠布公：大都會隊希望我成為隊長，但倘若沒有大家的祝福，我不願輕易接受，因為我不希望讓任何人難堪。我告訴隊友，無論他們贊成與否，都應該把想法告訴奧德森或柯林斯。他們要是覺得難為情，也可以私下轉達教練或隊上老將，這樣無論他們贊同與否，我都不會知道誰說了什麼。

在休息室打轉、滔滔不絕和隊友講話，這感覺挺怪的。有些隊友和我認識多年，包括墨菲、狄倫・基伊（Dillon Gee）[15]；有些則是沒多少經驗的新秀，像是胡安・拉賈瑞斯（Juan Lagares）[16]、威爾莫・佛羅瑞斯（Wilmer Flores）[17]；還有些儘管剛與我熟識，但已經在聯盟打滾多年，諸如約翰・巴克（John Buck）[18]、拉特洛伊・霍金斯（LaTroy Hawkins）[19]。無論他們是哪種人，我都親自找他們談，這麼做很重要。

到現在，我依然不知道大家對我的評價，但可以肯定的是大多是正面的。回到聖露西不到一週後，我當時在防護室冰敷肋間肌，冰塊的水都滴到地毯上了，這時柯林斯召開全隊會議。當他宣布我被任命為隊長時，球員間爆出熱烈掌聲，大家的關注還是讓我不太適應，但知道隊友都支持我的當下非常感動。整場會議，乃至聖露西港記者會上宣布這則消息，我都感覺像在做夢般不真實。

當時無論作為個人或球員，我都為自己取得的成就為榮，但跟這個時刻相比似乎都微不足道。被任命為大都會隊長，是迄今為止我曾得過，也是這輩子所能獲得的個人最高榮譽。這份頭銜代表隊友對我的尊敬，比棒球卡背後任何生涯成就都更有意義。

當上隊長唯一的缺點，就是從此我的球衣都得加上代表「隊長」（captain）的C，我能理解這是幾十年來的傳統，但這實在跟我的個性不搭。我覺得球衣就是球衣，即便我被任命為隊長，我真正發揮作用的場合主要在場下。幸好大家都能理解

---

15 狄倫・基伊（Dillon Gee），美國職棒大聯盟投手，二〇一〇至二〇一五年效力於紐約大都會隊。

16 胡安・拉賈瑞斯（Juan Lagares），美國職棒大聯盟中外野手，二〇一三至二〇二〇年效力於紐約大都會隊。

17 威爾莫・佛羅瑞斯（Wilmer Flores），美國職棒大聯盟內野手，二〇一三至二〇一八年效力於紐約大都會隊。

18 約翰・巴克（John Buck），美國職棒大聯盟捕手，二〇一〇年入選明星賽，二〇一三年效力於紐約大都會隊。

19 拉特洛伊・霍金斯（LaTroy Hawkins），美國職棒大聯盟投手，二〇一三年效力於紐約大都會隊。

我，讓我輕易地躲過這項傳統。

我被任命為隊長後，球隊上下幾乎沒太大改變，我也維持一貫作風。知道大家更願意聽我說話可能稍稍提升我的信心，但我從不是愛誇誇其談、發表團隊演說的領袖。我始終以身作則，如果我需要和隊友溝通，我會盡量選擇檯面下、私人的場合，慎重地和對方討論。如果隊友願意因為我的隊長身份，更把我的話當一回事，那自然更好。

成為隊長，某種程度確實幫助我成為更好的隊友、更好的人，倘若沒有傷病纏身，我也會成為更好的球員。這份頭銜讓我不管球場上下都多了不少責任感，就好像自己成為新的鎂光燈焦點。我知道隊友樂意效法我，所以我加倍努力做好每件事，從球場外的媒體互動，到球場上的攻守拼勁。

別誤會，這些事情我老早就知道了。只是身為隊長，我最不願意做的就是因為一時的自私軟弱，憑白送對手一個打席或防守撲空。比起專注在個人數據，像是總共敲了幾轟之類的，我更專注在賽前準備和訓練上。

當上隊長後，無論是作為球員、隊友或球隊領袖，我都以更高的標準要求自己。在往後的職業生涯中，我都對這份責任和榮譽慎而重之看待。

THE FACE OF MLB

第十七章　超級明星臉

儘管成為球隊舉足輕重的領袖，我還需要靠表現說服場外球迷。我很幸運，能在生涯前六個賽季五度入選明星賽，其中四場擔綱先發三壘。這個紀錄中斷在二〇一一年，我那年飽受背傷所苦，繳不出明星賽先發該有的數據，隔年也救不回我低迷的支持度。二〇一二年手指傷癒回歸後，即便我繳出 0.355 打擊率、九轟、五十打點和 1.013 整體攻擊指數，我在明星賽的球迷投票仍落後巨人隊的巴布羅・桑多瓦（Pablo Sandoval）[1]。

這可說是巨人隊球迷的功勞，隨著社交媒體逐漸成為明星賽票選媒介，這群球迷依舊死忠支持自家球員。紙本投票的年代已經過時，如今你一天內能透過網路投票多達二十次，巨人隊球迷就是這麼做的。從本季四到六月，桑多瓦繳出 0.306 打擊率、六轟、二十五打點和 0.848 整體進攻指數。

大都會隊也鼓舞自家球迷投我一票，但桑多瓦的票數不知為何總是更高。球隊接著前往洛杉磯，進行上半季最後一次客場之旅，我週日起得很早，因時差感到些許疲憊，瞥見奧德森的十幾通未接電話。奧德森一直打到我接起來為止，我還半夢半醒，總管就開口了。

「我想第一個跟你道歉，你當不上明星賽先發了。」他說。

這可是樁大新聞，奧德森顯然有門路提前得知投票結果，他聽起來不太開心，情緒甚至比我低落。當天晚些時候，他在推特上發了一系列貼文，引起不少關注。第一則推特寫道：「萊特對決桑多瓦：八百萬人的城市輸給了八十萬人的城市。」

另一則推特評論道：「功夫熊貓（桑多瓦暱稱）在明星賽獲選，告訴我們可愛綽號有多重要。我好驚訝巨人隊球迷竟然不是選個會打球的先發三壘手。」

錯失明星賽先發當然讓我很難過，但我告訴奧德森別擔心，我理解整個投票過程。大都會隊才剛坦了幾個賽季，雖然這季有個不錯的開局，但和巨人隊還是相差甚遠。近三年，巨人隊已經拿下第二次世界大賽冠軍，桑多瓦不僅是陣中年輕潛力

---

1 巴布羅・桑多瓦（Pablo Sandoval），美國職棒大聯盟三壘手，綽號「功夫熊貓」，入選兩次明星賽、獲得三屆世界大賽冠軍。

新星，巨人隊也成功激勵球迷灌票給他。我想這也是奧德森沮喪的原因，因為大都會隊沒法團結起自家球迷，這讓他對我感到愧疚。我告訴他沒關係，希望起碼帳面數據能替我爭取到板凳席，其餘的我們無能為力。我後來果真成了桑多瓦的替補，這結果不算差。

但球隊可不滿意，一年後他們花下重本，打造龐大的社群平台為我的明星賽拉票。這次明星賽將在花旗球場舉辦，這可是非同小可的事。自從花旗球場二〇〇九年竣工以來，大都會隊就不曾打進季後賽，所以這是我們讓自家球場在全國亮相的大好機會。我當然渴望入選明星賽先發，球隊似乎也跟我有同樣想法。

我本季表現依舊維持高檔，截至六月底，我繳出 0.304 打擊率、十二轟、四十一打點和 0.912 整體攻擊指數。反觀桑多瓦，僅繳出 0.274 打擊率、八轟、三十七打點和 0.714 整體攻擊指數，卻在球迷票選中再度領先。有鑑於此，大都會行銷團隊火力全開，包括比賽換局時在花旗球場計分板打上「投給大衛」的訊息，還在本壘板後方塗寫「投給大都會隊」的巨型字體，敦促球迷拿出智慧型手機投票。事情的轉折點，發生在有名行銷專員找上主打「熟女約年輕男」的約會網站 Cougar Life，詢問有沒有興趣合作，明顯是看上網站最近才將我評選為棒球界「最性感的小鮮肉」。當這份潛在合作關係洩露給媒體，免不了會被大作文章，也為我招來不必要的關注。

別誤會，我當然很感激球隊為我所做的努力，我自己也很想在花旗球場球迷面前擔任明星賽先發。但我不希望我選上先發的理由，純粹是我們的社群媒體部門比其他球隊優秀，而是我靠場上數據爭來的。正如同我總是以正確的方式打球，我也希望光明正大地贏得明星賽先發這項殊榮。

我那個月給管理層傳了簡訊，希望他們減緩行銷力度，當球隊仍在戰績上掙扎時，換局期間的計分板卻還充斥幫我拉票的廣告。投給萊特，投給大衛，投票投票投票。我告訴他們真正的目標不是讓我進明星賽，而是讓球隊打進季後賽。

球隊的行銷、社群媒體部門都富有同理心，他們理解我的想法，減緩了行銷力道。我在最後幾週投票急起直追，最終贏過桑多瓦、登上明星賽先發。如果沒有球隊的公關操作，或許我那年就不是先發上陣了，這真的得多虧大都會隊。畢竟我總是一相情願地認為，比起社群媒體的讚數、愛心，場上數據才是票選的關鍵。

入選明星賽先發前，聯盟就找上我，邀我擔任全壘打大賽隊長。

儘管我討厭參加全壘打大賽，但這提議確實很合理：我是「美國隊長」、大都會隊長，現在又在自家球迷面前擔任全壘打大賽隊長。我當然曉得二〇〇六年的亞軍成績，並沒有讓我更擅長應付這種比賽，所以對比賽結果不抱太大期望。但我喜歡這次的競賽模式，聯盟請我和洋基隊二壘手羅賓森．卡諾（Robinson Canó）[2]各自選出國聯、美聯隊伍成員，還附上額外的甜頭：如果國聯隊伍獲勝，聯盟會慷慨地捐一筆錢給我的基金會，該基金會與紐約、維吉尼亞州的兒童醫院密切合作。

我的任務是選出三位國聯球員參賽，這看似簡單，卻讓我壓力很大。聯盟任命我擔任隊長後，馬上就有球員像我毛遂自薦，有時甚至在比賽中纏上我。消息發布一週後，我站上勇士隊主場打擊區時，聽到新秀捕手伊凡．蓋提斯（Evan Gattis）[3]維持蹲姿和我打招呼，我轉過身回應他。

加提斯的下一句話嚇我一跳：「如果你讓我入選，我就徒步走到紐約。」這位老兄登上大聯盟的道路相當坎坷，他花費四年時間克服焦慮、藥物濫用問題，最終才在二十六歲初登板。如果他說要從亞特蘭大走到紐約，我想不到懷疑他的理由。

我試著維持選拔過程的公平性，因為聯盟全權允許我選擇任何球員。但即便我能挑選全明星以外的球員，這麼做卻讓我不太舒坦，因為這代表全明星史丹頓進不了名單，他本來有機會入選的。

同時間聯盟發起球迷調查，問大家最想看誰參加全壘打大賽，布萊斯．哈波（Bryce Harper）[4]成為球迷心中的第一名。對我來說，全壘打大賽是為球迷舉辦的活動，所以哈波當然是首選。二號隊友我選了卡洛斯・岡薩雷茲（Carlos González）[5]，本季明星賽前就以二十五轟成績領先國聯，光是這理由他就能入選了。

最後一位隊友人選，基於多年交情，我選擇了卡戴爾。卡戴爾當然值得入選，他本季打擊率 0.33，更拿下國聯打擊王，明星週前已經累計十六轟。我挑中他時，卡戴爾剛好結束他的連續二十七場敲安紀錄。卡戴爾從未主動爭取入選，名字也不像其他球星家喻戶曉，我清楚從一票球星中選出卡戴爾會引發爭議，但我就是想選他。有些人對參賽與否舉棋不定，卡戴爾不同，他對這類賽事相當熱情，甚至能夠

---

2 羅賓森・卡諾（Robinson Canó），美國職棒大聯盟二壘手，八次入選明星賽、獲得五座銀棒獎，入選二〇一三年經典賽最有價值球員。

3 伊凡・蓋提斯（Evan Gattis），美國職棒大聯盟捕手，獲得二〇一七年世界大賽冠軍。

4 布萊斯・哈波（Bryce Harper），美國職棒大聯盟外野手，七次入選明星賽、兩度獲選國聯最有價值球員，贏得二〇二二年國聯冠軍賽最有價值球員。

5 卡洛斯・岡薩雷茲（Carlos González），美國職棒大聯盟外野手，入選三次明星賽，獲得三座金手套獎、兩座銀棒獎。

感染我。全壘打大賽畢竟是為球迷而辦的比賽，因此我想選出對比賽更懷抱熱情的選手。

問題是，想參加全壘打大賽的球員遠超過名額限制。我的最終人選更激怒了海盜隊球迷和體育電台主持人，因為海盜隊球員阿瓦瑞茲不僅是紐約本地人，明星週前的全壘打數更是僅落後岡薩雷茲一轟，排在聯盟第二。海盜隊當時正在崛起，戰績穩坐國聯第二。大都會隊上半年最後一次客場三連戰正好在匹茲堡，可以想見當時場面多麼劍拔弩張。

週五晚間首戰，三萬九千名球迷擠滿PNC球場，看台上每個人似乎都在噓我。噓聲越演越烈，就連本壘裁判賴瑞・范諾夫（Larry Vanover）也在我其中一次打席時，禁不住詢問為什麼大家都討厭我。我提高嗓門，跟他解釋了全壘打大賽的來龍去脈，他完全不曉得這回事，但匹茲堡市民清楚得很。作客匹茲堡那三戰，每當我鄰近打擊區、上場防守時，都會被有史以來最響亮的噓聲伺候。

抱歉了，匹茲堡。

後來岡薩雷茲受了傷，阿瓦瑞茲如願成為正選，要是岡薩雷茲早點退出，我說不定能少受點罪。

我在賽前的最後一項任務，是挑選打擊練習投手，這是推舉我好友的大好機會。在我的大半生涯，拉卡尼洛都是我賽前的打擊練習投手，也是我最好的死黨。二〇〇六年，我從紐約東區公寓搬到熨斗大廈附近的漂亮新居，還請室內設計師打點過。拉卡尼洛成了我的室友，我們在往後八年形影不離，因為我們會一起去球場報到，我常常一大早就敲他的房門叫他起床。為了收看週日的足球賽，我們裝設一台六十吋電視，還附設四台四十二吋電視。這套設備還有支高級遙控器，結果某天我不在時，遙控器果不其然就被拉卡尼洛弄壞了。但除此之外，這是非常理想的新住處，更鞏固了我們兩人的友誼。

全壘打大賽開始前，拉卡尼洛原本希望我改選大都會教練瑞奇。身為前大聯盟投手，瑞奇很擅長擔任打擊練習的餵球手。拉卡尼洛認為找瑞奇幫忙獲勝機率更高，但這場賽事是千載難逢的機會，能夠讓他在全國舞台上達成難以置信的壯舉，這是多數人一輩子求而不得的好事。對於拉卡尼洛自認餵球能力比不上瑞奇，我不僅大加抗議，還告訴他我要的不一定是最好的餵球手，而是懂得珍惜這段經歷的人。

我也希望比賽要是輸了，有個能讓我怪罪的對象。在我的好說歹說下，幸好拉卡尼洛被說動了。

比賽過程一如預期，我在首輪僅敲出五轟而無緣晉級，但起碼贏過地鐵大戰老東家——美聯隊長卡諾，這多少帶給我一點慰藉。我在站上首打席、比賽前期敲出一支飛向左外野二層看台的全壘打時，都受到主場球迷掌聲喝采，這是難忘的回憶。球迷整場比賽都站著高呼我的名字，我當然很想贏，起碼挺進次輪讓球迷看個夠。我清楚自己的強項，可惜全壘打大賽恰巧不在其中。

明星週其餘行程都彷彿過往雲煙。全壘打大賽期間，ESPN主播克里斯・伯曼（Chris Berman）說我是「全壘打大賽的地下東道主」，畢竟我算是一肩扛起花旗球場和紐約市的重責大任。一連串事件接踵而來，讓我根本無法活在當下，球員接受無數場採訪、跑遍各個宣傳活動，包括派對、球迷互動等。相對來說，比賽只算是明星週的其中一環。

即便如此，明星賽仍舊是我的最愛。我在該屆賽事擔綱第四棒，共計三打席敲出一支一壘安打。我當時還不曉得，這是我最後一年入選明星賽。我生涯共計七次入選明星賽，打擊率維持在 0.389，我喜歡把入選明星賽視為進軍更高水準賽事的實力證明。

以勝場貢獻值來看，二〇一二、二〇一三年分別是我生涯前三、四好的賽季。即便我已經年過三十，卻感覺自己逐漸邁入巔峰，我逐漸適應花旗球場，在過去兩年敲出三十九轟，同時保持超過三成的打擊率。我又找回過去連兩屆金手套獎的防守美技，在三壘的穩健表現也消除了外界疑慮。我克服了二〇〇九年腦震盪後的心魔，以及二〇一一年的背部傷勢，我簽下一紙附帶禁止交易條款的長約，讓我能夠在大都會光榮退休。我是大都會隊長，場內外都發揮領袖風範，曾入選兩屆經典賽、七次明星賽。可以說，我儼然是棒球賽的形象大使。

二〇一四年春訓期間，聯盟舉辦了「超級明星臉」（Face of MLB）分組比賽，讓球迷投票決定哪位球員配得上這個稱號。我們在聖露西港也不例外，因為球員休息室電視總是轉到棒球頻道。

我每天都會到球場吃早餐、舉重，然後回到置物櫃前。每次經過休息室，電視似乎剛好都在播報這項比賽，隊友都會起立為我鼓掌。他們都曉得這讓我有多尷尬，但仍樂此不疲。

比賽最後，由我和運動家隊的艾瑞克・索加德（Eric Sogard）[6]進入決選。索加德當時沒那麼家喻戶曉，生涯只累計六轟，他身高五呎十吋（約177公分），上場打擊時會帶著眼鏡。他後來的聯盟生涯漫長順遂，但當時名號還沒打響，隊友都很樂於看到這傢伙成為社群媒體新寵。不管我是不是美國隊長，這老兄都很有機會

6　艾瑞克・索加德（Eric Sogard），美國職棒大聯盟內野手。

擊敗我。

最終，我在決賽擊敗了索加德，我承認這讓我鬆了口氣。這都要多虧大都會隊社群媒體的宣傳拉票，聯盟後來贈給我一副漂亮的牌匾，供我紀念收藏。但如同我前陣子的明星賽投票經歷，我真正嚮往的是社群媒體辦不到的成就。「超級明星臉」比賽有趣歸有趣，但我的首要任務仍在球場上，如果沒有拿下世界冠軍，「美國隊長」這一頭銜將毫無意義。

我年屆三十二歲，該是完成未竟之事的時候了。

SPINAL STENOSIS

第十八章　脊椎狹窄

二〇一五年三月初，我走進聖露西港休息室，發現菜鳥投手諾亞．辛德加（Noah Syndergaard）[1]在比賽期間坐在桌前吃午餐。球員間都曉得不該這麼做，那年春天總教練柯林斯、投手教練丹．沃森（Dan Warthen）[2]明確要求不管上場與否，所有球員都要待在板凳席。看到辛德加激發了我隊長的本能，打算去給他好好上一課。

然而，我犯了身為球隊領袖的大忌。

首先我必須說，我進入大聯盟至今從未打算讓人難堪，只會對那些承受得起的球員加以責備，尤其是對年輕菜鳥。辛德加就屬於這種，所以那天下午我打算擺出老大哥姿態，告訴他該怎麼做，再和他擁抱或互碰拳頭。但我忽略了兩件事：有群隨隊記者在休息室另一頭採訪，而隊上老將巴比．帕內爾（Bobby Parnell）[3]當時也待在置物櫃旁。

我全然不覺，逕自走到辛德加面前要他回板凳席，見他沒馬上離開，帕內爾走到我身後，一把將他的午餐扔進垃圾桶。《新聞日報》記者馬克．卡里格（Marc Carig）注意到我們的動靜，將這件事發上推特，導致賽後不少記者向我追問。我不曉得有其他人目睹到整件事情，所以賽後提問讓我措手不及，花了好一番功夫才回答上來。我過去在媒體前都會做好充分準備，這是我引以為豪的優點，但這次提問卻讓我一時語塞。我本想給辛德加上一課，到頭來反倒是我學到教訓。

賽後我為自己的說教方式向辛德加道歉，要是我知道有媒體在，絕不會用這種方式和他講話，我向他保證自己完全沒打算讓他難堪。辛德加當時才二十二歲，我能回想自己還是年輕球員的樣子，包括大聯盟集訓第一天遲到、頭一次客場之旅穿著雙夾腳拖出門等，心裡清楚每個人都會犯錯。我只是想確保辛德加不會重蹈覆徹，僅此而已。

1 諾亞．辛德加（Noah Syndergaard），美國職棒大聯盟投手，綽號「雷神」，二〇一五至二〇二一年效力於紐約大都會隊。

2 丹．沃森（Dan Warthen），美國職棒大聯盟投手、教練，二〇〇八至二〇一七年擔任紐約大都會隊投手教練。

3 巴比．帕內爾（Bobby Parnell），美國職棒大聯盟投手，於二〇〇八至二〇一五年效力於紐約大都會隊。

儘管這次事件讓我惹上風波，但我相當重視在休息室建立贏球文化，幸好辛德加表示理解，為我們的日後交情打下穩固基礎。

辛德加是球隊交易迪奇換回的首輪新秀，三年前奧德森在維吉尼亞向我和盤托出的計畫中，他也將扮演重要角色。辛德加能投出時速一〇一英里的變化球，被柯林斯戲稱為「死神曲球」，他也是隊上最有潛力的新秀群。

我們的牛棚團隊還有哈維，他在二〇一三年接受韌帶重建手術，尚未脫離康復期。此外，還有國聯年度新秀狄葛隆、剛經歷生涯首個完整賽季的惠勒、即將初登板的頂級潛力新星馬茲，和其他新秀球員。

而我的職責，就是灌輸這群新秀冠軍隊伍該有的文化，我以前一直很欽佩紅雀隊踐行的「紅雀途徑」。過去幾年來，我和「紅雀途徑」推動者逐漸熟識，包括世界大賽冠軍成員溫萊特、莫里納和麥特．哈樂戴（Matt Holliday）[4]，他們都是紅雀隊「老將會議」的成員，負責解決球員內部問題。在我看來，這主意很聰明，身為大都會隊長，我想創造各司其職的球隊文化，尤其是如今球隊實力已經回復到過往的全盛時期。

二〇一五年，大都會隊很有機會挺進季後賽，而我會確保沒有任何外來干擾。如果我們重建的步伐夠穩健，過去連續六季的失敗球季將會結出甜美果實。

總體來說，這季例行賽開局堪稱順遂。我們在開季對上國聯東區主要勁敵國民隊，拿下連勝後，更接連擊敗勇士、費城人和馬林魚隊，拉出一波十一連勝，早早在分區建立領先。好吧，至少我隊友辦到了，我只持續出賽到四月十四日，結果一次盜壘不慎讓我拉傷了右腿肌。我那時笨重地摔倒在地，試圖安慰自己只是腳抽筋，但很快就意識到疼痛沒有減輕。核磁共振檢查證實這是二級腿後肌拉傷時，我在心底做好缺賽一個月的準備。

這麼說或許很怪，但這場傷勢是不幸中的大幸。四月大多時候，我總感覺背部有些微不適，我原本只當作肌肉痠痛看大，雖然煩人，但沒什麼大礙。我還能頂著背傷堅持比賽，在四月的八場比賽繳出 0.333 打擊率、一轟的表現。而在從腿部傷勢康復的這段時間，我也能順便讓背部好好休息。

但問題是，我在佛州復健時背痛得要命。光是靠五成力氣跑步，就讓我的核心肌群和小腿疼痛難耐，隨時間推移，站立超過十到十五分鐘就會讓我極度不舒服。

4 麥特・哈樂戴（Matt Holliday），美國職棒大聯盟左外野手、一壘手，入選七次明星賽、獲得二〇一一年世界大賽冠軍。

我常驅車到四十分鐘車程外的朱比特（Jupiter）、西棕櫚灘（West Palm Beach）餐館，現在這段路卻成了痛苦經歷。我又像往常一樣，開始盤算各種最糟的情況，擔心自己脊椎哪邊又骨折了。

一天早上，我剛結束物理治療課程，正驅車前往聖露西港球場，我在車上做了面對艱困抉擇時經常做的事：打通電話給老爸。

「我不知道該怎麼辦，球隊期待我從腿後肌傷勢康復，但他們還不曉得我的背也痛得要死。」我向他坦承。

「你必須想清楚。」朗恩的建議簡單明瞭。

朗恩說了每位父親都會說的話，我當時真該聽他的。相反的是，我持續嘗試克服傷痛，祈禱有天醒來一切都會好轉。我一直以全勤出賽為豪，即便有時會帶傷出賽，也曾因二〇〇九年腦震盪、二〇一一年下背部壓迫性骨折，以及二〇一三及二〇一五年腿後肌傷勢躺進傷兵名單，我恨透這些傷病經歷了。我生涯早期超過五年從未受過大傷，現在卻像在傷兵名單中安了家，但我能怎麼辦？我現在背部變得很脆弱，就算是前往球場的一小段車程，我也得在車上尷尬地挪動身體、調整姿勢，好安撫我疼痛難忍的脊椎。

最後，我已經到了非說不可的地步了。下一次復健訓練就要開始了，我很清楚自己絕對撐不過去。

我在聖露西港的員工辦公室裡，找到了戴夫・皮爾森（Dave Pearson）和瓊恩・德布斯（Jon Debus），他們是負責球員復健訓練的資深員工，盡責地幫助球員重返球場。所以當我走進辦公室，告訴他們我的腿沒事、背卻痛得要死時，感覺真的糟透了。我很清楚告知傷情後，他們不會安撫我過幾天就會好，而是開啟一連串事件：到紐約接受核磁共振掃描、進行新一輪診斷、排定復健時程，預計將缺賽好一段時間。

我當時緊張極了，甚至有點害怕這種新傷勢。我向皮爾森、德布斯開誠佈公時，幾乎都快哭出來了。

不出所料，他們將這消息轉達給紐約制服組，包括隊醫大衛・阿爾特切克（David Altchek）。緊接著，我就搭上從西棕櫚灘飛往拉瓜迪亞（LaGuardia）的班機，深怕到當地會聽到什麼壞消息。在特別外科醫院中，我被診斷為脊椎狹窄，當時的談話讓我終生難忘。阿爾特切克要我坐下、告知診斷結果，並建議我「別上網查」。

果不其然，我做的第一件事就是用手機查這個詞。脊椎狹窄？我花了那麼多時間上網搜尋可能的診斷結果，從沒找到這個詞過。我很快就明白隊醫希望我別去查的原因了，每個網站都列出同樣的醫學術語：麻木、虛弱、刺痛感、疼痛、痙攣，脊柱狹窄會使患者虛弱、造成不可逆的傷害，且隨時間持續惡化。我腦中瞬間思緒奔湧：我的天，我的生涯完蛋了。這通常是老年人才會得的病症，為什麼是我？為何是現在？我開始自怨自艾了起來。

診斷結果讓人憂心忡忡，我一直回想起四年前觸殺卡洛斯的那記飛撲，我是怎麼忍著下背部骨折打完比賽。我後來才曉得，骨折後鈣質會沉積，幫助骨骼長得更厚實以自我修復。但我的情況不同，我先天椎管就比多數人還窄，所以骨骼增厚只會進一步堵塞我的椎管，讓神經更難以維持功能。過去幾年，我的腰椎椎間盤也經歷跌打損傷，讓情況更加惡化。

聽阿爾特切克講這些話相當恐怖，甚至到嚇人的地步。我自認是生性樂觀的人，但這消息卻帶給我極度沉重的打擊，我不僅無法理解，也難以消化事實。

二〇一一年我遭遇下背部壓迫性骨折時，在洛杉磯接受脊椎專家羅伯特．沃特金斯（Robert Watkins）檢查，我相當信任他，於是四年後打算回去尋求專業意見。我從紐約飛往洛杉磯國際機場，租了台車開到瑪麗娜德爾雷（Marina del Rey），沃特金斯的居家辦公處就在附近。沃特金斯在醫學界是不可多得的人才，出生自田納西州，他先到英國、瑞士接受專業訓練，隨後在南加州師從傳奇外科醫生羅伯特．

克蘭（Robert Kerlan）和法蘭克・喬布（Frank Jobe），主要關注運動員治療。題外話，喬布也是史上第一位替道奇左投湯米・約翰（Tommy John）[5]完成手肘韌帶重建手術的醫生。

沃特金斯曾協助德懷特・霍華德（Dwight Howard）[6]從背痛康復，醫治培頓・曼寧（Peyton Manning）[7]的頸傷，有密切合作的團體包括洛杉磯道奇、洛杉磯國王、安那罕巨鴨、南加州大學足球隊、美國職業高爾夫球巡迴賽，以及太陽馬戲團雜技演員。走進沃特金斯位於六樓、能夠俯瞰瑪麗娜德爾雷港的辦公室，我看到牆上掛滿幾十件簽名球衣。沃特金斯是世上最懂人體脊椎的醫生，如果有人能治好我的脊椎，那一定是他。

如我所料，沃特金斯證實阿爾特切克的診斷無誤，他對我進行六次硬脊膜外注射，替我在洛杉磯安排物理治療團隊。我的情況沒辦法靠手術復原，但我們制定了

5 湯米・約翰（Tommy John），美國職棒大聯盟投手，入選四次明星賽。

6 德懷特・霍華德（Dwight Howard），美國職業籃球運動員，入選八屆明星賽、獲得二〇二〇年總冠軍。

7 培頓・曼寧（Peyton Manning），國家美式足球聯盟四分衛，入選十四次明星盃，獲選美式職業足球名人堂。

復健計畫，協助我在二〇一五年重返球場。

但具體時間沒人說得清，這讓我很懊惱。在過去，我的傷病大多都有明確的回歸時間：肌肉拉傷約需三到四週，骨折需六週，諸如此類。但脊椎狹窄不像前兩者，是全新未知的領域。

復健第一週，我住進一間飯店，但不曉得何時才能退房，這裡也成了我日後其中一間臨時住所。有飯店為容納婚禮賓客，只讓我住一個週末，附近租屋處一次也只能住上一兩週。我在加州沿岸到處搬家，從瑪麗娜德爾雷、曼哈頓、何爾摩沙（Hermosa）到雷東多海灘（Redondo Beache）都有我的蹤跡，盡可能在同一住處待好待滿。過去三個月間，我輾轉搬家了五六次之多。

洛杉磯各大飯店的咖啡廳店員差不多都認識我了，由於我實在待得太久，店員說不定還以為我是什麼位高權重的商業大亨。每天早晨，我都會下樓買杯咖啡，接著開去找物理治療師麥可．施林克（Michael Schlink）進行每日復健。施林克是沃特金斯的好搭擋，替我設計一套復健方針，幫助運動員從背傷中復原。儘管這是為我量身定做的計畫，過程卻稱不上有趣，我每天要盯著天花板仰躺一個半小時，做需要輕微伸展的運動，每每都讓我汗流浹背。

我的物理治療主要建立在「死蟲」（dead bug）復健訓練，我仰躺時必須雙膝曲起、雙臂朝上，當我曲起其中一條腿時，放下另一側的手臂，以此類推。逐漸適應後，會在訓練中施加輕負荷提高復健強度，隨後再進行其他訓練，如半仰臥起坐、橋式、跪姿撐體等動作。整個復健的目的，就是用我不從嘗試過的方式訓練核心肌群，看過海灘猛男很愛秀的六塊肌？那不是我的目標，我要訓練的是脊椎附近沒那麼迷人的肌肉群，藉此保護脊椎。

幾週後，施林克調整了計畫，一步步增加復健難度，但過程一如既往地無趣。這可不是每天躺著做按摩九十分鐘那麼簡單，整個過程都相當辛苦，且彷彿看不到盡頭。

每週一，我都會和沃特金斯在瑪麗娜德爾雷的居家辦公處見面，期待他允許我進行更高強度的活動，但每次都被他拒絕。接著，我每週會和大都會防護員進行視訊會議，更新復健的最新消息。沃特金斯堅持我要在每階段無痛完成訓練，才能進行棒球員的功能性訓練，這讓我很懊惱，覺得自己能做的太少了，我甚至不能慢跑、跑步和舉重。我只要相同姿勢站太久，就會身體不適，在復健早期階段，團隊以我能走多久而不摔倒來判斷我進步了多少。

沃特金斯也派給我回家作業，要我一口氣走路五到六分鐘，作業雖簡單，對我來說卻是件大事。過去對我來說輕而一舉的舉動，突然間變得困難重重。我心中備受煎熬，因為在我心中，我是職業運動員、入選多屆明星賽，我期盼能衝刺、打擊、上場守備和舉重，將身體重塑至顛峰狀態。如今我能做的，僅僅是走上四分之一英里的路，還得祈禱過程不會太痛苦。

沃特金斯心底清楚，脊椎狹窄將使我的核心肌群和肩膀更虛弱，最後終結我的職業生涯。但他擬定了延緩、減輕這些症狀的計畫，給予我未來幾年打球的機會，甚至維持過往的高檔表現。我只需要相信這套復健方針，並付諸實行就行了。

六月初，大都會隊來到聖地牙哥進行客場三連戰，我沿著四〇五號州際公路抵達球場，向記者告知復原情況。記者不厭其煩地詢問我的回歸日期，但我給不出好答案，因為連我也不曉得自己什麼時候能打包行李、將咖啡館拋諸腦後，回到佛州參加棒球訓練。

不只媒體，隊員和好友也不斷聯繫我，問起我的近況、感覺如何，以及何時回歸。運動員常被教導不要過度透露傷病情況，因為其中包括太多不確定性，更何況我確實不清楚，一切都太變化無常了。前一日，我的晨間復健幾乎感覺不到任何疼痛，但到了隔日，行走十分鐘卻成了艱鉅的任務；有天，我醒來時感覺身體回到老樣子，但到了隔天，我駕著租來的車開上五分鐘卻痛到快尖叫。由於復原進度缺乏任何規律，很難預測需要一週、兩週或六週才能完成，既然連醫生也沒法給出明確時程，我又能怎麼辦？

我心中懷抱更多的是疑問而非解答，但在外界面前，我仍努力展現自信。

那天，我在沛可球場告訴大都會體育記者：「你眼前有兩個選擇，要不是大受打擊而怨天尤人，要不是保持樂觀，在每日復健中自我挑戰，盡你所能做到最好。直到這時，你才明白傷癒回歸、套上球衣，重返球場的感覺有多棒。」

「這可能是老生常談，但只有在遠離某項事物好一段時間後，你才會真正懷念起它。從我的診斷出爐那刻起，早在搜集資訊時，我就打定主意要回歸比賽。不僅如此，我還打算比原訂計畫更早復出。」

每晚，在曼哈頓海灘、瑪麗娜德爾雷或其他下榻處，我會喬個背不痛的舒適位置安頓下來，收看大都會比賽。經歷開季十一連勝後，大都會在五六月陷入迷航。球隊在五月一日仍領先國民隊四點五場勝差，後續五十六場比賽卻打出二十四勝三十二敗的戰績，勝率跌下五成，排名也掉到分區第二。六月三十日至七月一日，我眼看著球隊在和小熊隊的連三戰僅拿下一分，賽後被大都會新聞和體育主播批評得體無完膚。球隊接著將飛往洛杉磯，進行客場六連戰，對手還是國聯前段班的道奇和巨人隊。

好在上半季有辛德加、馬茲坐鎮，我們的投手群表現優異。表現淒慘的反而是打者群，在和道奇隊開打前，球隊的進攻效率排在聯盟幾乎墊底的二十八名。在沙發上目睹球隊陷入低迷，我心裡相當難受，儘管想幫忙卻無能為力。不過，在洛杉磯卻發生了件趣事：大都會這次終於穩住陣腳。辛德加在對道奇的首戰手感絕佳，我們的打線在末局突破終結者肯利・簡森（Kenley Jansen）[8]封鎖，拿下超前分贏得比賽。兩天後，馬茲和羅根・維瑞特（Logan Verrett）[9]聯手上演完封秀。與道奇隊的三連戰拿下兩勝後，球隊轉戰舊金山再拿兩勝，球隊戰績彷彿起死回生一般。

那一陣子，我每天都和車流搏鬥，驅車到市中心道奇球場親自觀賽。我會找大都會訓練員聊天，和他們好好交流一番。我很懷念休息室生活，痛恨與隊友失去聯繫的感受。大多數夜晚，我都會傳簡訊給幾位隊友，恭喜他們在投打上的好表現，這也許算不上什麼，但起碼能讓我和球隊保持聯繫。

那週某天晚上，打擊教練凱文・隆恩（Kevin Long）[10]問我想不想和道奇總教練馬丁利談談，他們曾在洋基隊共事四年。我對馬丁利的故事知之甚詳：他曾是洋基隊隊長，生涯入選六次明星賽、拿過美聯打擊王，贏得一九八五年美聯最有價值球員，但年僅三十五歲就因背傷提前退休。我知道馬丁利從未真正從背傷康復，因此對他的故事並沒有太大興趣。我和幾位處境相似的球員交談過，包括美式足球聯盟的紐約巨人隊跑衛大衛・威爾森（David Wilson），他也因脊椎狹窄而在二十四歲退休。我能得出的結論就是「背傷糟透了」，沒人能提供振奮人心的故事。

由於背傷造成的影響因人而異，這些談話到頭來沒有太大幫助。但我從小就是馬丁利的球迷，撇開其他不談，起碼我能好好認識這位紐約棒球傳奇，所以最終還是答應了。

在隆恩的引薦下，我在打擊練習時段和馬丁利在本壘板後方聊了起來。他人相當和善，對過去做過的死蟲復健一笑置之，對此我非常能體會。困擾馬丁利的並非脊椎狹窄，而是後背椎間盤退化，但他的復健訓練與我類似，包括在醫用長凳上仰躺數小時等等。談到過往經驗，馬丁利說他記得有時生龍活虎，有時需要靠打擊練習等活動測試背部，有時甚至痛到沒法把心思放在棒球，這讓他非常挫折。話從他嘴裡出口時，我簡直不敢相信。

8 肯利・簡森（Kenley Jansen），美國職棒大聯盟投手、終結者，入選四次明星賽、獲得二〇二〇年世界大賽冠軍。

9 羅根・維瑞特（Logan Verrett），美國職棒大聯盟投手，於二〇一五至二〇一六年效力於紐約大都會隊。

10 凱文・隆恩（Kevin Long），美國職棒大聯盟外野手、打擊教練，生涯曾獲得兩屆世界大賽冠軍，二〇一五至二〇一七年擔任紐約大都會隊打擊教練。

老天，這根本就是我。

聽到前明星賽常客說出我的心聲，讓我彷彿吃了一顆定心丸，當時人們更常對我抱予同情，而不是同理心。我當然能向醫生、防護員和物理治療師訴諸病情，他們都是各自領域的頂尖知識份子，給我非常多幫助。但說到底，這群人都是從書中或其他病人身上了解病情。無論是醒來時下背部傳來陣陣疼痛、躺在長凳上做幾小時死蟲訓練，或轉播中看到自己的內野守備位置被取代的無助感，這些外人都無從得知。

這些情況馬丁利都親身體會，甚至比我還多，他同樣必須復健至退休，且餘生都將持續下去。能夠和這種人相見，不禁讓我思考現階段面對的挑戰，也思索起從球壇退休後可能的生活模式，這些我過去很少思考過。

有時想起這種事會讓人擔驚受怕，所以知道有人走過相同的路時，我頓時安心不少。

找上馬丁利前，我已經完成更密集的物理療程，重返球場看似指日可待。隊友也留意到，我比上個月在聖地牙哥的樣子更有精神了。儘管醫生仍不願給出回歸時程，但以我的身體狀況，我猜想自己能在八月某個時間點復出，時間夠我在賽季結束前找回狀態。雖然進展很緩慢，但總歸向前邁進了。

我還是必須完成施林克的晨間復健，但已經不需專人指導了。為了增加運動量，我造訪了新的物理治療中心，中心老闆是夫妻檔約翰和麗莎・梅爾（John and Lisa Meyer），專供洛杉磯運動員進行復健。身為運動迷，我發現每天到中心報到是絕妙的點子，因為你完全不曉得下一秒誰會現身。那年夏天我見到了籃球員布雷克・葛里芬（Blake Griffin）、安東尼・戴維斯（Anthony Davis）、美式足球員麥特・卡索（Matt Cassell）和網球員瑪麗亞・莎拉波娃（Maria Sharapova）。我曾和出征過國家代表隊的女子足球員托賓・希斯（Tobin Heath）共用足球場，她很快就證明她的體能比我更優秀，我也常和冰上曲棍球的洛杉磯國王隊一起重訓。

我主要圍繞棒球運動進行復健，梅爾夫婦替我打造專門課程，設計動作讓我的身體適應投球及揮棒強度。我花了好幾小時做彈力帶、TRX懸吊訓練，過程不使用啞鈴和槓片，僅倚靠自身體重來練習。我必須保護好脊椎，如果我還和二十五歲時那樣揹起槓片深蹲，刺痛感就會像股電流竄上背脊。我只能按部就班，完成慢跑、快跑這樣的簡單任務。

最後，我在梅爾夫婦的監督下進行輕量棒球運動，他們辦公室附近有個公共球場草皮，希斯等人常在那邊訓練。我一開始從四十呎外丟球給約翰，隨著我臂力提升，距離也拉長到兩三倍。接著，我們移師到覆滿泥土草皮的棒球場，讓我夢迴爆破者隊時期向教練厄比討教的情景。約翰會站在一壘，向內野扔出好幾顆滾地球，期間他都在觀察我的動作，囑咐我投球時要盡可能結合腿部和核心肌群。來到打擊練習時，約翰和我到距離曼哈頓海灘十五分鐘車程的打擊籠練習，據說史丹頓經常光顧那裡。

每天我都多進步一點，多運動一些，也越來越確信復健即將進入尾聲。

七月二十四日，沃特金斯終於批准我回紐約，在大都會團隊的照顧下進行更高強度的棒球運動。我退房時櫃檯人員吃了一驚，接著我飛往東岸、重回花旗球場懷抱。我繼續投球、接滾地球，甚至進行更激烈的打擊訓練，我真的太開心了。我不僅為熱愛的事情奮鬥、在復健過程取得豐碩成果，也終於能回到朝夕相處的隊友身邊。

我因傷缺席了三個月，但感覺彷彿過了三年之久。

COOKIES
第十九章　餅乾

七月二十四日，是球隊准許我重新上場的日子，但這天的重要性不止於此。沃特金斯同意我歸隊的同時，球隊剛從小聯盟徵召二〇一四年首輪新秀麥可．康佛托（Michael Conforto）[1]，這傢伙離開大學還未滿一年。儘管從2A球隊直上大聯盟，康佛托卻馬上進入狀態，在大聯盟生涯第二場比賽就敲出四安、打擊率0.27，整季累計九支全壘打。

老實說，球隊現況急需外援來鼓舞士氣，雖然大都會在七月初西岸客場穩住陣腳，但隨後兩週勝率又掉回五成以下。好在國民隊戰績也陷入掙扎，讓大都會在國聯東區競爭不至於落後太多，不管排名如何，我們都知道該打破現況。

將康佛托拉進大聯盟名單是第一槍，奧德森接著在當晚開了第二槍，交易來老將凱利．強森（Kelly Johnson）[2]、胡安．尤里貝（Juan Uribe）[3]填補內野空缺，尤里貝主要填補我不在時的三壘位置。我想起二〇一二年和奧德森在高爾夫球場，他向我展示理想的自由球員名單，其中有強森、尤里貝這種吃苦耐勞的球員，他們受過季後賽洗禮，也很清楚如何帶隊贏球。我深信大都會需要更多這類人才，他們能下苦功努力打球、為球隊犧牲奉獻，且永遠把贏球擺在第一位。

佛羅瑞斯（Wilmer Flores）也屬於這種類型，他曾是潛力球員，生涯早期卻在打擊、守備方面陷入掙扎。佛羅瑞斯在法拉盛的名氣不高，但他的求勝心卻有目共睹，這在七月二十九日的比賽中展現地淋漓盡致。那時大都會與教士隊在進行比賽，我剛做完復健、待在板凳席，卻聽到傳聞說管理層打算交易佛羅瑞斯、惠勒，換取釀酒人的高梅茲（Carlos Gómez）。有個鄰近板凳席的球迷向佛羅瑞斯大喊這則消息，所有人都記得很清楚，站在內野的他就這樣落下男兒淚。柯林斯要我到休息室看新聞播報，我聽完後走出來，向他證實了這則消息。

「這不可能，管理層沒有要我把他從陣容名單移除。」柯林斯一臉不可置信。

我不知該怎麼回答，半場結束後，我們還是沒收到管理層的隻字片語。我看到

1 麥可．康佛托（Michael Conforto），美國職棒大聯盟外野手，二〇一七年入選明星賽。
2 凱利．強森（Kelly Johnson），美國職棒大聯盟二壘手，二〇一五年效力於紐約大都會隊。
3 胡安．尤里貝（Juan Uribe），美國職棒大聯盟內野手，獲得兩次世界大賽冠軍，二〇一五年效力於紐約大都會隊。

佛羅瑞斯筆直跑回休息室，於是跟了上去。

佛羅瑞斯出生自委內瑞拉，十六歲時就簽約進入大都會隊。他是農場體系出身，在大都會隊學習英文、美式文化，也結交許多隊上好友。即便棒球運動是在商言商，我也不忍責怪他剛剛的失態，畢竟我不是他，無法體會他在棒球生涯的心路歷程。但我理解他現在的心情，我入行已經超過十年，其間只效力於大都會隊。對我和佛羅瑞斯來說，這支球隊就是我們的家。

我在置物櫃旁找到佛羅瑞斯，他明顯哭紅了眼。我坐在一旁，試圖採取不同方式安撫他。

「要是交易成真，你就不會上場了，你能上場就表示沒被交易。你要從現在起集中精神，因為這場比賽最後關頭還要靠你上場。」我的話呼應了柯林斯的看法。但這不奏效，所以我試了過去幾年對好幾十位球員用過的老招數。

「你會想念大都會的一切，這我懂，但這筆交易能替你爭取更多上場時間，你也能更常在關鍵時刻上陣。」

這些事佛羅瑞斯都懂，但我能看出他在回顧從家鄉到現今的棒球生涯。他的反應令我耳目一新，很少有球員會流露出如此真摯的情感，他真的很在乎這支球隊。

因為這件事，佛羅瑞斯成為眾人仰慕的對象。交易最終因為高梅茲的健康疑慮破局了，佛羅瑞斯如願待在大都會，並在兩天後敲出再見全壘打。這一轟開啟了大都會對國民隊的三連勝，繼六月後再度站上國聯東區龍頭。

同一天，距離交易截止十三分鐘前，奧德森用兩名小聯盟投手，從老虎隊挖角到外野超級球星約尼斯．塞佩達斯（Yoenis Céspedes）[4]。球隊從沒有如此情緒高漲過，塞佩達斯的加盟更催化大家的情緒，為這週球場內外高潮迭起的戲碼劃上休止符。那個月球隊有不少經歷，從交易、破局、成功止敗，再到振奮人心的連勝。我雖然無法參與其中，卻很高興能靠自己的方式幫上忙，幫助佛羅瑞斯這樣的年輕球員度過困境。

佛羅瑞斯擊出再見全壘打一週後，我飛抵聖露西港開啟小聯盟復健。我的背感覺好上許多，起碼可以上場了，那時距例行賽季末還剩兩個月，我覺得自己還有一絲復出機會。

可惜事與願違。

4 約尼斯．塞佩達斯（Yoenis Céspedes），美國職棒大聯盟外野手，入選兩次明星賽，二〇一五至二〇一八年、二〇二〇年效力於紐約大都會隊。

僅從帳面數據來看，我在聖露西港A級球隊的八場比賽繳出0.321打擊率、五保送，但事實上我的表現糟透了。我的守備很爛、打擊很爛，覺得自己打得爛透了。除此之外，我出現三次失誤，僅敲出九支一壘安打、一分打點。

比賽期間，我回想起生涯頭一次復健賽，當時我剛從二〇一一年的下背部壓迫性骨折康復。我在那場比賽繳出0.476打擊率、三支二壘安打，打擊和守備都大放異彩。我當時的表現，想必讓對手佛州聯盟的新秀感受到和大聯盟的差距了吧。

轉眼間四年過去，如今面對我的新秀肯定在想，要是萊特能入選七次明星賽，想來大聯盟打球應該也很輕鬆。我真心覺得他們是這麼看待我的，也質疑起自己在復健賽的健康狀態和比賽影響力。生涯至今，我的棒球卡肯定累積不少成就，但一想到我正和重大傷病搏鬥，這些成就都沒那麼重要了。在紐約市、報章雜誌和廣播中，我曉得自己在大眾眼中的評價，也實在無法反駁，我已經很久沒有如此灰心喪志了。

無論感受如何，我當時都即將迎來復出。我唯一能做的，就是善用如今的情況自我砥礪，這也代表我必須盡可能加倍努力才行。

最終試驗是參與完整九局賽事，我在復健期間完成過兩次，且沒有出現重大差錯。這項結果足以說服隊醫和防護員讓我重歸大聯盟懷抱，他們和管理層商議後，決定將我的復出時間安排在八月與費城人的客場三連戰。大都會隊結束丹佛的最後一場賽事後前往費城，我則早到了幾小時。

我興奮地等待隊友到來，但心中仍按耐不住不安的情緒。球隊這段期間加入了塞佩達斯、尤里貝等新成員，陣容讓我這名隊長感覺分外陌生。七月時我和他們有過點頭之交，但這比不上在比賽共患難的交情。這裡我必須好好稱讚隊友：夏季某些時候，當大夥出外吃飯或在休息室閒晃時，會打開視訊讓我也參一腳，彷彿我還在隊上。但我仍渴望以球員之姿回歸球隊。

為了成功破冰，我打算等球隊當晚抵達飯店時待在大廳迎接。這點子不賴。威斯汀飯店報到櫃檯在二樓，所以我知道隊友到時會從電梯蜂湧而出，然後看到我。

我一邊等，一邊禁不住想：老天，我餓死了。

我那晚還沒吃晚餐，雖然這不太營養，但我腦中一直想著飯店對面的「失眠餅乾」（Insomnia Cookies）麵包店。過去幾年，我和隊友不知在那裡吃了多少次宵夜，大家都愛死那裡了。我也尋思，吃點甜食說不定能平復一下情緒。

當我走進店裡，腦中突然靈光乍現，想到更棒的點子：我可以幫全隊都買份餅乾，這樣他們抵達時就有伴手禮了。

我帶著整盤餅乾回飯店，又冒出一個點子。我的棒球袋就放在飯店房間，所以我換上全套球衣，打算給大夥來個驚喜。我手拿著餅乾待在大廳時，飯店客人都對我投來好奇的眼光，當隊友終於從電梯門後出現時，他們的笑聲和笑容實在是值回票價。

但我猜只有公關主任霍維茲吃了餅乾，他愛死這份點心了。不管怎麼說，這次破冰相當成功，不僅讓我有機會和新人交流，隔天上場時更加安心，對因為我而上場時間減少的球員也不那麼愧疚了。

有鑒於我在復健賽表現糟糕，我不確定自己有沒有資格取代別人上場。我不在時，尤里貝幾乎全勤扛起我的位置，球隊在七月最後一週後仍維持高檔表現，持續擴大分區勝差。我不想成為球隊的絆腳石，只想盡我所能地為球隊貢獻，我希望和柯林斯講清楚。

「我不確定能做到多少，你肯定看了我在小聯盟的比賽紀錄，不要覺得你有義務把我放在特定位置。我早就放下自尊了，所以不用顧慮我的心情，把我放在你覺得合適的位置，只要能幫到球隊就好。」

柯林斯說他理解，結果開賽第一天，他將我排在第四棒，結案。

我的天阿。

過去在市民銀行球場，我都能繳出好表現，但那天棒球練習時我還是很緊張。

照過往經驗，我打擊進入狀態時很常敲出右、中外野平飛球，較少打出高飛球，全壘打更是少見。當我發揮八成實力時表現最突出，這時我的出棒速度通常會慢一點，也是我沒法在全壘打大賽一展長才的主因。

但那次打擊練習和過往經驗不同，我擊出很多全壘打、快速飛向左側的上旋平飛球。回到場上讓我興奮過頭，所以揮棒比平時強勁，這通常代表我上場會繳出糟糕數據。我比平時早到、有點緊張兮兮，但我能做得就是不斷練習，那是我印象中最糟的一次打擊練習。

我對那次打擊練習還記憶猶新，所以在客場休息室換球衣時，試圖好好安撫緊張情緒，但似乎沒什麼效果。這是我傷癒後首次上場，目睹座無虛席的大都會球迷，我的心臟怦怦狂跳。

大都會球員在開局依序進場，讓我有更多時間做好調適，但當我站上預備區擔任第二局首棒時，內心再次糾結成一團。我暗自發誓絕不要在第一球揮棒，因為球多半會彈到本壘前十英尺處，我下場時會顯得像個小丑。正如所料，費城人左投亞當・摩根（Adam Morgan）[5]投出一顆外角快速球，一好球。

看到這球至少讓我安心了些，心情沒那麼緊繃。摩根接著投出一顆低飛曲球，接著是一顆筆直穿過好球帶的快速球。球出手時我看得很清楚，生涯頭一次，我順其自然盡情開轟。我情緒高漲，也清楚沒機會回頭了，所以我盡全力揮出球棒。

球棒擊中球時，聲音聽來如此純粹。這一棒是如此完美，球似乎連震都不震一下，感覺不費吹灰之力就擊出去了。球升空時，我起跑時小跳了一下，不可置信地抬頭向上看，這球感覺都要飛離市民銀行球場了。

好吧，沒那麼誇張，但我的確轟出全壘打，還有餘裕慢慢繞過一壘。我平時不會因為全壘打而自我陶醉，但當我看到球劃過一道弧線落在左側二層看台時，不禁想著這次小小的勝利對我有多重要。

幾個月前，我上網搜尋我的診斷結果，這根本是場災難。在過去，脊椎狹窄終結了許多運動員的職業生涯，因此很多人質疑我還能不能回到場上。我日以繼夜努力克服傷病，想辦法重返比賽。我兩天進行一次復健，確保上場時身體回歸正常，但同時也為無法和球隊競逐分區排名感到心碎。開轟後，我回到板凳席和大夥擊掌，接著筆直走到休息室感謝物理治療師札哈克，那年夏天他犧牲了無數時間協助我復健。

當晚在回飯店的巴士上，大都會電台主持人豪伊・羅斯（Howie Rose）告訴我，那一轟是他播報生涯少數會起雞皮疙瘩的全壘打。要知道，羅伊從小就是大都會球迷，一生見證過球隊的各種輝煌時刻，而且多數是親身觀賽的經歷。

我也有同感，這整年就像坐上雲霄飛車一樣，雖然不曉得未來會如何，但我曉得憑著這一球、這一打席，我戰勝了困境，置之死地而後生。球隊看來即將進入季後賽，而我能成為其中一員，這對我來說是一場小小勝利，也是生涯其中一項最偉大的成就。

此時距離例行賽結束還剩五週，離九月一日則還剩一週，屆時球員名單將從二十五人擴大到上限四十人，這對我來說無疑更重要。儘管費城的全壘打相當振奮人心，我在那週賽事又擊出數支安打，感覺背部離完全復原還差得遠。我知道接下來的比賽需要輪休，屆時名單擴大到四十人後會更容易達成。

在復出首戰開轟讓我鬆了口氣，我不用擔心大家看待傷癒回歸的我，而是專注在比賽。但話說回來，我依舊擔憂自己的健康和未來生涯，我回歸後大都會隊打了三十九場比賽，我出賽其中的三十場，相當於每四場才缺席一場，我在這些休息日會做身體保養。我沒有先發的比賽，球隊也不會安排我板凳出發，因為我的復健太漫長複雜，要隨時都能上陣代打根本不可能。雖然我很樂於在關鍵時刻上場，但期

5　亞當・摩根（Adam Morgan），美國職棒大聯盟投手。

望我在二〇一五年從板凳作出貢獻，還是有點不切實際。

在那三十場比賽中，我繳出 0.277 打擊率、四轟、十三打點和 0.818 整體攻擊指數，考慮到我是頂著背傷上場，我將此視為個人的重大勝利。我在復健賽期間，還只能將球敲向落點不深的左外野，如今我敲出的三十三支安打就有十一支是長打。

九月二十六日週六作客辛辛那提，我敲出例行賽最後一轟。早前，我們已經和國民隊拉開到八場半勝差，九月初橫掃他們後，球隊建立起看似牢不可破的領先優勢。但在經歷過二〇〇七、二〇〇八年季末困境後，我知道不該提早為季後賽準備，必須先確保打完賽季才行。

只要再一勝，大都會就能鎖定國聯東區冠軍，我們將希望寄託在哈維身上，他主投至第七局表現亮眼。那時大都會隊靠著盧卡斯．杜達（Lucas Duda）[6]的滿貫砲、葛蘭德森的陽春砲，和去年冬季以自由球員身份加盟的卡戴爾敲出的兩分打點二壘安打，取得巨幅領先。我在九局上、一三壘有人時上場，當時球隊離分區冠軍僅一步之遙。

那次打席其實沒有太大亮點，大都會已經領先五分，我們的終結者法米利亞也已經在牛棚暖好身了。但當我轟飛伯克．貝登霍普（Burke Badenhop）[7]的伸卡球、助大都會連得三分時，板凳席爆出喝采，儘管那一轟只是錦上添花，我卻受到畢生難忘的熱烈歡迎。當時所有人都曉得比賽大局底定，大都會即將拿下分區冠軍，準備上場慶祝。更重要的是，當板凳席的隊友擁抱我、向我高聲祝賀時，他們某種程度也肯定了我為重返球場所做的一切。對球隊而言，這是偉大賽季的精彩結尾；對我而言，則是充滿磨難的一年。如同我在費城敲出的那一轟，我對如今這支全壘打非常滿意。

不久後，法米利亞成功抓下最後三個出局數，我情不自禁跳得老高，已經很久沒有在場上這麼做了。二〇〇六年，大都會在我職業生涯中首次打進季後賽，但比起那時，現在的我反而更享受季後賽時刻。那時的我年輕樂天，認為以我們的核心陣容，鐵定年年打進季後賽，但在聯盟打滾九個賽季後，我重新認識到贏球究竟有多難。我已經滿三十二歲了，才剛撐過背部的大傷，且很清楚這傷勢將伴隨我一生。我不曉得這會不會是我生涯最後一次季後賽，所以我下定決心，要盡可能好好享受其中。

6 盧卡斯·杜達（Lucas Duda），美國職棒大聯盟一壘手，二〇〇七至二〇一七年效力於紐約大都會隊。

7 伯克·貝登霍普（Burke Badenhop），美國職棒大聯盟投手。

在休息室狂歡後，我和隊友跑回場上，數百名大都會球迷在外頭等著祝福我們。許多球迷專程從紐約趕來，舉著字牌高呼我和隊友的名字，讓我難為情了起來。

「這是球隊、球迷和紐約這座城市應得的，我很榮幸能把這份喜悅傳達給他們。」我在球隊慶祝期間受訪時說。

說來自私，但我也認為這是自己應得的獎勵。我用我唯一知道的方式面對噩耗，投入不知多少小時進行復健。我也盡可能讓保持健全的身心，心知這或許是我能把事情做對的唯一機會。

第二十章　重返季後賽

OCTOBER, AGAIN

傷癒復出後的那個月，我身上的問題顯而易見。無論是由於背傷，還是太久沒上場導致，我的揮棒速度比以往還慢，對手很快就抓住這項弱點。如今，我發現投手比以往更常用快速球對付我。

為了抵抗對手的威脅，我盡力打出對我有利的球數，也嚴加防備對方的直球。這也是為什麼在道奇球場打季後賽時，我有辦法從國聯頂尖的中繼投手那裡敲出快速球。

球隊在八、九月的強勢表現，足以替我們奪得二〇〇六年以來首座分區冠軍，但還不足以拿下季後賽主場優勢。大都會是國聯季後賽隊伍勝場數最低的一隊，因此首輪我們只能作客洛杉磯，和道奇隊進行五戰三勝系列賽，和二〇〇六年經歷如出一徹。更糟的是，道奇隊擁有聯盟少數能與大都會匹敵的優秀牛棚。儘管輪值深度不如我們，道奇打算善加利用賽制，系列賽僅動用三名先發投手：去年賽揚獎得主克萊頓．柯蕭（Clayton Kershaw）[1]、前賽揚獎得主葛蘭基（Zack Greinke）和左投布雷特．安德森（Brett Anderson）[2]。若要晉級，我們起碼得從柯蕭或葛蘭基手中拿下兩場才行。

好消息是，狄葛隆扛起先發的重責大任，在系列賽首戰前七局一口氣三振十三名打者，這真的很不可思議。多虧墨菲從柯蕭手中敲出一轟，我們以一比〇在比賽下半微幅領先。

但道奇主投柯蕭也表現穩健，挨了墨菲一轟後，接下來十打席陸續三振九名打者，只需要再五球就能拿下第六局。但在七局上，柯蕭接連保送首棒和其他兩名打者，被總教練馬丁利換了下來，此時場上滿壘、兩出局。

一般說來，看到對手換掉三屆賽揚獎投手是好事一樁，但道奇隊的牛棚深度卻讓我猶豫了。代替左投柯蕭上場的是右投佩卓．拜耶茲（Pedro Báez）[3]，球速能催到時速九十英里以上，且五天前例行賽結束後就沒上過投手丘。

---

1 克萊頓．柯蕭（Clayton Kershaw），美國職棒大聯盟投手，綽號「書僮」，入選十次明星賽、三屆賽揚獎，獲得二〇二〇年世界大賽冠軍。

2 布雷特．安德森（Brett Anderson），美國職棒大聯盟投手。

3 佩卓．拜耶茲（Pedro Báez），美國職棒大聯盟投手，獲得二〇二〇年世界大賽冠軍。

身為新生代後援投手，拜耶茲的投球更加強勁。以往每當球隊成功讓對手換下先發，後援投手往往沒那麼難應付；但到了二〇一五年，後援投手卻各個都能投變化球。當我還在努力適應快速球時，聯盟中每位牛棚投手都能催出時速九十英里以上的速球。以過去幾場作為小樣本，我在面對時速九十五英里以上的快速球時，打擊率降到 0.231。其中，超過半數揮棒都以界外收場。為了彌補我在揮棒速度的劣勢，我只能盡可能破壞掉投手的頂級球路。

由於上述原因，面對拜耶茲按理來說對我不利，但他老兄開場就投了兩顆內角壞球，算是幫了我大忙。拜耶茲接下來兩球都高達時速九十九英里，第一球被我敲出界外，另一球則是壞球，但我接著又敲出一支界外球。現在比數已經來到兩好三壞。

拜耶茲準備投出第六球時，我已經做好心理準備迎接另一顆快速球，這無疑是他最擅長的兵器，也是滿壘時他唯一會使用的球路。如果拜耶茲在季後賽危急關頭，看過球探報告對我的評價後，仍打算投他第二拿手的球路，那算我倒霉。我會向他脫帽致敬：「你逮到我了。」

拜耶茲的下一球如我所料，這球堪稱上乘，時速飆到九十九英里，但依然讓我有足夠餘裕，朝中外野敲出一支兩分打點一壘安打。

我真的很難形容揮棒後的激動心情，跑到一壘後，我用右手大力揮拳慶祝、激情吶喊。那一刻，我的所有情緒都傾瀉而出，這不僅僅是一支二壘安打，甚至比我八月在費城的復出首轟還激勵人心。我當初證明自己能克服身體限制，如今這支二壘安打則證明：我不僅能為自己，也能為球隊做出貢獻。

如今我們面對的是季後賽、大場面，球隊正處於水深火熱的情境，這是我夢寐以求重返球場的時刻。而我挺過去了，在經歷數個月的不確定因素後，能夠達成這樣的壯舉令人格外欣慰。

我們贏下首戰，卻輸掉了第二戰，系列賽再次回到原點。當時七局下，道奇跑者攻佔一三壘、一出局，柯林斯讓巴特羅．柯隆（Bartolo Colón）[4]換下辛德加。柯隆是先發老將，在球隊季後賽擔任後援投手。當時安立奎．赫南德茲（Enrique Hernández）[5]在三壘，阿特利則在一壘，柯隆的任務是想辦法達成雙殺。這時豪

4　巴特羅．柯隆（Bartolo Colón），美國職棒大聯盟投手，入選四次明星賽、獲得二〇〇五年美聯賽揚獎，二〇一四至二〇一六年效力於紐約大都會隊。

5　安立奎．赫南德茲（Enrique Hernández），美國職棒大聯盟工具人，於二〇二〇年獲得世界大賽冠軍。

伊・坎卓克（Howie Kendrick）[6]敲中科隆的快速球，球彈跳一下飛向二壘。

接著場面陷入一團混亂，墨菲接到球後回傳給補位的游擊手特哈達，由於這球偏高，特哈達只能左手高舉過肩接球。就在特哈達打算轉身回傳時，阿特利碰巧滑進二壘，直接將他撞翻在地。

我當時人在三壘，眼睛緊盯著坎卓克，盤算著有沒有機會完成雙殺。當我意識到發生什麼事時，特哈達已經不支倒地，防護員後續將他抬出場外，X光檢查結果顯示右腿骨折，正式宣告賽季報銷。更糟的是，道奇隊質疑特哈達沒有踩到二壘而發起挑戰，最終成功了。大都會沒有抓下任何出局數，還被倒追了四分，最終以二比五輸球，系列賽一比一打平。

我和其他隊友一樣，都是在休息室觀看比賽回放時，才注意到阿特利的惡意滑壘太具攻擊性。他老兄滑壘時人都快到二壘了，大夥都感到氣憤，就連阿特利本人都得承認這記滑壘來得太晚，還把特哈達的腳給撞斷了。休息室內每個人都義憤填膺。

「說他是滑壘還算客氣了。」墨菲賽後受訪時說道，身為中內野手的他清楚得很，過去他曾為了投出雙殺兩度撕裂膝蓋韌帶。強森等其他內野老將則面色鐵青，主守外野的卡戴爾則告訴記者，他們可以捫心自問「棒球中擒抱這類動作合不合法」。

我一點也不開心，但仍打算給阿特利辯解的機會。

「你們必須去問問阿特利的動機，特哈達當時背對著他，明顯沒辦法保護自己，只有阿特利知道自己到底想幹嘛。」我告訴記者，這也是我過往受訪給過最短的評語。

我沒提到的是，我也希望阿特利跟我好好解釋。十年來，我和阿特利在國聯東區相互競爭，也曾在明星賽當過四屆隊友，已經是老交情了。他在二〇〇三年登上大聯盟，比我早了一年，過去一直擔任費城人二壘先發，直到二〇一五年季中才被交易至道奇隊。我很欣賞阿特利的強硬球風，跟我很相似，他也和我一樣忠於球隊、在乎贏球。他被費城人交易後，我取代他成為大聯盟效力同一支球隊最久的現役球員，直到我退休前，我一直很重視這份頭銜。

所以沒錯，我確實希望聽阿特利為自己辯解。賽後不久，他私訊我要特哈達的電話號碼，準備跟他好好道歉。我也藉此機會告訴他，儘管我不覺得他有意撞斷特

6 豪伊．坎卓克（Howie Kendrick），美國職棒大聯盟二壘手、外野手，入選二〇一一年明星賽，獲得二〇一九年世界大賽冠軍。

哈達的腿，但那記滑壘明顯別有意圖。阿特利的答覆基本和賽後採訪相同，身為二壘手，他當然曉得惡意滑壘有多危險，他原先只是想避免特哈達完成雙殺，從沒打算傷害他。

「特哈達受傷我當然很愧疚，我當時沒打算傷害他，純粹只是想破壞那記雙殺罷了。」阿特利告訴記者。

從阿特利當晚的簡訊，看得出他很想聯繫上特哈達向他道歉，所以我幫了他一把。阿特利向我展露真誠的一面，讓我多少釋懷了點。

我的態度比起外界溫和多了，隔天早上《紐約郵報》頭條大大寫著「爛透了」，紐約《每日新聞》則用「阿！特丟臉」[7]來形容此事件。不只休息室球員生氣，球迷也相當不滿，許多人還跑去要求聯盟判阿特利禁賽。阿特利賽後收到不少暴力威脅，這是我不願看到的，他說自己無意傷害特哈達，純粹只想破壞雙殺的機會，而我相信他。但他是不是做過頭了？對我和整個聯盟來說肯定是，聯盟也在休賽季修正滑壘相關規定。但外界的反應，特別是對阿特利和他家人的威脅，在我看來都太過火了。

值得欣慰的是，滑壘事件使大眾群情激憤，所以當我們回到花旗球場，迎接我們的是滿場熱情的球迷。系列賽第三戰，是大都會自二〇〇六年來首次主場季後賽，也是花旗球場在季後賽的首次亮相。所有人都很激動，滑壘事件更催化這一情緒，讓整座球場瀰漫著對道奇隊不友善的氛圍。賽前介紹到阿特利時，他面色蒼白，接受滿山滿谷的噓聲伺候。幾分鐘後，特哈達拄著拐杖一拐一拐進場時，場面頓時陷入沸騰。

休息室的隊友都很支持特哈達，聽來或許俗套，但我們受到情緒感召，打算替特拉達拿下這場比賽。雖說這算不上贏球主因，但我們前四局就跑回十分，終場以十三比七贏下比賽。但第四戰的失利，讓球隊再度飛抵洛杉磯，這一戰必須突破葛蘭基的封鎖才能晉級。

近十年來，我一直渴望打進季後賽，如今正是我夢寐以求的時刻。我享受著比賽的每分每秒。

由於洛杉磯地廣人稀，我們根本無法徒步抵達球場，球隊巴士也不在我的選項中。我們住在離道奇球場二十分鐘車程的帕薩迪納（Pasadena），一般棒球員都會提早到球場，尤其是在季後賽，但首班巴士中午過後才發車。如果我想照復健計畫

7 譯註：原文為「UT-TER DISGRACE!」，暗示阿特利的姓氏開頭 Ut-ley。

進行，就必須十一點左右抵達球場，為賽事提前準備。

我的解決方案是搭便車，這得多虧首席防護員雷・拉米雷茲（Ray Ramirez）和他的助手布萊恩・奇克羅（Brian Chicklo）。國聯分區系列賽期間，我每天早上會傳簡訊問他們何時出發，跳上他們的車，早在隊友和教練到來前抵達球場。一到球場，我立刻和物理治療師札哈克投入賽前準備。

那年夏天我在加州復健時，札哈克常常在休息日飛來監督我的進度。由於不是每個復健訓練都能獨自完成，我在洛杉磯和其他地方佔用札哈克大量時間、接受他無微不至的關注，他同時還負責其他二十四名球員的訓練。我起碼幫上忙的，只有在其他球員午後抵達時，不妨礙札哈克工作。

在札哈克指導下，我會先做伸展和死蟲、跪姿撐體等物理治療練習，他的主要任務是幫我進行主動放鬆，提升血液流動及復原能力。接下來，我接受按摩療程，騎健身腳踏車暖身，接著進行一連串跳躍、增強式訓練，為揮棒做準備。每個訓練，背後都有其目的。結束上述練習後，我會用球座練習輕揮球棒、逐漸提高強度，直到我拉好筋能進行打擊練習為止。

整個賽球準備耗時約三小時，這還只是在替賽前暖身預熱而已。復健訓練後，我會和隊友再暖身一次，重跑一遍賽前訓練。這聽起來很乏味對吧？你是對的。即便我不想也是得做，因為如果不照例行訓練準備，我的背不會輕易就範。

在洛杉磯等地出賽時，由於客隊最後才進行打擊練習，這樣反而更好，我能夠在暖身後做打擊練習，一小時後上場比賽。但在主場，賽前主場球隊會有九十分鐘的尷尬空檔，迫使我只能多做一次調整過的賽前暖身。

無論是主客場，我的賽前準備都要花費大量時間，但比起這個，我更不想錯過千載難逢的季後賽。此外，還有一項對我有利的重要因素。大聯盟季後賽制有包含休息日，國聯分區系列賽期間球隊就能休息整整兩天，讓我在全勤上場的前提下，還能獲得比例行賽更長的休息空檔。

我的身體需要這些休息時間，如今我正在打比賽，還是在高張力比賽上場。我在國聯分區系列賽排在第二棒，儘管五場比賽中，我只對拜耶斯敲出那記兩分二壘安打，仍感覺自己是十足的威脅。但我曉得想維持高檔表現，就必須花上比以往更多的時間訓練。儘管我沒辦法打得更好，卻能維持合理打擊水準，因為要是做不到，就會冒著掉出輪值名單的風險。這些訓練耗費我無數時間，也是我生涯與傷病奮鬥最艱困的一次。

不過，這些付出也非常值得。十月十五日早晨步入道奇球場時，我感受到過去九年從未有過的激動情緒，慶幸自己能再次體驗賽場的一切。

生涯早期，我很幸運能和名人堂投手馬丁尼茲、葛拉文同隊；後來每隔五天，我就能欣賞賽揚獎得主桑塔納、迪奇登上投手丘的英姿；我經歷過哈維的全盛時期，也見證過辛德加最出色的時刻，其他球員也是如此。

我無意冒犯這些球員，但若要我將重大賽事交托給誰，我必須強調，沒有人比狄葛隆更值得信任。

系列賽第五戰，進一步鞏固狄葛隆在我心中的地位。他的棒球生涯走了很長一段路，從默默無名的潛力球員，一躍為二〇一四年國聯最佳新秀。奧德森在高爾夫球場談到農場系統時，我甚至沒怎麼聽過他。二〇一四年大都會剛好傷了不少投手，狄葛隆才在大聯盟初亮相，在和洋基的比賽先發，但他登上大聯盟是遲早的事。我從狄葛隆身上看到其他球員沒有的特質：心理素質堅強、好鬥不服輸，具有強烈好勝心。無論是在休息室用小籃筐打籃球，或是爭奪國聯冠軍，狄葛隆總能打出激情的一面。即便不在最佳狀態，這份激情仍是他在高水準賽事競爭的本錢。

第五戰比賽夜，狄葛隆明顯不在狀況內。道奇球場外野圍欄後方，隨著夕陽從聖蓋博山緩緩落下，狄葛隆在第一局下半連丟兩分，讓大都會從一分領先轉眼陷入落後。來到第二局，在狄葛隆投出一次保送和暴投失誤後，柯林斯要辛德加先去牛棚暖身。

但在這時，狄葛隆傳奇般的好勝心被徹底激發了。在球隊進退維谷之際，他先是三振掉兩名打者收下第二局，直到五局都持續壓制對手打線。六局上，墨菲從葛蘭基手中敲出陽春砲，助大都會要回領先。狄葛隆、辛德加和法米利亞後續合力淘汰十二名打者，澆熄對手的反撲氣燄。

贏球後我們陷入狂歡，上前團團圍住法米利亞，這是近三週我們第二次慶祝勝利。客場的休息室地毯全浸滿了香檳，在中間形成一座香檳泳池。一些年輕球員踢掉釘鞋，甚至淋浴涼鞋也不穿，用地毯玩起滑水道。眼前的景象既充滿歡樂，又讓人感到噁心。

「因為球隊九年來經歷的一切，如今香檳嚐起來才更甜美。對這座城市、這些球迷和身穿大都會球衣的人而言，經歷這一切後獲得如今成就，是相當值得的事。」我在休息室較安靜的角落受訪，盡可能遠離人群狂歡衝撞的區域，以免有人撞到我的背。

這些話不只適用於球隊，也包括我自己。季後賽期間，我從沒忘記自己為了重返比賽所經歷的一切。我每天投入訓練，只為讓背部維持在能出賽的狀態，這過程相當辛苦。上述經歷，再加上時隔九年再度重返季後賽，都讓勝利的果實更加甜美，我和其他人都明白這有多不可思議。

我打算好好享受這一晚，盡情沉浸其中，等到明早再來分析下一輪對手：芝加哥小熊。

小熊隊也是擁有年輕核心的新崛起球隊，但其中仍有些微不同。奧德森過去圍繞先發投手為核心打造陣容，時任小熊隊總管席歐・艾普斯坦（Theo Epstein）[8]則圍繞潛力年輕打者建隊。這些球員包括克里斯・布萊恩（Kris Bryant）[9]、安東尼・里佐（Anthony Rizzo）[10]和艾迪生・羅素（Addison Russell）[11]，多數人都在二〇一五年成為球隊固定先發。

小熊隊帶給我們的挑戰不同於上一戰，聯盟中少有球隊能與大都會投手群匹敵，道奇隊就是其一。身為打者，我和大家都了解投手群對上同樣優秀的打者群，前者往往更技高一籌。但小熊隊擁有明星賽後國聯第二高的得分紀錄，大都會投手只要失誤夠多，小熊隊打者就能找到克制之道。大都會是唯一一支比賽下半得分更高的國聯球隊，這主要是墨菲的功勞。

墨菲是第十三輪新秀，小聯盟農場的表現還不及狄葛隆，但在二〇〇八年登上大聯盟前，他在各個小聯盟層級都取得不錯成績。其後六年，墨菲成為穩定敲安的打者，而非以強打能力出名，平均每季能為球隊跑回八分。

這情況在二〇一五年卻迎來轉變，墨菲在打擊教練隆恩、派特．羅斯勒（Pat Roessler）[12]指導下，成為席捲聯盟的「飛球革命」代表人物。簡單地說，隆恩和羅斯勒要他更頻繁將球擊飛到空中，藉此充分發揮他的打擊能力。墨菲則像個窩在擊球籠的瘋狂科學家，總在調整揮棒角度，聽他談論揮棒方式有時讓我一頭霧水。

那年的改變對墨菲起到重要作用，在不影響敲安技巧的情況下，他在明星賽後敲出九轟，幾乎是賽前五轟的兩倍。墨菲接著在國聯分區系列賽大殺四方，大都會對道奇的七轟，他一人就包辦了三支。乘著這個勢頭，墨菲成為該季聯盟唯二對柯蕭、葛蘭基開轟的打者，在我個人打擊率低落的同時，墨菲的強勢表現卻讓對手嚐

8 席歐．艾普斯坦（Theo Epstein），美國職棒大聯盟管理層，曾任芝加哥小熊隊總管。

9 克里斯．布萊恩（Kris Bryant），美國職棒大聯盟三壘手、外野手，入選四次明星賽、二〇一六年國聯年度最有價值球員。

10 安東尼．里佐（Anthony Rizzo），美國職棒大聯盟一壘手，入選三次明星賽、獲得二〇一六年世界大賽冠軍。

11 艾迪生．羅素（Addison Russell），美國職棒大聯盟內野手。

12 派特．羅斯勒（Pat Roessler），美國職棒大聯盟教練，於二〇一五至二〇一八年效力於紐約大都會隊。

盡苦頭。

雖說墨菲和我交情不錯，但我完全沒預料他會迎來這樣的爆發。現在回頭看，他的打擊姿勢調整也帶來某項重大質變，那就是自信心爆棚。墨菲一直都以打擊能力自豪，但在二〇一五年的季後賽，他已經自信到狂妄的地步，好的那種。墨菲開始相信投手沒法三振他，因為他比他們更優秀。我想每個全明星級別打者都會在生涯某個時刻達到這種境界，但就墨菲的情況而言，這個轉變太突然了，還是在全國舞台眾目睽睽之下。而他不僅從中繼投手身上敲轟，還正面對決柯蕭、葛蘭基，以及國聯冠軍賽前兩戰的小熊先發投手瓊恩・萊斯特（Jon Lester）[13]和杰克・艾瑞塔（Jake Arrieta）[14]。

艾瑞塔是該季賽揚獎得主，萊斯特則是世界大賽救世主，曾三度入圍賽揚獎決選的五人名單。但在冠軍賽前兩戰，墨菲讓他們兩人吃足苦頭、雙雙挨轟，助大都會帶走勝利，往世界大賽更進一步。不出所料，墨菲在第三戰再度開轟，球隊離國聯冠軍僅一勝之遙。

隔天，瑞格利球場感覺異常溫暖。我們那時已經開始有點自命不凡，氣勢銳不可擋，入場時也帶著異常自信邁開大步。我和往常一樣接近中午抵達球場，進行伸展和物理治療好讓我的背撐完九局比賽。我在第三戰敲出三安、一保送、兩得分，自己和球隊的狀態都非常好。第四戰勝利不僅能讓球隊搶下世界大賽門票，也能讓我的背獲得充分時間休息。

第一局，杜達和崔維斯·達諾德（Travis d'Arnaud）[15]先後對小熊先發投手傑森·漢默（Jason Hammel）[16]開轟，助大都會建立四分領先，大夥殘存的緊張情緒也消失殆盡。杜達後續再敲回兩分，當墨菲在第八局最後一個打席亮相時，大都會已經手握六比一領先。

那個季後賽，墨菲已經連續五場敲出全壘打，「傳奇」二字還不足以形容他的火熱狀態。他面對的是經驗老道的老將費南多·羅德尼（Fernando Rodney）[17]，球速約時速八十五英里上下，還有一手拿手的「兔八哥」變速球，球會在進壘時慢下

13 瓊恩·萊斯特（Jon Lester），美國職棒大聯盟投手，入選五次明星賽、獲得三屆世界大賽冠軍。

14 杰克·艾瑞塔（Jake Arrieta），美國職棒大聯盟投手，入選二〇一六年明星賽、獲得三屆世界大賽冠軍。

15 崔維斯·達諾德（Travis d'Arnaud），美國職棒大聯盟捕手，入選二〇二二年明星賽，二〇一三至二〇一九年效力於紐約大都會隊。

16 傑森·漢默（Jason Hammel），美國職棒大聯盟投手。

17 費南多·羅德尼（Fernando Rodney），美國職棒大聯盟投手，獲得二〇一九年世界大賽冠軍。

來，彷彿永遠也飛不到本壘板。但這可嚇不倒墨菲，賽前他對我發下豪語，準備拿羅德尼的拿手球路開刀。打者經常做的，是等待投手投向好球帶特定區域的某一球路，猜中了揮棒起來就很容易，沒猜中就很難調整回來。

但有鑒於墨菲的火熱手感，上述情況都不適用於他。等待羅德尼投出變速球期間，墨菲實際上只將注意力放在快速球，第三次揮棒就成功開轟。在他跑回本壘時，我好奇地上前詢問。

「我以為你是在等變速球。」

「我是在等啊。」他回答。

我搖了搖頭。在我眼中，唯一能跟墨菲的表現相提並論的，是麥可．喬丹（Michael Jordan）一九九二年在美國職籃總冠軍賽第一戰的神仙演出。喬丹在那場接連投進六記三分球，他當時聳了聳肩，似乎很滿意自己的表現。墨菲的聳肩也有同樣神韻，這是我見過最誇張的打擊表現，但對球隊而言來得正是時候。這一轟幫助大都會建立八比一的不敗優勢，再抓下六出局就能順利收官。

當法米利亞成功三振德克斯特．佛勒（Dexter Fowler）[18]收下第九局，我經歷了過去在場上從未有過的感受。在瑞格利球場狹窄的休息室內，我真切地體認到除了又一次香檳派對，我的整個棒球生涯都是為了這一刻存在。

每個打棒球長大的孩子，都曾夢想打進世界大賽，那是棒球比賽的最高殿堂。生涯早期，我以為自己總有一天能打進世界大賽；多年過後，儘管我仍抱持希望，卻不免有些許遲疑；這個季初，當我的背傷持續惡化時，我甚至都快放棄希望了。許多優秀球員一生從未打進世界大賽，那我憑什麼辦到？我有什麼過人之處？

這個過人之處，就是大都會隊。我不清楚七月時，拉斯維加斯賭城預測大都會拿下國聯冠軍的機率，但想必賠率挺高的。在我為重返球場努力復健時，球隊過去數月的戰績載浮載沉，但我們下半季強拉尾盤，就這樣打臉了所有人。

我過去依舊懷抱希望，年復一年，我都相信球隊能奪冠，只是在經歷過場內外大小事後，我實在不敢相信這會發生在我身上。球隊慶祝過程中，我轉向卡戴爾大聲說：「我們打進世界大賽了，猜猜誰會打世界大賽？」

大都會隊會，我也會。

不知怎麼，我們的夢想成真了。

18 德克斯特．佛勒（Dexter Fowler），美國職棒大聯盟外野手，入選二〇一一年明星賽。

FALL CLASSIC
第二十一章　世界大賽

國聯冠軍賽完成橫掃也有壞處，球隊還要等上一週才能打世界大賽。記者不斷追問這樣是好是壞，坦白說我也不知道。我的背雖然能趁機休養，但連續五天沒有站上打擊區，很難維持住手感。

教練團經過一番爭論後提出方案，這段期間球隊可以在主場進行小組對抗、模擬對戰，或是在投球練習時讓自家球員投打對決。有天我站上打擊區，不僅要面對辛德加時速近百英里的快速球，室外溫度還飆破四十度，這一點也不有趣。有天下午，投球練習改由六十六歲的柯林斯操刀，從約二十英尺處使勁向本壘投球。為了填補這段空窗期，我們嘗試了所有非正統的投打訓練。這是球隊本季最長的休賽期，甚至比明星週還久，同時也影響到我們的場上表現。我不想把休息太久當作藉口，這絕不是我們大賽表現低迷的主因，但在漫長的休賽期做準備是相當少見的事。

而在美聯冠軍賽，堪薩斯皇家隊以四比二淘汰多倫多藍鳥隊。皇家隊算是我們的頭號大敵，這支球隊身經百戰，前一年才在世界大賽止步，還擁有一票穩定敲安的打者，多少削弱了大都會先發強投的優勢。皇家隊先發投手也不是省油的燈，牛棚更有聯盟頂尖的三位後援投手坐鎮：葛瑞格．霍蘭德（Greg Holland）[1]、韋德．戴維斯（Wade Davis）[2]和凱爾文．赫雷拉（Kelvin Herrera）[3]。皇家隊作為對手，實力不容小覷。

皇家隊和大都會隊一樣，也有幾十年無緣世界大賽冠軍，兩邊球迷都迫切希望球隊贏下金盃。世界大賽首戰兩天前，我們飛抵堪薩斯市考夫曼球場（Kauffman Stadium）進行訓練，球場跟當地美式足球隊堪薩斯市酋長隊的箭頭體育場（Arrowhead）共用停車場。我們抵達的時間很不湊巧，那天酋長隊剛擊敗匹茲堡鋼人隊，比賽散場時我們剛好抵達，停車場擠滿了進行露天派對的球迷。更糟的是，考夫曼球場沒有球員專用通道，但皇家隊好心地牽上幾條細繩，將我們和球迷

---

1 葛瑞格．霍蘭德（Greg Holland），美國職棒大聯盟投手，時任皇家隊終結者。入選三次明星賽、獲得二〇一五年世界大賽冠軍。

2 韋德．戴維斯（Wade Davis），美國職棒大聯盟投手，入選三次明星賽、獲得二〇一五年世界大賽冠軍。

3 凱爾文．赫雷拉（Kelvin Herrera），美國職棒大聯盟投手，入選兩次明星賽、獲得二〇一五年世界大賽冠軍。

區隔開來。從巴士走向球場期間，球迷向我們大吼大叫、破口大罵，明白告訴我們有多不受歡迎，預告了大都會將在比賽受到怎樣待遇。

不過，多虧國聯冠軍賽達成橫掃，讓柯林斯有機會調整輪值陣容，第一戰將由哈維登上投手丘。哈維是首輪選秀，在二〇一三年賽季大放異彩、入選明星賽，一舉擄獲紐約市民的目光。然而，他也在同年季末因手肘傷勢報銷，遲至二〇一五年才復出。哈維甫回歸，就重新登上頂尖投手之林，例行賽取得十三勝八敗、2.71 防禦率的強勢表現。

哈維大半生涯都展現強大的主宰力，身上總透著股自信和傲氣。那個月碰到的問題，是哈維主投的總局數。當時投手球速比以往更強力，也導致受傷率不斷攀升，聯盟則想方設法確保頂尖球員能健康上場。各種理論層出不窮，但多數醫生、管理層都同意，投手接受手肘韌帶重建後，必須限制上場時間。

九月初，球隊打進季後賽已經漸成定局，哈維則經歷傷癒歸隊第一年，本季共主投一百六十六點一局。哈維受訪時，表示本季最多只投到一百八十局，拒絕回答季後賽是否出賽，引起了媒體數十日來的報導，所有人都在猜他會不會出賽。大都會當時在邁阿密進行客場三連戰，哈維高掛免戰牌，我則在週日最終戰休兵養傷，藉著這次機會，我偷偷坐到他旁邊。

有人覺得我和哈維沒那麼要好，可能是因為我們兩人天差地遠的調性。我是已婚人士，正準備建立家庭；哈維則單身，正打算好好享受紐約的燈紅酒綠。身為職業棒球員，我總是迴避以名人自居；哈維的成名之路和我大不相同，還贏得了「黑暗騎士」這樣的超級英雄綽號，再次提升了他新一代超級球星的地位。此外，哈維也常常深陷輿論風波，像是國聯分區系列賽首戰在花旗球場錯過團隊訓練，當時紐約小報、脫口秀主持人都氣壞了，說他的行為糟糕透頂。

事實上，我和哈維相處融洽。春訓期間，他的租屋處就在我隔壁，每次我舉辦露天燒烤他都會參加，跟著我們烤肉放鬆、談論棒球和生活種種。我和哈維無話不談，每當他惹上麻煩，我就會向他解釋他對球隊勝敗有多重要，也是辛德加、麥茲等年輕球員的榜樣。他有能力將這些新秀打造成下一位黑暗騎士，但他必須先以身作則。

哈維做錯事總是很快道歉，我有時會在簡訊直接批評他，但從不會背地裡說他壞話，為此他很尊敬我。有些話我不願當面說，就絕不會在媒體面前放話。我批評他的原因，純粹是希望他能成為領袖，這也是為何我認為有必要提到哈維的局數限制，他似乎很糾結這個問題。

「我理解，我真的懂。你剛從手肘韌帶重建手術復原，眼前還有大好未來等著你。我當然還是希望你上場，畢竟這是球隊的大好機會，但我也會跟你分析其中的利弊關係。」那天在邁阿利，我這麼告訴哈維。

比賽期間，我們花上好幾局釐清情勢。我很清楚剛結束韌帶重建就馬上投超過兩百局，對球員來說弊大於利，這也是哈維上場要面對的風險。但我也曉得，這是球隊名留青史的大好機會，而哈維的幫助必不可少。比賽大半時間，我們在板凳席討論各種情況，我要哈維花點時間研究兩百局的限制標準，我也理解他想為未來前途著想的苦衷。但在交流期間，我也激發他去思考個人及球隊傳承，以及替紐約市贏得冠軍、成為傳奇等成就。

雖然不清楚那時的談話發揮多大作用，但哈維最終決定隨隊爭冠，在季後賽前兩輪主投收下兩勝零敗。在場上，哈維總是精神奕奕，投出一顆顆近百英里的速球，燃燒鬥志贏下比賽，這就是他過往的風格。為此我心懷感激，沒有哈維每五場就替大都會出賽一場，我們根本走不了這麼遠，一點機會都沒有。在我看來，哈維從韌帶重建手術回歸的二〇一五年，是我生涯目睹前二令人驚豔的投手賽季。我心中的第一名，則是狄葛隆拿下賽揚獎的二〇一八年賽季。

我曾跟隨過不少聯盟超級球星打球，所以這樣的稱讚並非客套。哈維帶領大都會一眾球員挺進世界大賽，我們每個人都深受影響。儘管他的道路充滿坎坷，我們仍必須對他一路走來的努力致上敬意。

世界大賽首戰以輸球告終，錯不在哈維，是我和球隊在進攻端萎靡不振的錯。哈維開局表現沉穩，帶領大都會以四比三領先對手，僅在第八局犯下一失誤。但在第九局，艾力克斯．戈登（Alex Gordon）[4]對法米利亞開轟，敲回追平分。更糟的是，我們的打線在延長賽遭到皇家隊強大牛棚壓制，讓對手予取予求。延長賽下半，大都會牛棚持續發威，但第十四局的一失誤、一安打和艾瑞克．霍斯莫（Eric Hosmer）[5]的犧牲打，最終將大都會擊沉了。

儘管結局不盡人意，那晚依舊是我夢想成真的一刻。我很驕傲能打進世界大賽，也很驕傲能在場內廣播介紹大都會隊時，站在考夫曼球場三壘邊線。首戰的失利，僅僅只是燃起我贏下世界大賽的決心。

4 艾力克斯．戈登（Alex Gordon），美國職棒大聯盟外野手，入選三次明星賽、拿下八座金手套獎，二〇一五年獲得世界大賽冠軍。

5 艾瑞克．霍斯莫（Eric Hosmer），美國職棒大聯盟一壘手，入選二〇一六年明星賽、拿下四座金手套獎，二〇一五年獲得世界大賽冠軍。

次日第二戰，在皇家主投強尼．奎托（Johnny Cueto）[6]的強力發揮下，大都會九局僅敲出兩安再次吞敗，再輸兩場就要打包回家。這似乎應驗了我們先前對於開賽手感生疏的擔憂，十月季後賽期間，我的打擊表現也陷入掙扎，但比起背傷，柯蕭、葛蘭基和艾瑞塔在投手丘的壓制才是主因。首輪對拜耶茲擊出兩分打點一壘安打後，我在後續四十六個打席僅繳出 0.158 打擊率、敲出兩支長打。往好處想，至少我打出去後幾乎都能飛很遠。

正因如此，當外界在比賽期間質疑是否該將我下放板凳時，我沒有太放在心上。我曉得自己在現在位置能發揮影響力，也曉得柯林斯對我有信心，所以我照常進行復健，為比賽做萬全準備。下一場對陣的先發投手，是皇家隊季後賽陣容中的頂級強投約達諾．范屈拉（Yordano Ventura）[7]。

我和隊友都曉得，不管球隊戰績如何掙扎，花旗球場都將迎來球場史上首屆世界大賽，主場戰將熱鬧非凡。二〇〇〇年，我在選秀會中選前一年，大都會隊從那時起就不曾打進世界大賽，再上一屆世界大賽冠軍更要追溯到一九八六年。當時的冠軍隊伍原本也陷入二比〇落後，最終觸底反彈拿下搶七大戰。我們努力從中吸取教訓，告訴自己「我們還能贏回來」。

這不只是自我安慰，特別是在撐過和柯蕭、葛蘭基和道奇隊的賽事後，我們有十足信心能擊敗皇家隊。首先是贏下主場戰，因此我們要來好好教訓皇家隊首棒打者奧西迪斯・艾斯科巴（Alcides Escobar）[8]，他今年季後賽很常在第一球就開轟。第三戰開局，看準艾斯科巴在打擊區似乎太安逸，辛德加第一球就催出時速九十八英里的快速球，球飛過艾斯科巴頭頂，讓他一屁股坐在地上，激起全場球迷瘋狂吶喊。

一局下半，我在一壘有人時站上打擊區，當時觀眾席仍相當鼓譟。不出所料，范屈拉第一球投了快速球，被我敲到球上緣形成界外。范屈拉這季季後賽能投出平均時速九十七英里的速球，按理來說對我不太有利。但當他又朝著同一位置丟出時速九十六英里的速球時，我抓緊機會揮棒，球棒的觸球位置相當完美。如同兩個月前對費城的那一轟，我在擊球當下就知道敲出全壘打了。

有那麼一瞬間，我就只是仰望看台、盡可能沉浸在那一刻，我過去從未這麼做

6 強尼・奎托（Johnny Cueto），美國職棒大聯盟投手，入選兩次明星賽，二〇一五年獲得世界大賽冠軍。
7 約達諾・范屈拉（Yordano Ventura，美國職棒大聯盟投手，二〇一五年獲得世界大賽冠軍。
8 奧西迪斯・艾斯科巴（Alcides Escobar），美國職棒大聯盟投手，入選二〇一五年明星賽，二〇一七年於家鄉多明尼加因車禍過世。

過。球甚至還沒飛過左外野圍欄，群眾就已經開始尖叫擊掌、高舉看板和瘋狂慶祝了。我在跑壘時，感覺身體輕飄飄的。我看向本壘板後方，看見我的妻子、爸媽和弟弟都坐在萊特家人席，和球迷一樣興奮極了。在花旗球場的喧鬧聲中，時間彷彿慢了下來，我能敏銳地感知到周遭發生的一切。

我告訴自己，好好記住這一刻。

頓時間，世界大賽落後的緊張感消失了，沒完沒了的復健計畫帶給我的壓力也煙消雲散。任何病痛似乎都不再困擾我了，我才剛在世界大賽敲出全壘打，感覺自己被定格在那一刻。

跑回本壘後，我向墨菲和塞佩達斯擊掌，差點把他們撞倒。我感覺輕飄飄的，從板凳席一頭走到另一頭，向每隻伸出的手擊掌。在我們上方，是群眾如雷貫耳的喝采。

生涯過去十年來，我或許太常關心接下來的大事和重大挑戰，總是在為明日的事操心。這種永不滿足的心態，幫助我站上如今的位置，但在第三戰開轟後的那幾分鐘，我暫且不去想下一局、下一打席，就只是沉浸在其中。我永遠不會忘記這支全壘打，永遠不會忘記自己當下的感受，這將是我餘生都將好好保存的回憶。

早期在小聯盟打球時，我曾抄下大都會春訓休息室牆上的名言：「如果你還覺得昨日做的事情很偉大，代表今天做得不夠多。」每當我晉升到下一級別賽事，我都將這則名言張貼在置物櫃，總是恪守這一原則。這也是為何我幾乎不曾在成就達成時自我陶醉，因為我總想著哪裡還能做更好。

但在世界大賽第三戰開轟前，我已經經歷了太多，也渴望這一刻太久了。所以這次，我放任自己陶醉其中，徹底享受成就所帶來的喜悅。

比賽下半，我又朝中外野敲出一記兩分打點一壘安打，為大都會鎖定勝利，但這也成了系列賽我們唯一贏下的比賽。第四戰，我們在第八局崩盤，讓皇家隊連趕三分取得反超。來到第五戰，哈維前八局展現統治級身手，差點就能支手拯救大都會季後賽。當時花旗球場高喊著哈維的名字，我看著他八局結束下場時眼神堅定，馬上就明白柯林斯會讓他繼續投。柯林斯當然做了正確的決定，但皇家隊最終突破哈維、法米利亞的封鎖扳平比分。皇家隊最終在第十二局搶下勝利，在大都會主場慶祝得冠，球迷只能悻悻然回家。

如果說，球場上最美好的事莫過於打進世界大賽，那最糟的事莫過於在世界大賽鎩羽而歸了。我重新思考這樣的機會有多麼難得，二〇一五那一整年，我都在面對生涯最大的噩耗。無論我是否做好準備，脊椎狹窄傷勢都迫使我承認，我在大聯盟打球的生涯已經時日不多了。然而，我的畢生大事還沒完成。

唯一值得欣慰的是，背傷讓我獲得啟發。儘管輸掉世界大賽很糟，我依舊以那年季後賽的表現為榮，並為此心懷感激。回到七月中，季後賽對大都會來說仍遙不可及，但球隊全神貫注、奮力拼搏，戰績因此谷底反彈。為了贏球我燃燒自我，這是毫無疑問的事，基於我的背部傷勢，我心知這可能是贏得世界大賽的最後機會。但真要說來，我經歷復健後重返球場、球隊陷入掙扎後起死回生，從八月到九月的經歷宛如退無可退的賭局，我們不斷累積籌碼，幾經艱辛才兌現成為最棒球隊。

所以在球隊落敗後，我沒有板起臉，而是到休息室各個角落和每位隊友握手。我感謝塞佩達斯在進攻端名留青史的貢獻，尤其是在我幫不上忙的這段期間；我感謝強森和尤里貝，即使我復出後壓縮他們的上場時間也從不抱怨；我感謝老友卡戴爾，不僅發揮紳士精神，將上場時間讓給康佛托，還竭盡全力幫助年輕球員取得成功；我也感謝哈維拋開個人顧慮，在季後賽期間帶領大都會投手群上陣。當事情不如意時，人們總愛互相指責，但此時的隊友和教練在我眼中，只讓我感到無比溫暖。在這群人幫助下，我生涯頭一次打進世界大賽，這不僅是我的、也是隊上所有人的畢生夢想。倘若沒有團隊同心協力，我們絕不可能輕易辦到。

那晚我身穿球衣、站在置物櫃前，花了好長一段時間回答媒體提問，直到回答完所有問題為止。離開球場就代表休賽季到來，所以我不急著走出花旗球場，那晚沒人急著回家。隨著大賽失利的騷動平息，柯林斯召集所有球員，感謝大家為球隊達成的所有成就，我請柯林斯也讓我講點話。

「如果我們不希望這季就是生涯巔峰，就要在休賽季拿出該有的態度。我們生涯最功成名就的一刻，不該是在世界大賽輸球，我們應該以此為動力。」我告訴所有人。

演講尾聲，我再次由衷感謝所有隊友，這些都是發自真心的。直至今日，回想起二〇一五年賽季仍讓我禁不住微笑。我的個人收藏還放著當年的國聯冠軍戒，你不曉得這收藏對我究竟有多重要。

第二十二章　背、頸與肩

BACK, NECK, SHOULDER

世界大賽輸球短短五個月後，球隊就以堪薩斯客場二連戰揭開二〇一六年賽季序幕。這也是我連續十二次在賽季揭幕戰先發，打破隊史最長紀錄。我對這項紀錄感到自豪，不只是連續先發本身，還包括我在背部診斷後不到一年內就重返比賽。每一次能夠站上場，對我來說都是小確幸。

然而，每一次上場也面臨更多挑戰。首戰第六局大都會落後兩分，這時皇家隊中心打者霍斯莫站上打擊區。我深知霍斯莫的強打能力，所以這球防守位置靠後，但他偏偏敲出一支三壘邊線方向的短打，我衝進去抓到球，側身將球傳向一壘。這球來得出其不意，霍斯莫本來就很有機會上壘，但我這球傳球力道不足，也讓我在比數〇比四、兩出局上場時備受質疑。我的手臂還正常嗎？在花了好幾個月場外復健，無法從事舉重和棒球活動後，我還能重拾過往的防守身手嗎？我還能用同樣的方式打球嗎？

儘管深受背傷困擾，我還是堅信自己能重拾身手，但這並不容易。二〇一五年我復出的時機很湊巧，當時大都會穩坐分區第一，陣容名單也擴大了。因此，我能在不影響球隊的情況下按需要休息，季後賽期間也有比賽休息日，所以問題也不大。來到四月，當球隊重新投入一百六十二場國聯例行賽，我清楚訓練的日子結束了。如果我打算正常先發，而不是重回傷病名單，就必須更頻繁出賽。

我和醫生、防護員、柯林斯和奧德森商議後，認定單季出賽一百二十場是合理預期。這也代表，球隊每四場比賽，我就會出賽三場。

考慮到我整個冬季物理治療的時間遠高於練球，球團決定讓我在春訓期間放假。我沒有隨隊參與開季五週前的佛羅里達春訓，而是直到揭幕戰十六天前才上場。那年春天我只上場守備五十五局，盡可能多休息，這無疑對我的背很有幫助，卻也同時影響我在場上的發揮。

我遭遇的挫折不只是背部傷勢，這部分我已經學會調適，還包括背傷帶給我的種種限制。脊椎狹窄迫使我只能進行有限度的有氧運動和重訓，也不能盡情揮棒、撲接滾地球。世界大賽後，我沒有停下腳步，維持與季中相同的復健強度，努力減輕背痛的影響。復健並沒有讓我變得更粗、更快、更壯，我想起和派尼重訓到汗流浹背，試圖成為最有主宰力球員的日子，如今這一切都回不去了。過去和弟弟在崔西摩爾山跑上跑下的日子也回不去了。如今物理治療的唯一目的，僅僅是幫助我盡可能控制背痛程度而已。

多年來，我已經習慣醒來下床，到打擊籠、球場或健身房訓練，為自己盡可能投入大量時間感到自豪。但去年休賽季，我放棄了，我的身體渴望休息，這也是我生涯第一次只能服從，別無選擇。

我的體能已大不如前，我發現對手也注意到並刻意利用這一點，這讓我很難受。早在上賽季，投手就常常用快速球對付我，這季則有霍斯莫出其不意的短打，試探我的傳球臂力和守備範圍。在我生涯早期，要是有中心打者擊出短打，我肯定會撿起球、拍掉塵土，迴身長傳一壘。空手助殺短打跑者原先是我的拿手好戲，突然間，這一切都沒這麼簡單了。

我還沒完全理解眼前發生的一切，我的內心告訴自己「你還是過去那名球員」，但我的身體不同意「退後幾步看看吧，這才是你現在的樣子」。

賽季揭幕戰後，我在接下來二十三場比賽繳出 0.271 打擊率、四轟、0.909 整體進攻指數，起碼復健看來還是有點成效。這似乎成了我的近期規律：我每五場比賽出賽四場，擊出些安打、拿到幾次保送，偶爾成功盜上壘。但我的身體各部位卻經常痠痛，正如沃特金斯所說，我的肩膀開始感到虛弱，頸部也出乎意料地疼痛。那年春天早晨醒來時，我常常覺得脖子好像落枕了。

在比賽日，我堅持比隊友早到球場三小時訓練。在休息日，我會在場邊加油，盡可能讓身體多休息。

五月十五日[1]，剛好是我的休息日，我們作客科羅拉多，大都會當時以一分差落後，我則坐在板凳席觀望。洛磯隊派出的終結者是強力左投杰克・麥基（Jake McGee）[2]，儘管他是我以往擅於對付的投手類型，柯林斯卻安排了其他代打第九局上場。我覺得這決定很荒謬，如果我沒法在為我量身打造的投打對決出賽，那我還有待在隊上的必要嗎？我在板凳席找到柯林斯，要他讓我上場代打，我們當然曉得我來不及做全套暖身，但場上現在勢均力敵，我的競爭意識也相當高漲。我告訴

1　譯註：此處原文為二〇一六年五月二十三日，比賽日期有誤，比對過賽程、比分和比賽情況後，確定說的是二〇一六年五月十五日對洛磯的比賽。

2　杰克・麥基（Jake McGee），美國職棒大聯盟投手，入選二〇一九年明星賽，獲得二〇二〇年世界大賽冠軍。

他我能拿球座練習揮棒，在此期間想到練球的法子。

儘管柯林斯堅持我必須按計畫休息，我持續軟硬兼施，直到他同意為止。他一鬆口，我趕緊行動，開始做背部伸展，在打擊籠揮棒。幾分鐘後，我擊出滾地球遭到封殺，比賽結束。

儘管結局讓人失望，但事情總有不盡人意的時候。我沒預料到的是，隔天起床時身體痛到不行，必須多休兩天才能回到場上。

我的身體從未完全康復過。約一週後，我在和國民隊的比賽開轟，背和頸部依然疼痛異常；休息一天後，我在五月二十五日再度開炮，頸部問題已經越來越嚴重；再過一天，我截至五月二十七日已經連三場開轟，病情至此逐漸惡化。那場比賽最後一個打席，我甚至連轉頭看投手都做不到，整整六個球數我都只能站著無法揮棒，最終遭三振出局。

我別無選擇，只能向球隊坦承病情，進行又一串熟悉的診斷行程：飛到特殊外科醫院、做核磁共振檢查、施打消炎針，進行令人不快的病情預測。診斷結果為頸部椎間盤突出，情況不容樂觀。過去一年來，我將身心都投注在背部復健，慢慢地，我的肩膀開始感到虛弱。如今，難道連頸部也出了問題？

阿爾特切克起初希望我能靠復健撐過去，建議我多休息、施打消炎針，但他也知道手術可能無法避免。我們將診斷結果寄給沃特金斯，但週末恰好碰上陣亡將士紀念日（Memorial Day），消息傳遞上耽擱了點時間。一兩天後，我比完賽回到休息室，發現有通沃特金斯的語音留言。他很關心我的情況，希望能親自見面。

老婆茱莉當時懷著七個月身孕，這是我們的第一胎，就算只是離開幾天，我也不放心留她一個人在紐約。我告訴自己，我會在洛杉磯下榻一兩天，沃特金斯會治好我的頸子，回家時將煥然一新。不用說，一部分的我也為最糟的情況做好準備。

會談後，沃特金斯告訴我必須馬上動手術，他說要是我頂著椎間盤突出繼續打球，很可能進一步傷到脊椎。我聽到的當下陷入崩潰、震驚不已，對打算以出賽一百二十場為目標的球員來說，這聽起來糟的不能再糟了。

我打給茱莉轉達這項噩耗時，她崩潰痛哭，比起自己更擔心我的健康。我也很擔心，我一生從未做過手術，不曉得恢復過程是怎樣、需要多久時間，孩子出生時我能幫到多少忙。沃特金斯說，手術兩週後，我沒辦法舉起超過十磅的重物。未來充斥著如此多未知數和壓力，我甚至沒空思考這對我往後生涯有多大影響。

手術時間上，沃特金斯和我盡可能安排在茱莉預產期前後，他提出兩項手術方案：第一，我可以採用類似膝、髖關節置換手術，沃特金斯會將人工椎間盤放進我的頸椎。這項手術聽來很有希望，但相關研究還很有限，我將會是在棒球、橄欖球這類接觸型運動中，首位接受這類手術的優秀運動員。第二，我可以採用傳統融合手術，沃特金斯會從我頸部前方開刀，推開喉嚨部位直達頸椎。

聽起來好像很有趣？一點也不，這是非常重大的手術，無論哪項方案都不容易執行。而我當時人在洛杉磯，隻身一人、怕得要死，即將為自己的職業生涯和未來健康做出重大決定時，卻像是置身孤島般無助。

沃特金斯認為兩項方案各有好處，我們花了幾天進行辯論。那週，有位醫師剛好在附近大學演講，他是椎間盤置換手術的先驅。沃特金斯不僅替我出席那場演講，結束後還追問講者，棒球員接受手術後，長遠下來會有何影響。

沃特金斯深知，即便對象不是運動員，新式手術過去也很常失敗。他擔心人工椎間盤可能隨時間磨損，甚至在不正常情況下斷裂。最終，沃特金斯明白我們沒有容錯空間，手術失敗將賠上我的生涯。從他的醫師同行那裡，沃特金斯收集到足夠資訊，推薦我採用傳統融合手術。這項手術有高達九成的成功機率，只有百分之五的機率會在術後限制我的頸部轉動空間。

我詢問過大都會和其他球員我該注意什麼，甚至聯繫上勇士隊外野手尼克．馬卡奇斯（Nick Markakis）[3]，他在二〇一四年接受過類似手術，復出後表現依然強勢。答覆普遍都很正面，這讓我看到希望：我有機會在幾個月內，而非幾年後重返球場。由於茱莉懷孕不能搭機前來，我爸媽飛來洛杉磯協助我度過術後康復。要執行手術，沃特金斯團隊需要在我的頸椎植入各種金屬，包括裝有我髖部骨髓的支架及固定用的螺釘。外科醫師會移除骨頭碎片、突出的椎間盤，並在過程中重置神經。

一位醫師告訴我，術後起床時可能會喉嚨痛，這樣講實在太輕描淡寫了。手術十天後，我連吞嚥都有問題，只能喝些奶昔和湯度日。我沒法移動頸部肌肉，每天早上都需要爸媽扶我起床，我的脖子戴著護頸，「亞當的蘋果」（就是喉結，這樣講比較潮）還貼了大大的繃帶。因為刮鬍子會刺激傷口，我在這期間留了大把鬍子。此外，還有件嚴肅的事情：醫生說如果我打噴嚏的方式不對，很可能會傷到喉嚨。

這次復健的好處是，我不需要像背部復健那時受人監督，術後一週左右我就飛回家和懷孕的妻子團聚了。沃特金斯允許我回球場的第一天，因為狄葛隆跟我住在同棟，我請他載我一程。我帶著護頸、叮囑狄葛隆慢慢開，再三強調任何意外動作

3 尼克・馬卡奇斯（Nick Markakis），美國職棒大聯盟外野手，入選二〇一八年明星賽、贏得三屆金手套獎。

都可能傷到我脆弱的脖子。

「老兄，我超認真，請你小心駕駛。」我告訴狄葛隆，深怕他誤以為我在開玩笑。

狄葛隆似乎把我的要求太當回事了，不僅在羅斯福大道上以時速二十英里龜速前進，還開著一閃一閃的警示燈。其他車子不斷超車過去、按喇叭，我很確定有些人認出了狄葛隆的標誌性長髮，但面對這位聯盟年度新人王絲毫不影響他們的嗆人功夫。狄葛隆這麼做是想取笑我，但我敢肯定，他在佛州中部的家鄉也是這樣學開車的。

最終，我們奇蹟般地在開賽前抵達球場，還真是段特別的經歷。雖然我成功歸隊了，但事情沒法照常辦理，因為醫生擔心界外球可能會飛進板凳席，導致我必須俯身閃避、扭到脖子，於是建議我待在牛棚觀賽。我就坐在那裡，無論實際上還是心境上，都正使用不同視角觀看比賽，感覺和球隊好疏離。

好消息是，大都會離五成勝率還多出不少勝場，很有可能重返季後賽；壞消息是，我不曉得自己到時能不能隨隊出戰。球迷和媒體也想知道答案，但我能透露得不多，既給不出好答案，也沒有具體時程。我知道頸部傷勢遲早會痊癒，所以問題並非出在我的頸椎，而是脊椎狹窄這個幕後黑手。每休息一天，我就少做一次例行復健訓練，更不用提歸隊復出前必須克服的棒球練習了。要是再度投入訓練，我不曉得身體能不能撐得住。

眼前的復健之路將會充滿磨難，思考這件事一點也不輕鬆。我回到花旗球場不久，有記者問我這樣的犧牲值不值得。

至少這問題我答得上來。

「從事運動員將伴隨風險，但這是我的熱情所在。如果你告訴我，代價是動頸椎手術、受背傷困擾，我還是會走同樣的路，因為我享受其中。過去如此，今後也是這樣。」我告訴記者。

至少在心靈上，最難捱的日子是球隊打客場的時候，幸好茱莉填補了那份空缺。每天早晨，我會在九點左右抵達特殊外科醫院，和物理治療師特蘭斯·史格羅伊（Terrance Sgroi）進行養生療程。結束後我回家，和茱莉悠閒度過整個下午。

為了打發時間，我們會去散步。

散步是醫生唯一允許我做的有氧運動，茱莉的產科醫生也建議她多走路。所以我帶著護頸、茱莉正值第三孕期，兩人常常就這樣在城裡漫步好幾英里。在不同日子裡，我們會走到中央公園、繞過水庫、穿過上西城，或下行至砲台公園或金融區。我們會看心情到任何地方，多年來我在紐約度過無數夏季，冬季只待過幾次，期間總有太多份內事佔用我的時間。在頸椎復健期間到處走走，讓我能夠轉換視角，看待這座長大後居住的城市。我和茉莉會造訪博物館、嘗試新餐廳，探索我們不熟悉的街區等等，為這段艱難的日子帶來些許恬靜。

幾週、幾個月過去了，我在二〇一六年重返比賽的希望也逐漸渺茫，傷病成為我跨越不了的高牆。雖然情況很糟，我仍舊保持信心，從不輕言放棄。我回想起二〇一五年，我先是回歸繳出 0.277 打擊率，儘管身體未達最佳狀態，仍在季後賽敲出幾支至關重要的安打。如果我能靠四個月復健達成這一壯舉，在經歷頸椎手術、一整個健康的休賽季後，沒道理現在的我達不到。

現在回想起來，當時的我可能很傻，或是樂觀過頭，但這是面對困境的唯一方式。我告訴自己只要持續努力、維持作息，總有一天醒來時一切會回歸原狀。我嘗試說服自己，身體會像變魔術般瞬間康復、回歸正常。

我唯一能掌控的只有努力復健，所以我投入全身心進行復健訓練。我過去花了多少時間登上大聯盟，又花了多少時間站穩腳跟、成為全明星和大都會隊長，如今都將從頭來過。每次復健，我都維持良好紀律，只為盡早回歸比賽懷抱。在曼哈頓自宅和特殊外科醫院間奔波期間，我甚至不再自詡全明星球員，腦中只想著如何在聯盟生存。

二〇一六年末，我的棒球生涯似乎岌岌可危，即便我仍有信心重返球場，我能感到機會之窗正在漸漸關上。

LAST CHANCE

第二十三章　最後一搏

二〇一六年頸椎手術最棘手的地方，是當醫生動刀時，他們別無選擇，只能碰觸到神經。

人體有條神經從頸部連通肩膀，一旦被外物干擾，就很容易失靈。為了進行手術，醫生必須移動這條神經來修護我的脊椎，他們希望這麼做影響不大，但事與願違。我整個冬季都在進行物理治療和復健，但到了二〇一七年春季，我卻沒法在投入棒球活動時使力丟球。

我現在的情況，比去年四月霍斯莫用短打試探我的守備能力時還糟糕。除了神經，我還有脊椎狹窄要應付，我的核心肌群不僅變得更虛弱，肩膀也連帶受到影響。每個新症狀，感覺都只是讓原先的傷病更加惡化，我就像在推巨石上山，根本沒有任何進展。

球團沒讓我隨隊訓練，而是替我設計包含肩頸物理治療、大量肩膀強化訓練的計畫。我大多時間待在室內，而非在隊友身邊，他們都忙著練習打擊和守備。我有次嘗試投球訓練，結果實在悽慘無比，除了肩膀痛得要死，我的每個動作都像用左手投球一樣僵硬。我必須從頭學起，用我未來教育孩子棒球的方式來教自己投球。對棒球員輕而易舉的動作，如今在我身上卻難以駕馭。

三月底，我沒有隨隊結束春訓，這是十三年來頭一遭。球團將我列為傷兵，原因是右肩夾擠，但我的背、頸和肩部都痛得厲害，所以他們不管說什麼都不會錯。我待在聖露西港無限期進行復健，因為我還只能待在A級球隊，這是我第一次在聖露西港度過整個夏季。

聖露西雖是個好地方，但每個在這裡復健的大都會球員，都會奉勸你四到九月別待在這裡。球隊結束春訓離開後，你只能與孤單、挫折感相伴。那年夏天很濕熱，每天還要從事汗流浹背卻枯燥的復健訓練，包括數不清的死蟲、彈力帶訓練，以及好幾個小時的場上練習。儘管我已經習以為常，卻從不覺得有趣。傍晚時分我會找聖露西大都會隊高層塔格利、范艾倫敘舊，邊用餐邊觀看大聯盟賽事。在那漫長的夏季，這些夜晚成了我的心靈寄託。

醫生囑咐我，到頭來還是要動肩頸手術，我盡可能拖延時間，因為這代表我的賽季將報銷。於是我增強核心和肩膀肌群，直到能做的都做了為止，但狀況依舊沒有改善，差遠了。我只是感覺已經到了復健極限，八月下半，該是時候測試自己的能耐了。我必須確認身體能不能撐過九局比賽，最簡單的方式就是上場打球。但結果不太理想，在聖露西的三場賽事，我十個打席僅敲出一安、遭到五次三振。我感覺自己的肩膀又瘦小又虛弱。

經紀人基斯跑來觀看我的後幾場比賽，我按計畫在前五局主守三壘，中途回休息室時，基斯來到我置物櫃旁拉了張凳子坐下。

「你怎麼看？」我問他。

「你覺得呢？」

「我表現得像個需要動肩頸手術的人。」

在基斯面前任何矯飾都沒用，他總能一眼看穿我是不是過度樂觀，然後一把將我拉回現實。基斯看過我那週的表現，在他眼前的是一個幾乎抬不起肩膀、身手不復當年的球員。基斯不會跟我把事情講白，而是幫助我看清局勢。比賽在幾十英尺外進行期間，我們坐在休息室討論了快半小時，把事情一一釐清。這番討論讓我明白，繼續復健也於事無補，隔天我打給奧德森，告訴他我這個賽季將不會回歸。

認清自己無法重返比賽後，我的下一步是飛往辛辛那提，找上肩部專家提摩西・克蘭切克（Timothy Kremchek），他建議我進行旋轉肌手術。那時我已經別無選擇，只能動手術了，所以我折回紐約，讓阿爾特切克替我動刀。我活像是遊牧民族，自從二〇一五年診斷出脊椎狹窄直到生涯尾聲，我經常在各地來回奔波，從紐約到洛杉磯、佛州、辛辛那提，再回到紐約。儘管我不願承認，但我大多時候都住在飯店，待在大都會的時間則少之又少。要說我那時沒對職業生涯有任何一絲疑慮，肯定不是實話，我當時心中的疑慮比任何時刻都還高漲。

但我有家人陪我度過難關，那年七月，我的女兒奧莉薇雅．謝伊（Olivia Shea）剛滿周歲。沒錯，我女兒的中間名取自謝伊球場，我會永遠記得這個我曾經當成家的地方。不到兩年後，莫莉生下了妹妹麥狄森（Madison）。我的家庭日益壯大，不僅為深受復健所苦的我帶來解脫，也給了我不同視角看待事物。當我的生涯走向終點，我不必擔心退休生活要怎麼過，因為我有妻子女兒的扶持，還有父母、弟弟、岳父母和朋友。等在我前方的是美好未來。

不過，我還沒準備好迎接人生的下一階段。

眼看去年冬季的休息和復健對我毫不管用，我在睽違十七個月後第三度動刀：椎板開窗手術，目的是緩減椎管內的壓力。沃特金斯再度為我動刀，移除骨刺、韌帶和後背突出的椎間盤，手術後確實讓我好多了。這次手術主要是提升我往後的生活品質，雖然能緩減疼痛，對我重返比賽卻沒有太大幫助。

我開始懷疑自己還能不能上場，二〇一八年初夏，球團允許我重新投入棒球活動。我的表現活像第一次撿到球的孩子，投出五球就有三球偏離目標。我本以為棒球就像騎腳踏車，學過一次就忘不掉，卻發現自己錯得離譜，我無時無刻都感到很不自在。

每天早上，我都會起床運動一下頸子、後背和肩膀，看看哪個部位出狀況。有時感覺良好，只有某個部位隱隱作痛；有時痛得沒辦法坐起身，只好翻身下床。疼痛開始影響我的日常，在我將奧莉薇雅從嬰兒床抱起時突然竄上身體。有天早上我痛到彎不下身，只能請茱莉替我綁鞋帶。我後來才知道，我後背的椎間盤撕裂了，但傷勢不嚴重，只是要多忍受幾天劇痛。

無論是皮拉提斯、按摩、脊椎指壓治療還是按摩浴缸，我能試的都試了。茱莉還從購物頻道買了背部伸展器，看能不能緩解疼痛。多數方法能稍微起點作用，但都不持久。很多親友認為我沒看清現實，要我重新評估自身處境，暗示我也許該從此告別球壇。我知道他們是出於好意，擔憂我往後的健康狀況和退休生活，但我腦中總有個念頭揮之不去：如果我重返大聯盟，腎上腺素說不定會戰勝疼痛、讓我好起來，我的生涯說不定還沒走到尾聲。

這只是我一廂情願的想法，到頭來，我意識到自己只有兩條路可走：忍痛上場，或者光榮退役。我沒法等待疼痛消失，因為疼痛從未遠離，永遠不會。我三十五歲了，上一次在大聯盟出賽已經是兩年前，我已經靠這副身體走得夠遠了。我當然不樂見生涯結束地如此倉促，在生涯顛峰的下半場黯然下台，但怎麼抱怨也無濟於事。所以我做了正常人會做的事：投入更多棒球活動，為重返比賽做最後一搏。在開始思考退出球壇前，我必須確保自己嘗試過所有方法。

雖然我不想承認，但二〇一八年賽季我有事情瞞著球隊，只透露球隊需要知道的內容，好讓他們為我安排合適的背部和肩頸治療。要是我透露太多，或是球隊發現我實際經歷什麼病痛，我的賽季將宣告報銷。我不能讓這種事發生，球隊目前只知道我狀況良好，正盡力達成他們設下的標準。為了讓球隊替我安排下一階段復健，我必須面對實打實的投打對決、進階守備訓練。我咬緊牙關完成每項任務，代價則是犧牲我的身體。

我打算在小聯盟待上三週，等背傷好轉後，在九月擴大陣容名單時復出。但我表現得一團糟，在聖露西的前五場比賽，我十四個打席全數揮空、遭到六次三振。我的力量消失了，揮棒速度變慢了，每次背靠背比賽主守三壘時，我的背都痛得要死。簡單來說，我不再是大聯盟級別球員了。

在執行訓練任務時，球隊給了我一份希望達成的成就清單。很快地，比起好好打球，我開始更在意成就能不能達標。我在三壘的目標是盡量不撲球，因為一次劇烈動作，很可能就要花上好幾天休養。在打擊區，我祈禱能穩穩敲出安打，因為揮棒落空會讓我的後背痛不欲生。

有天，基斯從西棕櫚海灘來到聖露西港，觀看我又一場乏善可陳的打擊練習。基斯打從一開始就陪在我身邊，結識年輕時期的我，也在我成長路上提供建言。除了教練團，他比任何人都了解我的打擊能力；除了家人，他比任何人都懂我的心。想當然爾，基斯當然清楚他在聖露西港看到的景象，他隨後找上我。

「老兄，你還好嗎？」

我向他保證我沒事，即便我們心知肚明我一點也不好。但我就是還不打算放棄，我做不到，若要重返大聯盟，我唯一的選擇只能繼續往前。所以我持續磨練自己、負傷上陣，在接下來五場比賽的十八個打席敲出六安。比起我在場上捱的苦痛，紙上的數據漂亮多了，也讓我能夠再瞞過大家一陣子，但我知道這沒法持續下去。

我和茉莉談過這件事，她一直是我面對磨難時的心靈支柱，我也和爸媽談過了，他們是我生涯期間常常尋求建言的對象。我們一致認為我必須坦承病情。當我打給基斯，告訴他我其實身體狀況很差，感覺真是鬆了口氣。我們進行了幾次敞開心房的交談，我也開始考慮退休的可能性。

但我知道大都會快要讓我復出了，所以我仍在等待。我已經付出那麼多，雖然過程很痛苦，但重返大聯盟的目標已經近在咫尺。我覺得要是不抓住最後一次機會，就太對不起自己，所以我持續做復健，在八月還剩不到一週時飛到拉斯維加斯3A球隊報到。若要讓大都會允許我回歸，我必須連打兩場比賽，還要待滿九局。在首戰，德魯．甘格農（Drew Gagnon）[1]就在兩小時六分內投出完封勝，這真的是天大的恩賜。我當時站在三壘，整個人痛苦不堪，我也不曉得自己到底怎麼撐過連兩場比賽夜的，只知道不能再這樣下去了。如果甘格農那場沒有如此超常發揮，我可能別無選擇，只能退出比賽。

那次比賽讓我不得不認清現實。這是我人生第一次無法享受比賽，滿腦子只想著怎麼撐過九局，這不是我渴望的比賽方式。在我逐漸意識到這點後，終於願意承認傷病壓得我喘不過氣，也終於認清自己沒法持續下去了。我已經用盡一切手段延

1 德魯．甘格農（Drew Gagnon），美國、韓國、中華職棒投手，二〇一七至二〇一九年效力於紐約大都會隊，二〇二〇年起效力中職味全龍，中職登錄名為「鋼龍」。

長我的職業生涯，認知到這點讓我的心出奇地平靜。如今，我的內心和身體終於達成和解。

準備好放棄我從小熱愛的運動，依舊是相當重大的決定。從我知曉棒球的那一刻起，這項運動就主宰了我的人生。我花了大半輩子擔任職業棒球員，就這樣退場實在令人心碎，我打從心底希望能好好說再見。

離開拉斯維加斯前，我和飛來觀賽的基斯在永利飯店（Wynn）吃飯，他對我的決定感到欣慰，因為再堅持下去對任何人都沒好處。我們都同意要告訴球隊，不能讓球隊在未來的長短期規畫被蒙在鼓裡。交談期間，我告訴基斯如果可以，我想安排一場生涯告別戰。我已經這麼努力、堅持這麼久，距離目標只有幾步之遙，我知道身體無法負荷一整季大聯盟比賽，也知道上場無法做出貢獻。但出於私心，我還是想做最後一搏，在皇后區球迷面前最後一次亮相。

我在大聯盟打滾十三年，將生涯大半奉獻給球隊和比賽。在生涯最後一刻，我想重新回到球場聚光燈前。

隔天早晨，我按計畫飛抵舊金山和球隊會合。抵達後，我要求和這次客場隨隊的高級主管米納亞、J・P・里奇阿迪（J. P. Ricciardi）[2]私談。在甲骨文球場的客隊主管辦公室，我向他們敞開心房，這是我第一次向外人，也是有能力左右我生涯的人抒發心境，這讓我如釋重負。不出所料，米納亞和里奇阿迪將消息傳達給小老闆傑夫・威朋（Jeff Wilpon）[3]、總管奧德森，讓他們趕來洛杉磯，我則搭上球隊交通工具和他們見面。

在道奇球場的客隊主管辦公室，我和傑夫坐在裡面，我必須用手壓下顫抖的雙腿。我和傑夫認識快二十年了，我們像家人一樣親密。整個威朋家族都是如此，大老闆佛瑞德曾在我祖母過世時，讓我搭上私人專機返家；夫人茱蒂則在我想領養黃金獵犬時，給我不少建議；傑夫和他的孩子們，則和我一樣從年輕時就伴著球隊。我的生涯都在威朋家族底下打球，常有人問起我和他們的相處經歷，我只能描述他們對待我的方式：無時無刻都風度翩翩。

我希望坦承一切，向傑夫描述我經歷的苦痛，這讓我又崩潰一次。我淚流滿面，請求他允許我退役前再次上場比賽，心裡明白這要求太難為他了。我當時身上還有兩年三千七百萬美元的合約，球隊會透過保險收回多數金額，但傑夫向我保

---

2 J・P・里奇阿迪（J. P. Ricciardi），美國職棒大聯盟管理層，二〇一〇至二〇一八年加入紐約大都會管理層。

3 傑夫・威朋（Jeff Wilpon），佛瑞德・威朋之子。

證，他會盡一切可能讓我重返比賽。我從未參與財務相關的細節，這對我來說不那麼重要。我的合約有受到保障，但我知道球隊必須和保險公司解決這一問題，我也很感謝他們願意這麼做，只為滿足我個人的願望。

更重要的是，我想要在女兒面前打球，二〇一六年是我最後一次大聯盟出賽，當時兩個女兒都還沒出生。我也想感謝大都會球迷，自從在二〇〇一年被選中那天起，他們就持續支持我。我想為十七年生涯受到的所有支持與愛戴，致上我的謝意。

我們組了團隊，想出一套合理的退役方案。因為我需要數小時復健及暖身才能上場，告別戰必須要晚上開打。大都會九月中有十場客場戰要打，接著將與季後賽爭冠隊伍勇士隊進行主場三連戰。我知道自己的狀況離大聯盟水準還差得遠，儘管大都會已無緣季後賽，我不想讓勇士隊的季後賽角逐戰贏得不光彩。此外，我也不希望在狄葛隆主投的場次出賽，他那季很有機會拿下國聯賽揚獎，要是我的防守失誤影響他的數據，我鐵定不會原諒我自己。

基於這些考量，球隊將我的復出時間訂在九月二十九日對陣馬林魚的賽事，也是本季倒數第二場例行賽。當時外界仍相信我能滿血回歸，因此球隊九月初回到紐約時，我們安排了記者會宣告我即將退役的消息。

在為記者會做準備時，我才真切感受到生涯即將邁向尾聲。我想不到能說什麼，雖然記者會前還有幾週時間，我到球場時卻還是兩手空空，這太不像平時的我了。我在置物櫃前，寫下想致謝的人的名字，把紙條塞進後口袋。我隨後找上拉卡尼洛，他比我早幾年來到大都會，我和他窩在設備室談笑、沉湎過往，回憶我們經歷過的一切。

隊上還沒人知道我即將退役，所以我打算親口告訴幾位隊友。我先找上了雷耶斯，他二〇一六年就以自由球員身份回歸大都會。此前我都還很平靜，但當我告訴雷耶斯自己將不再打球時，情緒還是失控了。雷耶斯一把將我抱住，我則哭得一塌糊塗。

我找上狄葛隆時，心情還沒平復，他從二〇一四年加入球隊後，就成了我的其中一位摯友。我和他的談話與雷耶斯大抵相同。

最後我召集所有球員宣布消息。因為近幾年我都不在隊上，很多人我都不熟悉，但這不是重點。我當時臉哭得紅腫，話都說不清楚，一把鼻涕一把眼淚地說了些意義不明的話。我只是想告訴大家，一切都結束了，我再也不能上場了。這或許是休息室在場的人聽過最糟的演講了。

我還記得二〇〇五年，皮亞薩最後一次以大都會球員身份出賽的情景。我當時很好奇，像他這樣成就超乎我想像的名人堂球星，為何會在生涯告別戰如此傷心。

時間快轉十年後，如今我理解他了。我一生都在打球，傾注無數時間和精力，熱愛其中的每一刻，無論是好的、壞的、醜陋的時刻，還是贏球、輸球、歡笑和淚水的時刻，對我都彌足珍貴。要放下這一切實在相當困難，我的心百感交集。

我曉得到時記者會場面不會太好看，拉卡尼洛也知道，所以我離開休息室時，他在我後口袋塞了條開特力毛巾。大多隊友都比我早到現場，在牆邊排成一排聆聽我發言。我講了一分鐘左右就紅了眼眶，在感謝隊友、朋友和家人時更是悲從中來。說出更多感謝的話前，我提到女兒奧莉薇雅、麥狄森時還語帶哽咽。

「我年輕時曾經說過，但我要再說一次：我體內流淌著象徵大都會的橘藍血液。生涯期間，我在球場上下受到的關愛、支持和尊敬，對我來說彌足珍貴。我很感謝所有參與其中的人，你們不知道這此對我有多重要。」我在記者會上這麼說。

第二十四章　難忘之夜

A NIGHT TO REMEMBER

二〇一八年九月二十九日我起床，幾乎沒什麼睡，心裡緊張兮兮，這是我沒預料到的。不管是首場職業比賽、大聯盟初登板還是世界大賽，我從來沒像現在這麼緊張過。這是我人生中最緊張的時刻。

當我抵達花旗球場，即將迎來生涯最終戰時，有幾十位球迷已經等在球員停車場外頭。讓我感觸最深的，是這週以來這群人和其他球迷帶給我的親切感。比賽前幾天，球迷會在路上攔住我，說他們買了我生涯告別戰的門票了。我在記者會聲淚俱下後，門票幾小時內就被掃光，原來我的生涯對這一代大都會球迷這麼重要，意識到這一點讓我難以釋懷。

總之，我近兩週都會花數小時復健、拉伸和進行棒球活動，為比賽作好準備。但一切都不同了，每個過程都不再感到乏味，我甚至還很享受死蟲、彈力帶訓練，心知我作為職棒球員的生涯已經進入倒計時。每項訓練如今都有了新的意義，雖然過程依然很痛苦，我很感激大都會給我機會，讓我按自己的心願結束生涯。

對我來說，生涯最終戰不代表就要繳出特別表現，只希望到時盡量別出醜就好。打擊練習時，我一直揮空，感覺球棒像破了洞似的。但有天下午，球隊為我安排一場實戰打擊練習，情況才有所好轉。我面前的是菜鳥後援投手提姆．彼得森（Tim Peterson）[1]，因為沒有太多上場機會，他打算上場投球維持打感。我逮到其中一球，一棒敲飛到右中外野幾十排座位上方，這景象簡直不可思議。

老天，我這麼能打的嗎？

我已經很久沒有對正規投手敲出全壘打了。生涯期間，我很享受揮棒擊中球時，發出令人滿意的撞擊聲，心下立刻知道這球轟出去了。時隔多年找回這種感覺，激發了我內心沉睡已久的事物。

這一轟，成了我生涯最後一支全壘打。

我會默默記下在球場做的每件事，心裡知道這可能是最後一次。大多事情都是我過去認為理所當然的休息室日常，像是開玩笑、打桌球等。我那陣子常常和狄葛隆、麥茲、傑伊．布魯斯（Jay Bruce）[2]、康佛托等人拉幫結夥，提早到球場用

1　提姆．彼得森（Tim Peterson），美國職棒投手，二〇一八至二〇一九年效力於紐約大都會隊。

餐，玩幾場普拉克牌戲，我還從沒看到有人在休息室外玩這種牌戲過。我們會歡笑、打趣和聊天。賽季過後，拉卡尼洛將他在最後幾週拍下的照片集送給我，原來他在我和隊友同樂時，用手機記下這些生活點滴。這些微不足道的時刻，正是我最懷念的時光。

隨著生涯邁向尾聲，我試圖強裝鎮定，卻難掩激動心情。無論是維吉尼亞洲爆破者隊好友、小聯盟隊友，還是大聯盟牌友，在我生涯各階段朝夕相處的球員紛紛找上我。九月中，我隨隊到波士頓打客場時，經典賽老友佩卓亞將芬威球場計分板上的五號送給我，這禮物實在出乎意料地重。同一週，前費城人總教練查理・曼紐爾（Charlie Manuel）[3]送給我市民銀行球場代表大都會縮寫的NYM計分板，我在那裡留下了許多輝煌戰果。我在潮水隊的老友齊默曼，則從國民球場的客隊收藏中，送給我一面大都會旗幟。

這可能很老掉牙，但在最後那幾週，我大部分時間都在沉湎往事。我就像是《往日柔情》（For the Love of the Game）裡的凱文・科斯納（Kevin Costner），在面對即將到來的最後一次打席、最後一場比賽和最後一次大聯盟亮相時，在心中重塑我的職業生涯。每過一日，生涯結束給人的壓迫感就越來越重。

我知道告別戰會讓我感觸很深，至少我還有大把時間做好準備。我在那週稍早脫離傷兵名單，自二〇一六年五月後首次回到大聯盟陣容，我還記得那時甚至沒法轉頭看投手。距離我上一場大聯盟亮相，已經過了二十八個月，超過整整兩年。

週末到來前，我和大都會高層商討不同情境。因為週六比賽夜會讓我身心俱疲，我知道週日沒辦法安排其他計畫。有人建議我可以在週五上場代打，為週末多爭取一些時間，這點子很不賴。我在聯盟的時間所剩不多，所以我想最大限度地利用這段時光。

來到週五，今年剛上任的總教練米奇・卡拉威（Mickey Callaway）[4]說我將第一個代打上場，所以我早早暖好身，為上場做準備。我也緊盯著記分板，知道隊上新秀投手科瑞・奧斯華（Corey Oswalt）[5]有嚴格的投球數限制，不太可能上場超

---

2 傑伊・布魯斯（Jay Bruce），美國職棒大聯盟外野手，入選三次明星賽、獲得兩屆銀棒獎，二〇一八年效力於紐約大都會隊。

3 查理・曼紐爾（Charlie Manuel），美國職棒大聯盟外野手、總教練，贏得二〇〇八年世界大賽冠軍，入選費城人名人堂。

4 米奇・卡拉威（Mickey Callaway），美國職棒大聯盟投手、教練，二〇一八至二〇一九年擔任紐約大都會隊總教練。

5 科瑞・奧斯華（Corey Oswalt），美國職棒投手，二〇一八至二〇二一年效力於紐約大都會隊。

過一打席。

雖然球隊盡力為我的利益著想，但棒球鮮少照著計畫走。第四節，在我代打上場幾分鐘前，我從板凳席走出來，受到震耳欲聾的掌聲歡迎。我站在板凳席台階，接著走到預備區，場面的重擔壓得我喘不過氣，我感到一陣噁心、腦子裡天旋地轉。開賽前，狄葛隆代表全體先發球員送我一瓶上有鐫刻文字的葡萄酒禮盒。他本來想說幾句話，但口條不太好，講到一半就把禮盒塞到我手裡。

「就收下這禮盒吧。」他告訴我。或許是因為當時的情緒感染了所有人，也或許是狄葛隆在史岱生大學的2.0學業平均成績使然，讓他不知該說什麼才好。

不管怎樣，運氣最終站在我這邊。普拉維奇敲出滾地球被接殺，第四局結束，我也得以回到板凳席的懷抱重新振作。再回到預備區時，我已經找回幾分鎮定，心中的鬥志也被燃起。比起擔心看台上的球迷，我現在更在意能不能成功敲安。

我屏蔽掉一切雜音，把過去十五年來熟悉的例行暖身做了一輪，接著站上打擊區。考量到我的身體限制，我不打算放過任何一顆好球，一棒敲向荷西・烏瑞尼亞（José Ureña）[6]投來的第一顆快速球。那球被判滾地球出局，在我眼中卻是重大勝利。我不打算謙虛：我已經遠非昔日的大聯盟身手，能有這樣的成績已經心滿意足了。

我跑回板凳席，一臉靦腆地向觀眾揮手，我對今晚表現很滿意。球迷對我代打的反應如此熱烈，使我興奮地難以入眠。週六早晨我終於爬起床後，花了點時間逗女兒玩，接著和妻女道別，離開約克街六十一號，踏上大衛萊特生涯打擊之旅。我先到常去的咖啡廳「咖啡客棧」（Coffee Inn）買一杯烤杏仁濾掛咖啡，上頭還加了點杏仁奶。接著，我到最愛的熟食店「太空市場」（Space Market）買一份蜂蜜火雞三明治，裡面包了瑞士起司、生菜、番茄、洋蔥、酪梨和蜂蜜芥末醬。然後，我和住在附近的拉卡尼洛碰頭，他是我多年的搭車夥伴，因為他駕駛技術很爛，我都堅持自己來開。我深深沉浸在那天早上經歷的一切，因為這將是我最後一次以大聯盟球員身份做這些事。

我的孩提偶像、大聯盟好友卡戴爾打趣地說，我的最終戰會像婚禮一樣，我會成為眾人焦點、舞台明星，一切都會在轉瞬間落幕。最起碼，週五的代打秀預告了我的生涯最終戰能期待什麼，儘管週五比賽只坐了三分之二的球迷，因為大都會賽前仍未對外界證實我能出賽。雖然很多人向我保證週六比賽夜會擠得水洩不通，但我一直不相信，直到我和拉卡尼洛停在安檢門前。早在開賽幾小時前，就有幾十名

6 荷西．烏瑞尼亞（José Ureña），美國職棒大聯盟投手。

球迷等著送上祝福，這樣的支持程度讓我驚嘆不已。

替第一波球迷簽完名後，我享用午餐、和大夥打牌，進行生涯最後一次賽前復健訓練。我特別留意套上球衣的感受，這是我最後一次披掛上陣。當球場記分板亮起，開始播放我的生涯精彩片段時，球迷的反應令我嘆為觀止，我咧開嘴，在板凳席開心地跳來跳去，等著上場時刻到來。這時刻被我盼到了，球隊要我一個人慢跑出場，再度點燃觀眾的沸騰情緒。我筆直跑向三壘，用鞋釘點了下地面以表尊敬，接著舉手向四周球迷致意。緊接著出場的是雷耶斯，他先是給了我大大的擁抱，接著回到我們並肩作戰的老位置。

賽前還剩最後一件大事，這個月初擬定生涯最終戰計畫時，傑夫建議讓我老爸負責開球儀式。雖然這項提議讓我很感動，但我希望也讓大女兒奧莉薇雅參與到，我知道朗恩也會同意的。所以我問傑夫能不能讓奧莉薇雅開球，要是她需要有人鼓勵，我爸能從旁協助。他對這項提議很滿意。

茱莉和我在公寓花了些時間和女兒練習，以兩歲小孩來說，奧莉薇雅的臂力相當不賴。但我們不曉得，現場超過四萬三千名大呼小叫的球迷會不會嚇到她。我覺得到時要不是她會丟球給我，要不就是她會到處亂跑，玩起抓迷藏。

不過，我擔心過頭了。早在場內廣播員介紹完前，奧莉薇雅就抓起球、咧開嘴，將球丟向我。我撿起球後，抱起奧莉薇雅親她脖子，接著給我五個月大的小女兒麥狄森額頭來一吻。那一刻，是我最快樂的時刻，能和家人在場上共享天倫之樂，不只是我生涯、也是人生中最特別的時刻。

再度主守三壘，我不再試圖強裝鎮定，畢竟這也只是徒勞。我轉而努力適應比賽節奏，同時希望馬林魚打者千萬別把球打到我這邊。幸運的是，唯一把球敲向三壘方向的是捕手，讓我更有餘裕傳球到一壘。

我在首打席拿到保送，這是自二〇一六年開轟後，我睽違兩年第一次成功上壘。我們計畫再讓我上一個打席就收工，所以當第三局結束、我還站在預備區時，我比以往任何時刻都還緊張。我將在第四局下半擔任首棒打者，這大抵是我生涯最後一次上場打擊了。

一直以來，棒球在我心中佔著重要地位，認知到生涯即將結束令我難以喘息。最後一次走向預備區，我回想起孩提時期，和祖父在後院玩威浮球的情景，當時我扛著和自己差不多大的球棒。我記得朗恩用混凝土、PVC塑膠管和一點橡膠打造自製球座，在兩棵樹間掛上漁網，好讓我擊球進網。我記起自己在高中賽事敲出兩轟、擊敗勁敵，最終贏下冠軍。我回想起青年時期，在諾福克替潮水隊打球的時光。這些回憶和生涯中許多光榮時刻，都讓我引以為榮。我曉得那晚在花旗球場看台上，有幾十位老友和教練注視著我的一舉一動，過往回憶則如跑馬燈般在我腦海播放。

我猜想，生活總能在人們最需要的時刻創造喜劇調劑。來到第二個球數，我朝一顆外角快速球揮棒，球沿著一壘邊線飛出去。球落下時，我轉過身子，祈禱這球飛到界外。但這時一壘手彼得・歐布萊恩（Peter O'Brien）[7]跑到界外區，在周遭一片噓聲中，在距離看台幾英尺處將我接殺出局。

歐布萊恩也挺可憐的，他只是在盡自己的本分，卻成了皇后區球迷一輩子的公敵。賽後，有位馬林魚休息室服務生在棒球上寫了字條，打趣地斥責歐布萊恩跑去接殺那球，還在文末偽造我的簽名。發現被騙後，歐布萊恩把球帶到大都會休息室，請我本人在上面簽名。

「不不，說真的，你真的不該接殺那球。」我還給歐布萊恩前告訴他。

現在回頭看，整起事件其實還挺有趣的，只是那個當下我並不這麼想。走回板凳席時，我就只是看著球棒，一臉傻笑，心裡多少有點同情歐布萊恩。但我主要感受到的是震驚，真的就這樣結束了嗎？我是這麼渴望再度上場打擊、站上打擊區，說不定還能敲出令人熱血沸騰的一壘安打。

我想過向卡拉威爭取下一打席，但馬上就打消念頭，心裡清楚球隊那晚還有其他安排。球隊給了我最後上場的機會，我已經虧欠他們太多，實在沒臉再擾亂他們的計畫了。我同時也怕爭取到打席後再度被三振，生涯最後一役徒留陣陣酸楚。看到卡拉威在調整陣容卡，我很清楚一切都結束了，我已經沒有遺憾。

卡拉威把我召回板凳席前，我在第五局上半短暫出場，雷耶斯再度擁抱我，害我又紅了眼眶。觀眾的鼓譟聲在我下場時鋪天蓋地傳來，我再次出現向觀眾致意時，歡呼聲達到最高潮。生平頭一次，我不介意成為全場焦點，筆墨都不足以形容大都會球迷多年來對我的愛和支持。比起脫帽敬禮，我還想回報更多給球迷。

接下來的事我不太記得。停在休息室前，我的情緒又上來了，但我實在無暇他顧。我穿著球衣，搭電梯到SNY電視攝影棚，和資深主播蓋瑞．科漢（Gary Cohen）、球評赫南德茲（Keith Hernandez）和榮恩．達林（Ron Darling）花了半局比賽時間聊天。回答問題時，我大都有點心不在焉，對眼前座無虛席的球場驚訝不已。當時有不少球迷擠在攝影棚下方，跳起來想偷看棚內，一切都好不真實。緊接

7　彼得．歐布萊恩（Peter O'Brien），美國職棒大聯盟外野手。

著，我移師到錄音室，接受傳奇實況播報員豪伊・羅斯（Howie Rose）的訪問，他多年來都熱誠地對待我。

雖然日後還會相見，但和這些人道別時，感覺像不會再見面一樣。我繞著球場走一圈，球迷紛紛排隊和我擊掌碰拳，我家人的包廂就在電視攝影棚附近，所以我進去打聲招呼、拍幾張照。雖然當時比賽才剛過半，可憐的奧莉薇雅已經累壞了，比賽後來打到十三局，這期間照顧孩子全是茱莉的功勞。最後六七局，我回到板凳席，與隊友沉浸在我棒球生涯的最後時光。

但有件事讓我有點分神，大都會希望我在賽後對球迷發表感言，這又讓我詞窮了。我花了三四局比賽時間思考要講什麼，但除了用十七種說法表達我的感謝外，我完全不知道該講什麼。球迷在我生涯給了我無數支持，感激真的是我對他們最大的感受。

我初來紐約時，人們告訴我紐約市民熱衷造神，也很樂意把你拉下神壇，但我從未有過這種經歷。在我的生涯告別戰，現場座無虛席，球迷各個熱血沸騰，無疑是大都會球迷支持我的最佳範例。

我真心認為，在紐約打球讓我成為更棒的球員、更堅強的人。我個人生涯經歷過不少糟糕的賽季，卻鮮少受到球迷批評，我真心愛著這群紐約球迷。即便球隊並沒有照我的心願贏球下去，球迷依舊支持我，絲毫不動搖，為此我心懷感激。

最後，我上台即興發揮。

「各位，很高興我們今天有贏。」我開口道。

我邊講邊轉向球場各處球迷，試著感受球場的每一角落。

「這真的很神奇，我很感激大家能聚在這裡。」

「我一直在思考今天要說什麼，今天我已經哭夠了，所以應該可以講點什麼。但這就是愛，我實在想不到其他能說的，這就是愛。你們敞開雙手，讓一位二十一歲小子走進你們的生活。儘管我過去常被三振、失誤一堆，你們依然自始自終支持我，我對你們只有無限感激。」

「第一次登上大聯盟時，所有老將都警告我，有些球迷會太過激動，『他們喜歡噓你，或是找你麻煩。』但你們證明不是這樣，你們由衷歡迎我這位來自維吉尼亞州的二十一歲小子，讓我成為紐約的一份子。」

「今天前，我本來不預期會看到什麼。但我下午進場時目睹不少球迷，現在也有一大票球迷聚在這裡，我愛你們所有人，我愛你們。」

「我們曾擁有美好時光，也曾經歷不少磨難，但你們總對我不離不棄，這對我非常重要。雖然我想親自感謝每位球迷，但我所能做的，只有打從心底地感謝大家接納我。感謝你們的鼓勵，給予我每晚在觀眾面前實踐夢想的機會，真的很感謝大家。」

除了哭夠了的部分外，我句句發自真心。說出最後幾個字時，我的眼眶又湧出淚水。我再次環顧球場許久，沉浸在職棒生涯的最後一場賽事。

「你們又要逼哭我了。我愛你們大家，晚安。」

我走下場，在回休息室的路上和板凳席的幾名隊友擁抱。我的大聯盟生涯，如今正式結束了。

我從來都不熱忠於收藏，但那晚脫下球衣後，我發覺自己有多想留住那一時刻。我將骯髒的球褲、大都會的細紋球衣、手套和頭盔塞進大行李袋，這些物品寄宿著過往打球的美好回憶，我多希望能封存起來，保存一輩子。

在休息室，我花了好長一段時間感謝隊友，和他們相擁而泣，並回答媒體記者的一切問題。直到一點左右我才離開球場，但有群球迷還守在球員停車場，所以我和他們簽名合照，有說有笑地過了一小時。隨後我返回曼哈頓，為生涯告別戰劃下句點。

我從未忘記，二〇〇四年初登板後，麥克尤恩是如何堅持帶我到市中心的佛利棒球酒吧。儘管那時很晚了，我也累了，他仍拖著我去吃飯，慶祝我的初登板和未來大聯盟生涯。遺憾的是，身為白襪隊教練，麥克尤恩在二〇一八年賽季最後一週都很忙，沒辦法抽空參加我的告別戰。但我仍希望，用當初慶祝大聯盟生涯起頭的方式來慶祝落幕，所以邀了家人親友到同一家酒吧。我抵達時廚房已經熄燈，所以我請在場的每個人吃披薩，披薩送上來時我吃得像頭野獸。

狼吞虎嚥之餘，我試著將眼前的景象烙印在腦海中。除了家人、朋友，還有大都會球迷俱樂部「七號線」（7 Line）的成員，常成群結隊來看大都會比賽，球場看台上全是他們的橘藍衣服。另外還有一群球迷，從傍晚開始就在酒吧看比賽。過去十四個賽季，紐約這座城市給了我太多太多，我做夢也想不到，會與這座城市建立起如此深厚的感情。

那晚，有家人、好友和球迷相伴，我感到非常欣慰。年少時，父親就教導我在職場盡心盡力，不要讓自己後悔，如今被生命中最重要的人所圍繞，我感覺自己達成了這項成就。一路上，我遇見許多比我更有天賦、更優秀的球員。但身為運動員，我認為自己已經達到力所能及的極限，我用正確的方式打球，將潛能發揮到最大程度。至少在這一點，我不認為有多少球員能有這樣的自信。

當然，我的生涯也並非完美無缺。人生劇本裡，我絕不希望看到我三十五歲宣告退役，也不希望結束生涯的原因是和傷病奮鬥。在生涯告別戰搞砸最後一個打席，也不是我當初設想的幸福結尾。我沒辦法對這些事情視而不見，因為我本人也不滿意。

然而，當我在日出即將來臨的清晨掃視臥房，我感覺一切都結束了。傷病也許讓我無法主導結局，但我在途中投入夠多努力、獲得夠多支持，按自己的心願走向生涯終點。

如今的我，已經別無所求了。

EPILOGUE

後記

每天早上載奧莉薇雅去上學後，我會到離家附近、位於加州曼哈頓海灘的健身房復健，下半輩子都會持續下去。如果我有時間投入輕度鍛鍊，我的背感覺會更好。我的身體仍時好時壞，但今後不必再像職業運動員投入訓練，感覺輕鬆不少。不過說到底，脊椎狹窄並不是那麼好打發的傷病。

我每週會撥出幾天下午打高爾夫球，趁著女兒午睡的空檔打上三四把。我開始著迷於修正揮桿，觀看無數影片教學，還線上購買器材。二〇一九年，我到長島的貝斯佩吉黑球場（Bethpage Black）擔任ＰＧＡ高爾夫球錦標賽大使，度過一個愉快的週末。這就是我的本性，一旦發現能夠享受其中的競技項目，就全心全意投入其中。

除了狀態欠佳的早晨，我的背大多時候能承受揮桿的力道，也承受得住奧莉薇雅和麥狄森的重量，後者也是我這陣子最需要用到的地方。我們的第三位新成員是個男孩，預產期在二〇二〇年十月，但願到時我的背還撐得住。我一點也不懷念傷兵的那段日子，我會被持續追問隔天感覺如何、將經歷什麼疼痛。我也不懷念大聯盟生涯每天的體力活，但我懷念比賽，尤其懷念和隊友間的同袍情誼。

告別戰結束不久，我回到皇后區的謝伊和花旗球場收拾個人物品。我的置物櫃裡有不同時期的舊球衣，慶祝伊斯林豪森三百次救援成功的香檳酒瓶（上頭有他的簽名），還有在我達成生涯兩百轟時，貝伊開玩笑送我的幾瓶平價葡萄酒，上頭寫著：「歡迎加入俱樂部，小子」，還有好多好多物品。

一想到我的置物櫃不久就要換新主人（我後來知道是卡諾），沒辦法再累積生涯紀念品，就讓我心情難受。生涯期間，我總在年末特別關注即將到來的球季，但二〇一九年我卻無事可做，心中無比空虛。冬季到來的某天早晨，茉莉轉向我說：「你明年二月肯定會變得很煩人。」

「我知道，」我只是看著她搖搖頭。「我知道。」

我發現自己時不時會回到球場，享受剛割過的草皮、灑落的啤酒，和昔日的熱狗攤氣息，彷彿回到過往時光。我退役後的第一個休賽季，布洛迪．范瓦格南（Brodie Van Wagenen）當上新任大都會總管，他也邀請我參加冬季會議，在球隊的事情參上一腳。我穿著卡其褲，和一眾球隊主管待在飯店套房裡，提供我對有潛力的自由球員和交易目標的看法，我還不太習慣這種身份。不過，整整三天討論著棒球，也稍稍減緩我想上場競技的飢渴感。我最終當起了球隊顧問，甚至幫助管理層和好友狄葛隆談到一張複數年合約。

狄葛隆和我一樣，都想終老大都會。

我很驕傲自己生涯都效力同一支球隊，也很驕傲大都會如此看重我、任命我為隊長。更重要的是，我還打進了世界大賽。

雖然我也很感激生涯的其他功績，但唯獨上述這三項是我最看重的生涯成就。在我退役的時間點，我是大都會隊史安打王、得分王、打點王，全壘打數僅次於史卓貝瑞。我生涯共計入選七次明星賽，贏得兩座金手套獎、兩座銀棒獎，四度入選國聯最有價值球員的十人名單。我知道自己在用正確的方式打球，我也希望能幫助隊友變得更好。

在我的棒球生涯，我遇見妻子茉莉、組建家庭，我如今全副心神都放在那裡。多年來，我的至親拋棄生活中的便利，只為助我達成夢想：茉莉往返各個城市，經常在我手術後負責照顧我；顧及到我的賽程，我們也調整了女兒的上床時間。退役後，我唯一能做的，就是讓她們成為這個家的關注核心。

人們常詢問我是否想上電視、當教練，甚至執教球隊，我總是一笑置之，家庭生活對我來說已經足夠了。也許某天，棒球會再度召喚我，或者我會找到其他打發時間的嗜好。但目前為止，我甘於當個好丈夫、好爸爸，我想我這輩子都能這樣當下去。

奧莉薇雅三歲時，我擔任起她的樂樂棒球隊教練，我真的超興奮。我們開車到當地的迪克體育用品店，讓她挑選球棒和頭盔，她堅持兩個都要是粉色的。我送她其中一只練習用小型手套，是我在內野守備訓練時練手感用的。幫奧莉薇雅採購裝備時，我不禁回想起童年，我爸當時是綠跑少棒聯盟裝備經理，我們會在儲物棚花上數小時，替各支球隊的棒球、捕手裝備和其他物品分門別類。

奧莉薇雅在球場初亮相時，茉莉的爸媽也到場支持，如同我的祖父母無論發生什麼事都會到場看我比賽一樣。以父親的視角回顧我的童年，給我一種難以言喻的感受。我彷彿回到童年打球的時光，如今托女兒的福，我又能重新體驗一次。

ACKNOWLEDGEMENT

致謝

大衛・萊特：

開始寫自傳前，我從沒想過自己有天會執筆寫書。記者安東尼・迪科莫（Anthony DiComo）[1]帶著這想法找上我時，我差點從椅子摔下來。我想感謝他在合著過程中，投注的無數時間、努力、精力和熱誠。我想對迪科莫說，感謝你花了大半生涯，記錄下我作為大都會三壘手多半無趣、老掉牙又喜怒無常的棒球生涯，也感謝你永遠真誠對待我。

感謝大都會球團，包括擔任老闆的威朋父子、索爾・卡茨（Saul Katz）[2]家族。我不曾想過能以棒球作為生涯志向，感謝你們讓我每天都能實踐夢想，也感謝你們讓我終老大都會。我不僅感受到大都會的團隊情誼，也感覺自己就像威朋、卡茨家族的一份子一樣。

對往日的隊友和教練，我心中只有無限感激。無論是教會我打球的正確方式、穿著和言行如何像個大聯盟球員，或是在一出局盜上三壘，輕易拿到一分打點，你們教給我許多許多。擔任大都會隊長是我一生的榮譽，我也很感激能在帶隊期間結交到一輩子的好友。

我不曉得說過多少次了，但我還是想說，感謝紐約這座城市，這裡的球迷是最棒的。二〇〇四年七月二十一日我大聯盟初登板，飛抵謝伊球場的那天早上，我對眼前的一切毫無頭緒。但你們的反應讓我卸下心防，敞開雙臂歡迎我這位二十一歲的小夥子。每天，我都帶著藍領階級的態度上場，好似有球迷第一次目睹我打球那樣拚命，我希望自己的表現贏得了你們的尊敬。另外，我想對七號線球迷說，你們是最棒的！

我也想感謝我的人生至交，你曉得我說的是你。早在我站上聯盟前，你們就已經是我的家人和朋友，教會了我許多寶貴的人生哲理。你們或許已經知道，我是個生性保守、注重隱私的人，但有你們的鼓勵和積極態度，我才能達成人生目標。

1　安東尼·迪科莫（Anthony DiComo），大都會隨隊記者。

2　索爾·卡茨（Saul Katz），房地產開發商、大都會老闆，曾捲入龐氏騙局。

我的每項成就，全都要歸功於我的父母朗恩和伊麗莎。你們教會我勤勞、奉獻和毫無保留的愛，你們作為父母實在太優秀了，我只能跟隨你們的步伐前進。從過去到現在，你們為我和弟弟所做的巨大犧牲，我們實在難以回報。

對我的弟弟史蒂芬、馬修和丹尼爾，感謝你們在後院籃球場犯規後的各種拳打腳踢和摔角比賽，奠定了我在場上爭勝的企圖心。這些經歷也教會我們互相扶持，直到現在依然如此。

最後，我想感謝守護家庭的隊長，我美麗的妻子茉莉。妳為我的工作需求所做的種種犧牲、無私奉獻，我從未忘記。我知道我不常說這些，我只想說謝謝，我愛妳。二〇一二年十二月二十日向妳求婚，是我人生中最正確的決定，奧莉薇雅、麥狄森和小兒子布魯克斯的誕生日，是我人生中最美好的三個日子。我知道孩子們不會記得我的最後一役，希望這本書能告訴他們，在他們人生的某個時刻，我不只是個笨頭笨腦的老爸。你們不曉得我有多愛這個家。

安東尼．迪科莫：

二〇〇七年，我擔任大聯盟官網實習生的頭幾天下午，我和前輩諾伯站在謝伊球場休息室。他掃視著眼前一排排置物櫃，向我介紹每位大都會球員的球探報告，誰是好人，誰是好例子等等。

「而萊特，他就跟大家說的一樣好，」諾伯指了指萊特的置物櫃。

在本書的致謝開頭，我想不到比這句話更貼切的描述了。完成自傳期間，萊特的性格和我過去十二個賽季對他的採訪如出一轍：專業、包容、開放、誠實且坦率。

雖然寫這本書完全不用他動筆，萊特依然領我進他家，讓我走進他的生活。他的善意，也改變了我的生涯。萊特，謝謝你和我一同完成這本書。

為了寫稿，我找了萊特以外的四十多名對象採訪，沒有人講過萊特一句壞話，我是講真的。有一天，我和萊特的摯友拉卡尼洛吃午餐時，有句話讓我印象深刻：「他任何事都堅持走在正道，有時甚至有點討人厭，但他就是這樣的人，這很驚人。他跟醜聞沾不上邊。」

見過萊特家人後，原因就呼之欲出了。我想感謝萊特一家給我的協助：感謝他的妻子茱莉，她的記憶力連萊特都自嘆不如，萊特的雙親和弟弟也發揮了關鍵作用。我還要特別感謝教練厄比，他不遺餘力地幫助我重建萊特早年的生活。

由衷感謝我的作家經紀人羅伯．柯克派屈克（Rob Kirkpatrick），早在萊特點頭前，他就對自傳計畫充滿信心。我們用不同形式擬定企劃案時，他總能點出問題所在。他也找到最合適的編輯約翰・帕斯利（John Parsley），人住在達頓，我和約翰第一次見面是在花旗球場大廳，這應該已經說明一切了。約翰跟柯克派屈克一樣，一生都是大都會球迷，他和他的團隊也成為這本自傳的完美人選。

一年多的撰稿期間，我發現幾位不可多得的情報來源。其中的重點人物就是霍維茲，堪稱是行走的大都會百科，幫了我好多忙。三十九年來，霍維茲一直擔任大都會媒體公關主管，也是萊特的好友，這足以說明他的人品。我很高興能結識霍維茲。

這邊要大大稱讚 Baseball Reference 網站，每天提供體育記者各項比賽數據。我很常上 Baseball Reference，或是到ＥＳＰＮ、《紐約時報》、《紐約郵報》、《運動畫刊》、《維吉尼亞飛行員報》（The Virginian-Pilot）和大聯盟官網，挖掘舊聞軼事和相關影片。

我羅列的最後一項是我的最愛，我整個職業生涯都貢獻給大聯盟官網，我想感謝他們所有人，靈活機動地支持我的計畫。我想特別感謝編輯馬修・里奇（Matthew Leach）、吉姆・班克斯（Jim Banks）、麥特・梅爾斯（Matt Meyers）和葛瑞格・克雷曼（Gregg Klayman）的付出。我也要感謝ＳＮＹ電視台的每位同仁，這裡成了我的第二個家，裡頭的氛圍好得難以置信。

人們常會問，隨隊記者要怎麼熬過一百六十二場比賽報導的考驗。我很幸運有一幫好友協助我，其中幾位在你讀過的章節裡扮演重要角色：大都會球迷熟悉的史提夫・蓋布斯（Steve Gelbs）、韋恩・蘭達佐（Wayne Randazzo），他們盡心盡力為本書宣傳；和卡里格在停車場談話讓我保持思緒清晰；傑瑞德・戴蒙（Jared Diamond）和其他人則在我撰稿期間給予寶貴意見。在我擔任隨隊記者的十四年裡，有太多人在皇后區來來去去，我沒法一一感謝。唯獨其中一人例外：我已故的記者前輩、導師和朋友諾伯，但願他人在這裡見證這本書出版。

最後，我最想感謝的是我的家人。萊特有朗恩和伊麗莎陪伴長大，我則有卡蜜兒（Camille）和東尼（Tony），你們是世上最支持我的人，我好愛你們（媽，就告訴你我來得及交稿吧）。

致我的妹妹克莉絲汀：妳協助我寫下第一本書，故事是關於一個活過來的雪人（如今出於某些原因，似乎死不了了）。我撰寫本書時，妳也在各方面幫上了忙。致安吉和瑪姬，唯一讀到本書時覺得我比萊特還酷的小傢伙：和妳們共度時光是世界上最棒的事。

我也愛妳凱特，感謝妳在我撰寫本書時保持耐心、理解我。我犧牲了大把時間在車上、地鐵中、公寓裡、沙灘椅上和其他地方工作，但我絕不會忘記過程中妳堅定不移的支持（也謝謝妳沒把我在維吉尼亞超速的事告訴我爸媽）。對於致謝裡沒提及的人，請相信我，我從沒忘記你們。我會在想像的飯店大廳哩，手捧著想像的餅乾托盤，等著招待你們所有人。

人名索引

英文名	中文名
Aaron, Hank	漢克・阿倫
Acta, Manny	曼尼・阿克塔
Aitken, Pete	彼特・艾特肯
Alderson, Sandy	山迪・奧德森
Alfonzo, Edgar	艾德格・艾方索
Alfonzo, Edgardo	艾德加多・艾方索
Alonso, Pete	彼特・阿隆索
Altchek, David	大衛・阿爾特切克
Álvarez, Pedro	佩卓・阿瓦瑞茲
Anderson, Brett	布雷特・安德森
Arrieta, Jake	杰克・艾瑞塔
Badenhop, Burke	伯克・貝登霍普
Báez, Pedro	佩卓・拜耶茲
Baldelli, Rocco	羅科・波德利
Barajas, Rod	羅德・巴拉哈斯
Bay, Jason,	傑森・貝伊
Beltrán, Carlos	卡洛斯・貝爾川
Beltré, Adrián	亞德里安・貝爾崔
Berkman, Lance	蘭斯・柏克曼
Berman, Chris	克里斯・伯曼
Bochy, Bruce	布魯斯・波奇
Bones, Ricky	瑞奇・彭恩斯
Bowa, Larry	賴瑞・波瓦
Braun, Ryan	萊恩・布朗
Brazell, Craig	克雷格・布拉澤爾
Brett, George	喬治・布瑞特
Brooks, Hubie	赫比・布魯克斯
Bruce, Jay	傑伊・布魯斯
Bryant, Kris	克里斯・布萊恩
Buck, John	約翰・巴克

Bucknor, C. B.	C. B. 巴克納
Buhner, Jay	傑・布納
Burnitz, Jeromy	傑羅米・柏尼茲
Cabrera, Fernando	費南多・卡布雷拉
Cabrera, Miguel	米格爾・卡布雷拉
Cabrera, Orlando	奧蘭多・卡布雷拉
Cain, Matt	麥特・肯恩
Callaway, Mickey	米奇・卡拉威
Cameron, Mike	麥克・卡麥隆
Canó, Robinson	羅賓森・卡諾
Carig, Marc	馬克・卡里格
Carpenter, Chris	克里斯・卡本特
Carter, Gary	蓋瑞・卡特
Cassell, Matt	麥特・卡索
Castillo, Luis	路易斯・卡斯提歐
Cavaliere, Jeff	傑夫・卡瓦利爾
Cedeño, Xavier	賽維爾・瑟丹諾
Céspedes, Yoenis	約尼斯・塞佩達斯
Chávez, Endy	安迪・查維茲
Chicklo, Brian	布萊恩・奇克羅
Clark, Will	威爾・克拉克
Cohen, Gary	蓋瑞・科漢
Collins, Terry	泰瑞・柯林斯
Colón, Bartolo	巴特羅・柯隆
Conforto, Michael	麥可・康佛托
Conigliaro, Tony	東尼・康寧亞諾
Conti, Guy	蓋伊・康提
Cora, Alex	亞歷克斯・柯拉
Crawford, Carl	卡爾・克勞佛
Cuddyer, Michael	麥克・卡戴爾
Cueto, Johnny	強尼・奎托
Damon, Johnny	強尼・戴蒙
Darling, Ron	榮恩・達林
d’ Arnaud, Travis	崔維斯・達諾德
Darvish, Yu	達比修有

Davis, Anthony	安東尼・戴維斯
Davis, Ike	艾克・戴維斯
Davis, Wade	韋德・戴維斯
Day, Zach	札克・戴伊
Debus, Jon	瓊恩・德布斯
deGrom, Jacob	雅各布・狄葛隆
Delgado, Carlos	卡洛斯・戴加多
DeMara, Rob	羅伯・迪瑪拉
Dickey, R. A.	R. A. 迪奇
DiMaggio, Joe	喬・狄馬喬
Drew, J. D.	J. D. 祖魯
Duda, Lucas	盧卡斯・杜達
Duquette, Jim	吉姆・杜奎特
Edmonds, Jim	吉姆・艾德蒙斯
Epstein, Theo	席歐・艾普斯坦
Erbe, Allan	艾倫・厄比
Erbe, Elliott	艾略特・厄比
Escobar, Alcides	奧西迪斯・艾斯科巴
Evans, Nick	尼克・艾凡斯
Familia, Jeurys	朱利斯・法米利亞
Feliciano, Jesús	赫蘇斯・費利西亞諾
Feliciano, Pedro	佩卓・費利西亞諾
Fielder, Prince	普林斯・費爾德
Figueroa, Nelson	尼爾森・費蓋羅亞
Flores, Wilmer	威爾莫・佛羅瑞斯
Floyd, Cliff	克里夫・佛洛伊德
Forde, Shannon	夏儂・福德
Fowler, Dexter	德克斯特・佛勒
Franco, John	約翰・法蘭科
Franco, Julio	胡立歐・法蘭柯
Francoeur, Jeff	傑夫・法蘭柯爾
Gagnon, Drew	德魯・甘格農
Galante, Matt, Jr.	小麥特・加蘭特
Galante, Matt, Sr.	老麥特・加蘭特
García, Harvey	哈維・賈西亞

Garciaparra, Michael	麥可・賈西亞帕拉
Garciaparra, Nomar	諾馬・賈西亞帕拉
Gattis, Evan	伊凡・蓋提斯
Gedro, Steve	史提夫・蓋卓
Gee, Dillon	狄倫・基伊
Giambi, Jason	傑森・吉昂比
Gibbons, John	約翰・吉本斯
Giles, Brian	布萊恩・賈爾斯
Glavine, Tom	湯姆・葛拉文
Gómez, Carlos	卡洛斯・高梅茲
González, Adrián	亞德里安・岡薩雷茲
González, Carlos	卡洛斯・岡薩雷茲
Gooden, Dwight	德懷特・古登
Gordon, Alex	艾力克斯・戈登
Graham, Moonlight	「月光」葛拉漢
Granderson, Curtis	柯蒂斯・葛蘭德森
Graves, Marshall	馬歇爾・格雷夫斯
Green, Shawn	尚恩・格林
Greinke, Zack	札克・葛蘭基
Guyer, Brandon	布蘭登・蓋爾
Gwynn, Tony	東尼・葛溫
Hamels, Cole	科爾・哈莫斯
Hamilton, Josh	喬許・漢米爾頓
Hammel, Jason	傑森・漢默
Hampton, Mike	麥克・漢普頓
Harper, Bruce	布萊斯・哈波
Harvey, Matt	麥特・哈維
Hawkins, LaTroy	拉特洛伊・霍金斯
Heath, Tobin	托賓・希斯
Heilman, Aaron	亞倫・海爾曼
Helton, Todd	陶德・海爾頓
Hendry, Jim	吉姆・亨德利
Hernández, Enrique	安立奎・赫南德茲
Hernandez, Keith	基斯・赫南德茲
Hernández, Orlando	奧蘭多・赫南德茲

Hernández, Roberto	羅伯托・赫南德茲
Herrera, Kelvin	凱爾文・赫雷拉
Hietpas, Joe	喬・希帕斯
Holland, Greg	葛瑞格・霍蘭德
Holliday, Matt	麥特・哈樂戴
Horwitz, Jay	傑伊・霍維茲
Hosmer, Eric	艾瑞克・霍斯莫
Howard, Dwight	德懷特・霍華德
Howard, Ryan	萊恩・哈沃德
Howe, Art	阿特・豪爾
Huber, Justin	賈斯丁・胡伯
Hundley, Todd	陶德・杭德利
Huskey, Butch	巴奇・赫斯基
Ibañez, Raul	拉爾・伊巴尼茲
Igawa, Kei	井川慶
Isringhausen, Jason	傑森・伊斯林豪森
Jackson, Edwin	艾德溫・傑克森
Jacobs, Mike	麥克・雅各
Jansen, Kenley	肯利・簡森
Jefferies, Gregg	葛瑞格・傑弗瑞斯
Jeter, Derek	德瑞克・基特
Jobe, Frank	法蘭克・喬布
John, Tommy	湯米・約翰
Johnson, Chris	克里斯・強森
Johnson, Davey	戴維・強森
Johnson, Howard "HoJo,"	霍華德・強森（綽號「老霍」）
Johnson, Josh	喬許・強森
Johnson, Kelly	凱利・強森
Johnson, Randy	蘭迪・強森
Jones, Adam	亞當・瓊斯
Jones, Chipper	奇柏・瓊斯
Jordan, Michael	麥可・喬丹
Kendrick, Howie	豪伊・坎卓克
Kent, Jeff	傑夫・肯特
Kerlan, Robert	羅伯特・克蘭

Kershaw, Clayton	克萊頓・柯蕭
Konerko, Paul	保羅・柯納科
Koo, Dae-Sung	具臺晟
Kranepool, Ed	艾德・克蘭尼普爾
Kremchek, Timothy	提摩西・克蘭切克
La Russa, Tony	東尼・拉魯薩
Lagares, Juan	胡安・拉賈瑞斯
LaRocque, Gary	蓋瑞・拉羅克
Lavelle, Gary	蓋瑞・拉維爾
Lee, Carlos	卡洛斯・李
Lee, Clive	克里夫・李
Lester, Jon	瓊恩・萊斯特
Lo Duca, Paul	保羅・羅杜卡
Lohse, Kyle	凱爾・洛斯
Long, Kevin	凱文・隆恩
Longoria, Evan	伊凡・朗格利亞
Lowe, Derek	德瑞克・洛伊
Lucroy, Jonathan	喬納森・盧克洛伊
Maddux, Greg	葛瑞格・麥達克斯
Maine, John	約翰・曼恩
Manning, Peyton	培頓・曼寧
Manuel, Charlie	查理・曼紐爾
Manuel, Jerry	傑瑞・曼紐爾
Markakis, Nick	尼克・馬卡奇斯
Martin, Russell	羅素・馬丁
Martínez, Pedro	佩卓・馬丁尼茲
Mathis, Jeff	傑夫・馬瑟斯
Matsuzaka, Daisuke	松坂大輔
Mattingly, Don	唐・馬丁利
Mattox, D. J.	D. J. 麥塔斯
Matz, Steven	史蒂芬・馬茲
Mauer, Joe	喬・茂爾
Mays, Willie	威利・梅斯
McEwing, Joe	喬・麥克尤恩
McGee, Jake	杰克・麥基

Miller, Keith	基斯・米勒
Milligan, Randy "Moose,"	蘭迪・密里根（綽號「駝鹿」）
Minaya, Omar	歐馬・米納亞
Mitchell, Kevin	凱文・米契爾
Mitre, Sergio	賽吉歐・米崔
Molina, Yadier	雅迪爾・莫里納
Montero, Rafael	拉斐爾・蒙特羅
Morgan, Adam	亞當・摩根
Murphy, Daniel	丹尼爾・墨菲
Nelson, Jeff	傑夫・尼爾森
Niese, Jon	瓊恩・尼斯
Nishio, Yoshi	西尾善
Noble, Marty	馬提・諾伯
Oberkfell, Ken "Obie,"	肯・奧柏克菲爾（綽號「奧比」）
O' Brien, Peter	彼得・歐布萊恩
Ochoa, Alex	艾歷克斯・奧喬亞
Olivo, Miguel	米格爾・奧利佛
Ordóñez, Rey	雷・歐多尼茲
Ortiz, David	大衛・歐提茲
Oswalt, Corey	科瑞・奧斯華
Oswalt, Roy	羅伊・奧斯華
Parnell, Bobby	巴比・帕內爾
Payton, Jay	傑伊・培頓
Pearson, Dave	戴夫・皮爾森
Peavy, Jake	傑克・皮維
Pedroia, Dustin	達斯汀・佩卓亞
Pérez, Oliver	奧利佛・培瑞茲
Peterson, Matt	麥特・彼得森
Peterson, Rick	瑞克・彼得森
Peterson, Tim	提姆・彼得森
Phillips, Brandon	布蘭登・菲利普斯
Phillips, Jason	傑森・菲利普斯
Piazza, Mike	麥克・皮亞薩
Plawecki, Kevin	凱文・普拉維奇
Posada, Jorge	荷黑・波沙達

Prior, Mark	馬克・普萊爾
Pujols, Albert	亞伯特・普荷斯
Pulsipher, Bill	比爾・帕西佛
Putz, J. J.	J. J. 普茲
Racaniello, Dave	戴夫・拉卡尼洛
Ramírez, Hanley	漢利・拉米瑞茲
Ramirez, Ray	雷・拉米雷茲
Randolph, Willie	威利・藍道夫
Reyes, Anthony	安東尼・雷耶斯
Reyes, José	荷西・雷耶斯
Reyes, Robert "Piney,"	羅伯・雷耶斯（綽號「派尼」）
Reynolds, Mark	馬克・雷諾茲
Ricciardi, J. P.	J.P. 里奇阿迪
Rivera, Mariano	馬里安諾・李維拉
Rizzo, Anthony	安東尼・里佐
Robinson, Brooks	布魯克斯・羅賓森
Robinson, Rob	羅伯・羅賓森
Rodney, Fernando	費南多・羅德尼
Rodriguez, Alex	艾力克斯・羅德里奎茲
Rodríguez, Francisco	法蘭西斯科・羅德里奎茲
Roessler, Pat	派特・羅斯勒
Rogers, Kenny	肯尼・羅傑斯
Rolen, Scott	史考特・羅倫
Rollins, Jimmy	吉米・羅林斯
Romero, J. C.	J.C. 羅梅洛
Rose, Howie	豪伊・羅斯
Ruiz, Carlos	卡洛斯・路易茲
Russell, Addison	艾迪生・羅素
Sabathia, CC	C. C. 沙巴西亞
Samuels, Charlie	查理・山謬
Sanchez, Duaner	杜納・桑契斯
Sandoval, Pablo	巴布羅・桑多瓦
Santana, Johan	尤漢・山塔納
Schmidt, Mike	麥克・施密特
Schneider, Brian	布萊恩・史奈德

Sgroi, Terrance	特蘭斯・史格羅伊
Sharapova, Maria	瑪麗亞・莎拉波娃
Silva, Carlos	卡洛斯・席爾瓦
Sisco, Andy	安迪・希克
Slate, Rick	瑞克・史萊特
Smith, Matt	麥特・史密斯
Smith, Ron	榮恩・史密斯
Smoltz, John	約翰・史摩茲
Sogard, Eric	艾瑞克・索加德
Stanton, Giancarlo	賈恩卡洛・史坦頓
Stearns, John	約翰・史騰
Strawberry, Darryl	達瑞爾・史卓貝瑞
Suppan, Jeff	傑夫・蘇潘
Swoope, Billy	比利・史沃普
Syndergaard, Noah	諾亞・辛德加
Taglieri, Paul	保羅・塔格利
Tanaka, Masahiro	田中將大
Tejada, Rúben	魯本・特哈達
Thole, Josh	喬許・索爾
Tijerina, Tony	東尼・蒂耶利納
Torra, Matt	馬特・托拉
Torre, Joe	喬・托瑞
Townsend, Marvin "Towny,"	馬文・湯森（綽號「唐尼」）
Turner, Justin	賈斯汀・透納
Ureña, José	荷西・烏瑞尼亞
Uribe, Juan	胡安・尤里貝
Upton, B. J.	B. J. 厄普頓
Upton, Justin	賈斯汀・厄普頓
Utley, Chase	切斯・阿特利
Valentín, José	荷塞・瓦倫汀
Van Allen, Traer	崔爾・范艾倫
Van Wagenen, Brodie	布洛迪・范瓦格南
Vanover, Larry	賴瑞・范諾夫
Vasgersian, Matt	麥特・瓦斯克西安
Ventura, Yordano	約達諾・范屈拉

Verrett, Logan	羅根・維瑞特
Votto, Joey	喬伊・沃托
Wagner, Billy	比利・華格納
Wainwright, Adam	亞當・溫萊特
Warthen, Dan	丹・沃森
Watkins, Robert	羅伯特・沃特金斯
Weaver, Jeff	傑夫・威佛
Weeks, Rickie	瑞奇・威克斯
Werth, Jayson	傑森・沃斯
Wheeler, Zack,	札克・惠勒
Wigginton, Ty	泰・威金頓
Wilkerson, Brad	布萊德・威克森
Wilpon, Fred	佛瑞德・威朋
Wilpon, Jeff	傑夫・威朋
Wilpon, Judy	茱蒂・威朋
Wilson, David	大衛・威爾森
Wilson, Ethan	伊森・威爾森
Wilson, Paul	保羅・威爾森
Worley, Vance	凡斯・沃利
Wright, Daniel (brother)	丹尼爾・萊特（四弟）
Wright, David	大衛・萊特
Wright, Elisa (mother)	伊麗莎・萊特（母親）
Wright, Madison (daughter)	麥狄森・萊特（二女兒）
Wright, Matthew (brother)	馬修・萊特（三弟）
Wright, Molly (wife)	茉莉・萊特（妻子）
Wright, Olivia Shea (daughter)	奧莉薇雅・謝伊・萊特（大女兒）
Wright, Rhon (father)	朗恩・萊特（父親）
Wright, Stephen (brother)	史蒂芬・萊特（二弟）
Yates, Tyler	泰勒・葉慈
Youkilis, Kevin	凱文・尤基里斯
Yount, Robin	羅賓・楊特
Zajac, John	約翰・札哈克
Zimmerman, Ryan	萊恩・齊默曼

抽獎回函填寫、拍照區

抽獎大名：______________

E-mail：______________

地址：______________

電話：______________

※活動辦法

1. 活動期間：自2024年9月1日至2024年10月31日。
   參加資格：居住台澎金馬之購書讀者，請於2024年10月31日前，完成以下兩項指定任務，即可參加抽獎：
   ❶公開轉發【好人出版FB活動貼文】
   ❷填妥本張回函並拍照，再掃描下方【圖片上傳區】，完成照片上傳。
2. 抽獎回函需拍照正本，影本無效。回函上需填妥本名、可聯絡的email與可收件的寄件地址。
3. 抽獎日期：2024年11月8日抽出100位中獎者，並公布於【好人出版臉書】。好人出版會以主旨「好人出版中獎通知」之email通知中獎人。
4. 為維護中獎者權益，收到email通知後請回信，並附上個人身分證正反面影本，並會在兩周內寄給中獎者。拆封贈品時請全程錄影，如有非人為疏失造成瑕疵須更換時，請於收到贈品3日之內寄信告知，並附上影片佐證。
5. 中獎者如未於2024年11月20日以前回覆中獎email，視同放棄中獎權利。好人出版會於2024年11月30日公告棄權者名單並補抽中獎者。
6. 好人出版保留變更、終止本活動之權利，敬請關注好人出版臉書公告。
7. 如有任何因通訊設備、網路、技術或不可歸責好人出版之事由，而使系統誤送活動訊息或得獎通知，好人出版不負任何法律責任，參加者亦不得因此異議。一旦參加本活動，參加者則表示接受活動辦法之約束。

【好人出版臉書活動貼文】

【圖片上傳區】

發光體 09

美國隊長：近代最佳三壘手之一，大衛・萊特的生涯回憶錄

The Captain: A Memoir

作　　者　大衛・萊特、安東尼・迪科莫
David Wright、Anthony DiComo
譯　　者　高振嘉
封面、內文版型設計　賴賴　內文排版　游淑萍
球迷審訂　徐豐郁、黃建文、陳玠宇
總 編 輯　林獻瑞　特約編輯　李岱樺　編輯協力　周佳薇　行銷企畫　呂玠忞

出 版 者　好人出版／遠足文化事業股份有限公司
新北市新店區民權路108之2號9樓
電話02-2218-1417　傳真02-8667-1065
發　　行　遠足文化事業股份有限公司（讀書共和國出版集團）
新北市新店區民權路108之2號9樓
電話02-2218-1417　傳真02-8667-1065
電子信箱service@bookrep.com.tw　網址http://www.bookrep.com.tw
郵撥帳號 19504465　遠足文化事業股份有限公司
讀書共和國客服信箱：service@bookrep.com.tw
讀書共和國網路書店：www.bookrep.com.tw
團體訂購請洽業務部(02) 2218-1417 分機1124
法律顧問　華洋法律事務所　蘇文生律師
印　　製　博創印藝文化有限公司　電話02-8221-5966

出版日期　2024年8月28日　初版一刷
定　　價　580元
ISBN　9786267279823（平裝本）
ISBN　9786267279809（PDF）
ISBN　9786267279830（EPUB）

國家圖書館出版品預行編目(CIP)資料

美國隊長：近代最佳三壘手之一,大衛.萊特的生涯回憶錄／大衛.萊特, 安東尼.迪寇莫著；高振嘉譯. -- 初版. -- 新北市：遠足文化事業股份有限公司好人出版：遠足文化事業股份有限公司發行, 2024.08
400面；14.8*21*2.4公分. --（發光體；09）
譯自：The captain : a memoir
ISBN　978-626-7279-82-3（平裝）
1.CST: 回憶錄 2.CST: 棒球 3.CST: 運動員 4.CST: 美國

785.28　　113008682